目次

第Ⅲ部　摂関家九条流の形成と発展

図表目次

序章　本書の視角と課題

本書は、摂関家の存在に注目しながら、日本中世における王権の形成と展開について論じるものである。筆者は二〇一一年、『中世摂関家の家と権力』（校倉書房）を上梓し、政治権力としての摂関家の実態について、とくに権力継承のあり方を問題にして論じた。これに対して、本書では、単に摂関家だけを見るのではなく、天皇・院を中心とする王家との関係に注目し、中世摂関家とは何だったのか、もう一度問い直したい。

そのために、まずとりあげておきたいのが、前近代の天皇制に関する河内祥輔氏の議論である。河内氏は一九八六年に刊行された『古代政治史における天皇制の論理』(1)において、現代の天皇観、天皇制観は、明治維新後の天皇を意識して、その影響を強く受けているが、「眼前にある天皇は、あくまでも明治維新後の天皇であり、過去の天皇のあり方とは大きく異なるということ」に注意すべきであると論じている。

では、明治維新後の天皇とそれ以前の天皇では何が異なるのだろう。河内氏はこの変化について、①天皇の軍人化、②朝廷の解体と消滅、③皇位の法制化の三つをあげているが、ここで特に注目したいのは②である。河内氏によれば、朝廷とは「その全体が一つの親族集団ともいえるような組織であり、天皇を中心に、天皇と貴族、及び貴族相互の濃密な身分関係の結合によって、排他的世界をつく」っていた。現代的な理解では、「天皇制といえば、天皇ひとりのみを想い浮かべる」が、明治維新以前における天皇とは貴族集団によって囲繞された存在であり、天皇ではなく、朝廷こそが「政治的統合を担う主体」だったとするのである。

その上で、河内氏は「天皇と貴族とを基本的に対立する関係におく考え方」について、明治維新後の天皇像を過去に投影した発想法にもとづくものであったとして、見直しを迫っている。具体的には、「藤原氏の権力闘争」として理解されてきた奈良〜平安時代前期の政治史について、皇位継承など、天皇制の問題を中心に見るべきとして批判的に検討し、たとえば、摂政・関白制についても、藤原氏による専権確立として形成されたのではなく、皇位継承問題に対する対処のなかから成立することを明らかにしたのである。

こうした研究視角の提起もあり、近年、古代史研究では、摂関政治期の政治や王権について、摂関の存在を天皇と対立的に捉えるのではなく、王権のなかの問題として論じようとする研究が広がってきている。今正秀氏は、承和の変など、藤原氏による他氏排斥、陰謀などとして捉えられてきた諸事件について、皇位継承の安定化を意図したものであったと指摘し、摂政・関白制の成立についても、九歳の清和天皇という初めての幼帝擁立による「天皇制と国家の危機を克服するため」のものであったと改めて論じた。(2) 玉井力氏も、摂関政治について、摂関の立場は貴族というより、天皇の立場に近かったとし、「貴族政権ととらえるよりも、一部代行が可能となることにより変質した天皇制とみる方がよいように思われる」と指摘している。(3) 摂関政治の成立は、単に藤原氏の都合としてではなく、当該期の王権全体の構造変化の問題として、具体的な過程が明らかにされるようになったのである。

また、こうしたなかで、当該期の王権構造自体、摂関まで含め多角的に論じようとする研究も進展している。なかでも吉川真司氏や佐々木恵介氏、東海林亜矢子氏は、摂関政治期、天皇が母后や外戚と内裏に同居し、あたかも家族のような関係にあったことを明らかにした。(4) 吉川氏や東海林氏によれば、平安時代初期の段階までは太上天皇(上皇)が内裏内で天皇に強い影響を与えていたが、平城太上天皇の変を契機として太上天皇は内裏から退出し、母后がそれにかわって天皇と同居して、天皇を「後見」するようになった。この延長上に母后の近親である外戚も内裏に直廬を構えて天皇を「後見」するようになり、これが摂関政治の前提となったというのである。

だが、だとすれば、院政期以降の王権構造はどうなのだろう。院政期になると、摂関家が天皇の外戚ではなくなることもあり、これまでの研究では、院政期以降の王権は、治天の君を家長とする王家を中心に論じられ、摂関家はそれとは切り離され、王家と対立する存在として論じられるのが主流であった。

たとえば、摂関家研究は、一九六三年、黒田俊雄氏が権門体制論を提唱し、摂関家について、中世国家を相互補完的に構成する権門の一つとして取り上げたことから[5]、摂関家の権門としての権力構造や、その形成過程を明らかにしようとする研究が本格的に進展したが[6]、その代表的な論者である元木泰雄氏は、院権力について、その本質を国家権力であったとする一方、摂関家については「権力編成において基本的に国家権力を媒介とすることは困難で、院とは逆に主として家産や私的な主従関係を媒介として行われていたのである」と述べている[7]。摂関家は院・天皇とは全く異なる「私的」な権力として捉えられたのである。しかも、元木氏によれば、権門家産制の「維持・統制を強行しようと」した結果、摂関家は同様に家産支配を展開する院と対立することになった。そして、この帰結こそが保元の乱であり、乱後、権門としての摂関家は解体したとされたのである。

一方、一九九〇年代に発展した荘園制研究や家族史研究の成果を受け、中世史研究では九〇年代から二〇一〇年代初頭にかけ、王家の存在形態やその成立過程に関する研究が進展した。だが、ここでも王家にとって摂関家は克服すべき対象とされ、院・天皇と摂関を対立関係として捉える見方はかえって強調された。伴瀬明美氏や栗山圭子氏によれば、摂関政治期には、王家は摂関家のなかに包含されていたとされ、そこからの自立こそが王家の成立とされた[8]。こうして現在に至るまで、中世王家論では、摂関家の存在は全く切り離されてきたのである。

ただ、一九九〇年代、井原今朝男氏は、中世の国家意思決定が天皇・院・摂関の間での持ち回り合議によって行われていたことを明らかにするとともに、中世の国家行事のなかには、摂関家の家政機構が太政官などの国家機構と共同運営するものがあったなどと論じ、中世王権（中世天皇制）を構成する存在として摂関家を捉え直した(9)。二〇〇〇年代に入ると、上島享氏も、藤原道長の権力と院権力の連続性を指摘し、摂関家は道長以降、天皇を補佐する存在として中世国家のなかに組み込まれ、院政期以降、その位置づけは強化されていくと論じた(10)。こうした一連の研究によって、最近では摂関家の権力を、国家から切り離された私的な権力として理解する元木氏のような見解は修正されつつある。

しかし、井原氏・上島氏の研究では、摂関家を天皇・院と並び、中世の王権を構成する存在であることを明らかにしながらも、摂関家と天皇や院との具体的な関係については、ほとんど論じられなかった。しかも、両氏の研究では、摂関と院・天皇との同質性が強調された嫌いがある。この結果、摂関家と院・天皇は、交換可能な対抗する勢力として捉えられており、摂関家と天皇・院を対立的に捉える見方はかえって強まっているようにも見えるのである(11)。

それでは、摂関政治期について見たような、天皇と貴族を対立関係で理解するのではなく、天皇を中心とした王権全体の問題として理解し、その展開として政治史を捉えるような見方は、院政期以降の政治史では有効ではないのだろうか。もちろん、後三条天皇即位以降、摂関家は天皇の外戚ではなくなっている。二重三重の血縁関係で王家と一体化していた摂関政治期の摂関家と、外戚関係を喪失した院政期以降の摂関家を同じように理解することは、やはり難しいという意見もあるだろう(12)。

しかしながら、ここで注目しておきたいのは、王権内部における摂関の固有の役割である。これまでの研究では、摂関と院・天皇の同質性ばかりが強調されてきたため、摂関の担う固有の役割や、摂関と院の違いといった点についてはあまり注目されてこなかった。だが、摂関の固有の役割である、天皇の職務代行や後見・補佐は、実は院政期以前でも以後でもほとんど変わっていない。一般に院政が開始されると、天皇の家族形態は母系から父系に変化し、摂関に代わって院が天皇を後見する、といわれるが、院は天皇を直接後見することはないのである。

しかも、この点に関わって注目されるのが、先に見た内裏に同居する天皇を中心とした王権構成員のあり方である。院政が開始されても、院は内裏に入ることができなかった（それ故直接後見できないのである。くわしくは本書第Ⅰ部第一章・第二章を参照）。一方で摂関は外戚でなくなっても、内裏のなかに宿所である直廬をもち続け、常に天皇の傍にありつづけた。つまり外戚関係がなくなっても、摂関はそれまでの外戚と同様に天皇と同居し、擬似的な家族関係を維持しつづけていたことになるのである。しかも、同じく内裏に同居する后妃も、摂関家の娘や養女が立てられ、入内することが多かった。このような事実から考えれば、摂関の存在を完全に王家から切り離してしまうことなど、難しいのではないだろうか。

これまで、中世王権の構造については、天皇と院の関係を軸にして論じられ、摂関家はその外側に位置づけられることが多かった。しかし、この時期も摂関が天皇と同居し、一体化した関係にあったのだとすれば、摂関家の存在は王権の内部にあったことになるだろう。そうすると、これまで王家と摂関家の対立として論じられてきた問題も、こうした権力構造全体の問題として論じる必要がある。また、院と天皇との関係として理解されてきた問題も、摂関やその娘である后妃の存在が関わっている可能性があるだろう。院政期以降も、王権の構造は、院と天皇だけでなく摂関や后妃まで含め、多角的に検討されるべきなのである。

かかる問題関心を踏まえ、本書は以下のような構成によって論述を進める。

まず、第Ⅰ部「院政期の王権と摂関家」では、まさに摂関固有の権能たる天皇の後見に注目して、王家と摂関家の関係を天皇を中心に一体的なものとして捉え直し、摂関政治期から鎌倉時代までの王権の展開について、かかる視角から再検討を行う。

具体的には、第一章で、同居を前提とした天皇の「後見」について、摂関政治期から院政期にかけての変化を明らかにし、それにともなう摂関家の構造変化についても検討する。また、摂関家を当該期の王権構造のなかに位置づけ直した上で、鎌倉時代にかけての摂関家の展開についても考察を行う。第二章では、摂関の居所や天皇への作法教示に注目し、白河院政期における摂関忠実と天皇・院との関係について見直してみたい。第三章では、摂関・天皇・院の居所の変遷を分析し、そこから摂関政治期から院政期にかけての王権の変化を考えたい。第四章では、関白忠実が失脚した「保安元年の政変」について、当該期の後宮の構造とその変化に焦点を合わせて考察する。

第Ⅱ部「転換期の摂関家―保元の乱から分立へ―」では、従来、王家・摂関家の対立という枠組みのなかで、その帰着と評価されてきた保元の乱と、解体され衰退するとされてきた乱後の摂関家について再検討する。第一章では、保元の乱の要因となった摂関家分裂について、家政職員の分析を通してその背景を探る。第二章では、保元の乱後の摂関家の解体を象徴するものとされてきた、忠通に対する藤氏長者宣下の実態について再検討する。第三章では、保元の乱から分立へと至る摂関家の展開について、藤原忠通・基実父子を中心に改めて見直したい。

第Ⅲ部「摂関家九条流の形成と発展」では、平安時代末期以降の摂関家の展開について、改めて王家との関係を中心に読み直す。第一章では、従来、摂関家内部の問題として論じられてきた九条流の形成について、十二世紀前半における王権構造の再編の一環であったことを明らかにする。第二章では、反対に従来、王家研究の枠組みのなかで論じられてきた八条院領の伝領について、摂関家との関係に注目して再検討する。また、補論では、九条流で藤原忠実の忌日仏事が行われるようになった背景を探る。そして最後に、第三章では、東福寺をはじめとする「家門管領寺院」管領権の継承方法とその変遷について検討し、九条流における親族構造とその変化を論じる。

なお、最後に本書で用いる「王権」の語についてふれておく。筆者はこれまで、語義が曖昧で、論者によって意味するところが異なるという理由から「王権」の語を使用することを避け、「政権中枢」などといった表現を用いてきた。しかしながら、近年、古代史研究では、王権を天皇のもつ権力に限定せず、「時代を支配する集団の権力」という意味で使用して、天皇を中心としながらも太上天皇や皇太子、皇后、摂関など、天皇を補完する様々な存在によって補完的に構成される権力を王権と称することが一般的になっている。(13) 前述の通り、本書もまたこうした古代史研究の蓄積の上に立って中世への展開について考察するものであり、中世史研究でもこのような視角は有効であると考えている。そこで本書では、かかる研究との連続性を重視して、天皇を補完しながら権限を分掌する集団の権力という意味において王権という用語を使用することをお断りしておきたい。

註

（1）吉川弘文館、のち二〇一四年増訂版刊行。以下の引用は同書六〜八頁。
（2）今正秀『藤原良房—天皇制を安定に導いた摂関政治—』（日本史リブレット人15）（山川出版社、二〇一二年）。同『摂関政治と菅原道真』（敗者の日本史3）（吉川弘文館、二〇一四年）。
（3）玉井力「一〇‐一一世紀の日本—摂関政治—」（『平安時代の貴族と天皇』岩波書店、二〇〇〇年。初出は一九九五年）。
（4）吉川真司「天皇家と藤原氏」（『律令官僚制の研究』塙書房、一九九八年。初出は一九九五年）。佐々木恵介『天皇と摂政・関白』（天皇の歴史03）（講談社、二〇一一年）。東海林亜矢子「母后の内裏居住と王権」（『平安時代の后と王権』吉川弘文館、二〇一八年。初出は二〇〇四年）。
（5）黒田俊雄「日本中世の国家と天皇」（『日本中世の国家と宗教』岩波書店、一九七五年。初出は一九六三年）。
（6）元木泰雄「摂関家家政機関の確立」（『院政期政治史研究』思文閣出版、一九九六年。初出は一九八一、一九八四年）。井原今朝男「摂関家政所下文の研究」（『日本中世の国政と家政』校倉書房、一九九五年。初出は一九八一年）。佐藤健治『中世権門の成立と家政』（吉川弘文館、二〇〇〇年）。

（7）元木泰雄「院政期政治構造の展開—保元・平治の乱—」（元木註（6）前掲書。初出は一九八六年）。引用は同書二七七頁。

（8）伴瀬明美「院政期における後宮の変化とその意義」（『日本史研究』四〇二号、一九九六年）。栗山圭子「中世王家の成立」（『中世王家の成立と院政』吉川弘文館、二〇一二年。初出は一九九八年）。

（9）井原今朝男「中世の天皇・摂関・院」（井原註（6）前掲書。初出は一九九一年）。同「中世の国政と家政」（同書所収。初出は一九九二年）。

（10）上島享「藤原道長と院政」（『日本中世社会の形成と王権』名古屋大学出版会、二〇一〇年。初出は二〇〇一年）。

（11）摂関・院という同質の権力が併存することに違和感があることは、拙稿「院政の成立と摂関家—上東門院・白河院の同質性に着目して—」（『中世摂関家の家と権力』校倉書房、二〇一一年）でも指摘したところである。

（12）河内祥輔氏は、後三条天皇について「父方、母方のいずれをどこまで過去に遡っても、摂関の血縁から外に抜け出ることはできない」として、摂関家の外戚からの転落という事実自体に疑問を呈したが（「後三条・白河「院政」の一考察」〈『日本中世の朝廷・幕府体制』吉川弘文館、二〇〇七年。初出は一九八七年〉）、その後、美川圭氏によって「歴代天皇の母が摂関家の娘であったなかで、後三条の母が皇女であることはわずかなようで実は重大な変化であり、後三条の即位を阻止しようとした頼通の行動を認めながら、これをその原因の一端にもかぞえない河内説はいかにも不自然である」と批判されている（「総括としての院政論」〈『院政の研究』臨川書店、一九九六年。初出は一九九三年〉）。河内氏の議論は、先述した、天皇と貴族の対抗関係を軸にして論じられてきた奈良・平安時代政治史の読み直しの一環なのだが、後三条以降については、摂関と天皇の対抗関係を否定するのに、血縁関係のあり方を問題にしたため、右のように議論が水掛け論になってしまった嫌いがある。この結果、河内氏のような研究視角は院政期政治史研究のなかに受け継がれなかった。

（13）荒木敏夫「王権論の現在—日本古代を中心として—」（『日本古代王権の研究』吉川弘文館、二〇〇六年。初出は一九九七年）。

第Ⅰ部　院政期の王権と摂関家

第一章　中世前期の摂関家と天皇

はじめに

摂関政治期、王権は天皇を取り巻くミウチ権力[1]によって構成され、貴族社会の内部は天皇との関係構築の成否によって浮沈を繰り返した。だが、院政期には、王家・摂関家という二つの「家」が形成され、社会は安定的に継承されるようになる。

この二つの「家」のうち、王家については、一九九〇年代以降、伴瀬明美氏・栗山圭子氏・佐伯智広氏などにより研究が進められ、「家」としての成立過程やその構造が、院政や当該期の政治構造を規定するものとして論じられている。[2]

一方、摂関家についても、同じく一九九〇年代以降、貴族政権研究の深化にともなって研究が進展し、とくに井原今朝男氏や上島享氏の研究によって、改めてその位置づけが見直されるようになった。[3]すなわち、これ以前の研究では、摂関家は、院政期以降、天皇との外戚関係を失って政権中枢から転落し、それとは別に荘園の蓄積・拡大などを背景に家政機構を拡充し「私的権門」化したと理解されてきた。[4]だが、井原氏・上島氏などの研究では、摂関家が院政期以降も国家意志決定に参画するなど、王権を構成する存在であった事実が明らかにされ、その家政機構も国政機構として機能するなど、単なる一貴族にとどまらない特別な存在であったことが明確にされた。そして、従来「私的権門」化を示す事実と捉えられてきた荘園の拡大や家政機構の拡充についても「国政上の役割が制度化、体制化」

（井原氏）したことを示すものとして、改めて論じ直されるようになったのである。[5]

しかし、摂関家が院政期以降も没落しなかったとすれば、摂関政治から院政にかけて、摂関家と天皇・王家との関係はどのように展開したのだろう。この点について、井原氏は、摂関家と王家が外戚関係という結び付きを失って以後も「国家機密」である天皇作法を独占・共有する関係にあったと論じている。[6] また、上島氏は、すでに摂関家は道長の段階で天皇を補完する存在として王権構造のなかに組み込まれており、院政期以降は、その位置づけがより強化されたと論じている。だが、両氏の研究では、王家と摂関家の関係の実態や、その変化については具体的な分析がなされていない。

一方、王家研究でも、王家の「家」の成立とは、摂関家との分離として論じられてきたために、以後の摂関家との関係については、ほとんど言及がなされていない。しかし、摂関家が従来考えられてきたように、単純に外戚から転落して没落するのではなく、院政期以降も王権を構成する存在だったのだとすれば、王家と摂関家との関係についても、単純に分離したと理解するのではなく、両者の関係を補完的なものとして一体的に捉え、検討する必要があるのではないだろうか。そもそも摂関の権能とは、天皇の補佐・代行なのであるから、王家は摂関を切り離すことが不可能なはずであり、摂関家にとっても王家との関係は完全に分離し得ないはずなのである。

そこで、本章では、近年の研究で明らかになった摂関家の特別な性格を踏まえ、摂関家を中心に摂関政治期から鎌倉期に至る王権の構造と展開について検討を加えたい。

ところで、摂関政治期から院政期にかけての貴族政権の変化については、すでに元木泰雄氏による研究があり、そこでは十一世紀後半以降、天皇のミウチが減少するとともに、その中心に位置していた摂関家が後退し、それにかわって院権力が登場するという見解が示されている。[7] だが、氏の見解は旧来の理解を前提としたもので、右のような現在の研究水準から見れば、問題なしといえない。天皇外戚からの転落後も摂関家が王権を構成する存在だったとすれば、元木氏が重視した血縁関係の有無だけでなく、実際の権力の中身の分析が必要だろう。そこで、本章では、かかる権力の中身の問題として、摂関・外戚のもつ権能に注目することにし、そのなかでも天皇に対する「後見」について取り上げたい。

「後見」については、養育・補助・援助や政治的後盾など、様々な意味があるが、(8)吉川真司氏は、摂関政治期における天皇に対する「後見」について、同居を前提とした直接的・日常的奉仕であったと論じている。(9)氏によれば、摂関・母后は天皇と同居して日常的に「後見」するが、退位後内裏から退去してしまう父院は「後見」できなかったとされ、吉川氏は摂関政治の背景として、このような天皇に対する日常的な「後見」があったとされるのである（吉川氏は同居を前提とした日常的な後見を「後見」として括弧付きで論じるが、くわしくは本論で論じるように院政期以降になると、同居しない院も間接的に日常的な後見に関わるようになり、同居を前提とした「後見」と、そうではない後見の差は曖昧になる。そのため、本章では後見は括弧を外して論じ、とくに天皇に対する日常的な後見を「天皇後見」の語で表すことにする。以下本書所収の論考ではすべて同じ）。

それでは、このような天皇に対する後見は、院政期以降、どのように展開していくのだろう。これについては、すでに末松剛氏が摂関の天皇御後への祗候、高御座登壇など、儀式の場における摂関の天皇に対する後見に注目している。(10)また、遠藤基郎氏も諸儀式において摂関が天皇作法を教示していた事実に注目している。(11)だが、吉川氏が論じたような、同居を前提とした日常的な天皇に対する後見については、院政期以降への展開を具体的に論じた研究が見られない。しかし、院政とは一般に院が父権によって天皇を後見して政治を行うものとされるから、日常的な後見の変化とは、摂関政治から院政への変化を明らかにする上でも重要な問題といってよい。そこで、本章では、こうした天皇に対する後見の実態に注目することで、摂関政治期から鎌倉期にかけての王権の変化の過程について、改めて具体的に考察してみたい。

第一節　天皇後見と外戚

1　摂関政治期の天皇後見

吉川真司氏によれば、外戚・摂関が日常的に天皇を後見するようになったのは、十世紀後半、摂関の執務空間が内裏東隣の職御曹司から内裏内の直廬に移転したのが契機で、これ以降、「摂関・外戚は日常的に内裏に居住し、天皇との直接的結合を深めた」という(12)。

ただし、この時代、内裏内で天皇を後見したのは、現職の摂関のみに限定されなかった。藤原道長は長和六年（一〇一七）三月十六日、摂政を辞任し、後任の摂政には息子の頼通が任じられる。退任した道長は「大殿」と称されたが(13)、かれは以後も内裏内に直廬を所持しており(14)、かれの日記『御堂関白記』には摂政退任後も内裏候宿の記事が散見する(15)。寛仁三年（一〇一九）三月十一日の石清水臨時祭試楽では、道長は日記に「余候二御簾中一、摂政以下候二御前一」と記しており（『御堂関白記』同日条。以下、同日条は日記名のみ表記）、摂政退任後も、天皇と同じ簾中にあって天皇に近侍していたことがわかるのである。

こうした関係を背景に、道長は摂政退任後も朝廷儀式に参加し、政務にも積極的に介入した。たとえば、寛仁元年（一〇一七）十月八日、道長は一代一度仁王会でやはり簾中に祇候し、藤原実資によって「如二帝王一非二人臣一」と評された（『小右記』）。この一代一度仁王会については、道長は準備段階から関わっていたようで、「巨細事摂録〔籙〕難二自由」といわれている。[16]また、同年八月二十八日、道長は宇治の山荘に赴き、「不レ知二朝議一之由」と表明したが（『小右記』）、このことも「人々不二甘心一、還為二摂政一鳴啼事也」といわれている。以上から考えると、大殿は単に摂関の代理ではなく、摂関以上の権限をもっていたのであり、この段階では摂関と大殿の権限は未分化であったとさえいえる。

　先行研究では、このような大殿の出現は、摂関家という「家」の成立と関係するものとして論じられてきた。[17]だが、右に見たように、道長が摂政退任以後も天皇と近接した関係にあったとすれば、この問題は単に摂関家の問題にとどまらず、天皇まで含むミウチ集団全体に関わる問題と考えるのが妥当だろう。寛仁四年九月二十日、後一条天皇が発病した際、多くの公卿が内裏に祇候したが、これについて『小右記』同日条には「入道《（道長）》相府・関白《（頼通）》及御傍親卿相候二御所一、行成卿・経房卿・公信・経通・資平或候二殿上一或候二鬼間一」とある。大殿道長・関白頼通とその一族が天皇のいる御所（昼御座か）に祇候していたのに対し、そのほかの公卿は殿上間や鬼間に祇候したのであり、このことから、摂関政治期の天皇が日常的に外戚一族に囲繞され、外戚とその他の廷臣とは明確に区別されていたことがわかるだろう。こうしたなかでも、道長は天皇の外祖父として筆頭的な立場にあったのであり、かれは天皇を取り巻く権力集団の長であったと理解されるのである。

　すでに佐々木恵介氏も、内裏直廬の存在に着目して、「内裏では、寛仁二年（一〇一八）四月の時点で、天皇・母后彰子・東宮敦良親王に加えて、摂政頼通と無官の道長（前太政大臣）がともに内裏に直廬を構え、道長を家長とする一家が内裏を住まいとするかのような観を呈する」と述べているように、[18]天皇外祖父である道長は摂関家の家長であるだけでなく、天皇まで含むミウチ集団の長だった。道長はミウチ集団の長として主導的な立場にあるが故に、摂関退任以後も政務や儀式運営に大きな権限を有したのである。

2 後三条〜堀河朝の天皇後見

では、このように天皇外戚が日常的に内裏に居住し、ミウチ集団の長として天皇を後見する体制はいつまで続いたのだろう。周知のように、治暦四年（一〇六八）、即位した後三条天皇は三条天皇皇女禎子内親王を母としており、かれが即位したとき、外戚公卿は不在だった。だが、後三条は即位時三十五歳という成人天皇であり、かれは自らがミウチ集団の長として政権運営を主導した。延久元年（一〇六九）六月、後三条は関白教通を召して、皇太子貞仁親王（のちの白河天皇）に対し、天皇との謁見時の拝舞作法を教示するよう命じており[19]、儀式作法の継承についても、自ら関白教通を動かして主導的な役割を果たしていたことがうかがえる。

しかし、後三条の跡を継いだ白河天皇は、皇位をめぐってライバル関係に当たる異母弟の実仁親王・輔仁親王に対抗するため、摂関家の藤原師実と結び、応徳三年（一〇八六）には、白河が師実の養女である賢子との間に儲けた善仁親王が即位した（堀河天皇）。ここに再び摂関家が天皇外戚として天皇の日常的な後見を行う体制が復活する。

こうしたなかで注目したいのが、大殿となった師実と天皇との関係である。師実は寛治八年（一〇九四）三月九日、関白を退任し、後任の関白には息子の師通が任じられた。だが、師実は関白退任以後も道長と同様、内裏内に直廬を所持していた。嘉保二年（一〇九五）十一月二日、里内裏として閑院が新造されたが、『中右記』同日条によれば、この里内裏では、北対東妻に関白直廬、西対代西侍廊に大殿直廬が設けられていたのである。

関白退任後も内裏内に直廬をもった師実は朝廷儀礼にも積極的に参入し、道長同様、簾中や天皇御後に祗候して、天皇との一体的な関係を見せ付けた[20]。佐藤健治氏は、こうした師実の積極的な儀式参入について、自らを祖父道長に擬え、摂関職の父子継承を示威する意図があったと論じているが[21]、嘉保二年九月十七日、堀河天皇が発病したとき、師実は天皇の御前に祇候するとともに、側近の藤原宗忠に命じて白河院に病状を報告させている（『中右記』）。大殿師実は天皇の傍に近侍して、天皇後見を主導したのであり、かれの権力の背景には、道長の後継者であるということよりも、このような天皇との日常的な近接した関係があったと考えるのが妥当だろう。

元木泰雄氏は、後三条即位以降、ミウチが減少したと論じているが[22]、そもそも堀河朝においては、天皇の母が村上源氏出身で摂関家の養女となったこともあって外戚の数が多く、天皇は摂関政治期と同様、外戚に囲繞されるのが基本だったようである。嘉承二年（一一〇七）七月十九日、堀河が没したとき、『讃岐内侍日記』には、「したしき上達部・殿上人も我も我もと参れど、うときはよびもいれず」という状況だったと記されているが、『中右記』同日条によれば、こうしたなかで天皇御前に留められたのは、源雅実・国信・顕通、藤原宗忠・忠教の五人であったという。この五人は宗忠以外、すべて天皇の外戚（実の外祖父顕房・養外祖父師実の子孫）なのである。ここから考えると、堀河朝でも、外戚とその他は基本的に区別されていたのであり、師実はやはり外戚の長としてミウチ集団を主導する立場にあったといえるだろう。

第二節　中世摂関家の成立

1　天皇後見体制の転換

嘉承二年（一一〇七）、堀河天皇が没し、かわって鳥羽天皇が即位する。こうしたなかで、天皇後見の体制は大きく変化を遂げる。前節で明らかにしたように、堀河天皇までの天皇は、内裏での同居関係をもとに外戚と一体化し、かれらによって日常的に奉仕を受けていた。そして、摂関家（御堂流）の家長は、こうしたミウチ集団の長としての立場によって、摂関という地位の有無にかかわらず、天皇への後見を主導していた。

ところが、鳥羽天皇の場合、生母である藤原苡子は閑院流・藤原実季の娘であったが、外戚である閑院流は天皇後見の役割を果たすことができなかった。鳥羽が践祚した直後、摂政に任じられたのは御堂流の藤原忠実であり、かれは非外戚であるにもかかわらず、内裏内に直廬をもって天皇と同居し、日常的な奉仕を行った。一般に非外戚である忠実が摂政に任じられたことは、摂関と外戚の分離を意味し、摂関を世襲する摂関家が成立する画期とされるが[23]、このことは外戚によって担われてきた従来の天皇後見体制の変化を意味するものでもあったのである。

しかも、鳥羽即位以後の忠実による天皇後見について見てみると、興味深い事実につきあたる。表1は、道長・師通・忠実が日記に記す内裏候宿日数について、一覧表にまとめたものだが、これを見ると、鳥羽即位以前の摂関・外戚の候宿は多くても月に五日程度で、それ以外は自邸に帰っていたことがわかる。ところが、忠実の場合、鳥羽即位以後の候宿日数は、外戚であった堀河朝と比べても明らかに多くなっており、とくに嘉承三年（天仁元年、一一〇八）の三月には十二日、六月には十一日、八月には十三日と、月の半分近くも内裏で寝泊まりするようになっていた。忠実と鳥羽の間には血縁的な関係はなかったが、忠実は前代の摂関よりも頻繁に候宿し、むしろいっそう関係を密着化させていたのである。

では、鳥羽即位以後、天皇後見の職掌は、なぜこのように外戚から分離し、御堂流の忠実によって担われるようになったのだろう。そして、なぜ忠実は非外戚であったにもかかわらず、天皇との関係を密着化させたのか。従来、このことは、非外戚である忠実が摂政に任じられたのはなぜか、という問題として論じられ、天皇作法や摂関としての儀式作法・故実を蓄積してきた御堂流の優位性という点に目が向けられてきた[24]。しかし、この問題について天皇後見の変化という視角から見直すと、従来注目されてきた事実とは別に、改めて次のような二点の事実が注目される。

康和5(1103)／忠実(内覧)			天仁元(1109)／忠実(摂政)		
候宿日	計日数	皇居	候宿日	計日数	皇居
3・6・11・16・18・26・27・28	8	大内裏	7・8	2	小六条殿(～8月21日)
1・5・9・15・18・19・26・28	8		1・7・9・10・14・15・17・23・25・26	10	
5・8	2		4・8・14・17・18・20・21・22・24・25・26・29	12	
26	1		5・7・10・16・18・19・20・28	8	
8・18・26・27	4		7・8・11・18・20・21・23・27・29	9	
6・15・18・19・23・30	6		1・2・7・8・11・12・17・19・21・22・24	11	
1・9・29	3		1・4・15・21・24・25	6	
10・21・22・26	4		1・3・4・5・7・8・13・14・19・21・22・25・26	13	大内裏(～11月28日)
4・10・29	3		2・4・6・10・11・20・24・27	8	
2・28・29	3		2・3・9・13・17・25・27	7	
14・16・21	3		1・4・8・9・10・14・19・28	8	
2・5・11・12・23・27	6		1・4・11・14・15・26	6	大炊殿

『殿暦』)。

表1　摂関・内覧の内裏候宿

	長和5(1016)／道長(摂政)			永長元(1096)／師通(関白)		
月	候宿日	計日数	皇居	候宿日	計日数	皇居
1	7・19・25	2	道長土御門第(～6月2日)	4・24・27	3	閑院
2		0		12・19	2	
3		0		1・6・8・14・17・26・27	7	
4	9	1		2・9・29	3	
5		0		24・29	2	
6	10・13・20	3	一条院	7・11・16・26	4	
7		0			0	
8		0		13・19	2	
9		0			0	
10		0		15・26	2	
11	9	1		28	1	
12		0		6・7・12・17・22	5	

註1)候宿日はすべて本人の日記による(道長＝『御堂関白記』，師通＝『後二条師通記』，忠実＝
2)皇居は詫間直樹編『皇居行幸年表』(続群書類従完成会，1997)を参照した。

まず第一点は、実は鳥羽には本来後見を行うべきとされる存在がほとんどいなかったという事実である。摂関政治期、天皇と同居し、後見していたのは外戚のほか、母后が存在したが、鳥羽の場合、生母苡子は出産直後、死去していた。これだけならば、即位前に生母を失っていた堀河の場合も同様なのだが、鳥羽の場合、さらに深刻なことに、外戚公卿もほとんど存在しなかった。堀河朝には、天皇の周囲は外戚である摂関家と村上源氏の公卿が囲繞し、堀河が没した嘉承二年の段階では、公卿二十九名中、外戚は十二名に達していた。これは道長が摂政に就任した長和五年（一〇一六）、公卿十八名のうち、外戚が八名だったのと比較しても、大差ない数字といってよい。[25]だが、鳥羽の場合、即位の時点で、外戚のうち公卿だったのは苡子の兄公実（権大納言）・仲実（権中納言）の二人のみであった。その上、公実は鳥羽が即位した嘉承二年の十一月十四日、死去するので、この時点で外戚公卿は仲実一人になってしまう。鳥羽にとっての外戚である閑院流の公卿は鳥羽が退位した保安四年（一一二三）でも四人程度という有り様だったのである。

こうした状況は、鳥羽の周囲にも当然大きな影響を与えたと考えられる。鳥羽の践祚直後に当たる嘉承二年七月二十九日、天皇御前に参上した忠実は「今朝殿上人二三人許候、無人無レ極、代始猶人々多可レ候也、而不レ候、不便事也」と述べている（『殿暦』）。天皇の周囲に人がいないというのであり、外戚に囲繞されていた堀河以前の天皇のあり方から考えると、これは外戚の極端な減少という事態が関係していると見て間違いあるまい。鳥羽は即位時点で五歳という幼帝であり、当然ながら独力で天皇としての職務など果たし得ない。しかし、にもかかわらず、これを日常的に後見すべき外戚がほとんど存在しないのであり、もはや外戚が天皇を後見し、支える体制は破綻していたといわざるを得ないのである。

だとすると改めて見直されるのが、先に見た忠実と天皇との密着化という事実だろう。天仁元年（一一〇八）八月二十七日、忠実は堅固の物忌みだったにもかかわらず、「幼主御㆓内裏㆒間極有㆑恐、又無人無㆑極」ということで、参内した上で（恐らく直盧で）物忌みを行っている（『殿暦』）。忠実は天皇周辺が「無人」のため、自邸で物忌みすべきところ、押して参内していたのであり、以上から考えると、忠実が鳥羽即位以後、頻繁に内裏候宿するようになった背景に、外戚公卿の極端な減少にともなう天皇周辺の「無人」という状況があったのは確実と考えられる。忠実は外戚ではなかったが、本来天皇を後見すべき母后や外戚公卿がいないという状況に対応して、それに代わる役割を果たしていたのである。

そして、以上を踏まえ、第二点目の事実として注目したいのは、白河院と天皇後見の関係である。忠実による天皇後見が外戚不在に対応したものであったことは、いま見た通りだが、実はこうした忠実の行動の背後には院の指示があったらしい。たとえば、天仁二年九月十二日、忠実は内裏に候宿しているが、これは院より「院御㆓鳥羽㆒間、常可㆑候由」という命を受けてのものだった。また、翌三年四月四日、かれは物忌みのため、参内しなかったが、ここで院は忠実に「蔵人頭二人不㆓参仕㆒者、雖㆓物忌㆒可㆓参仕㆒也、若両人之間一人参入者、不㆑可㆓参仕㆒」と命じている（ともに『殿暦』）。院は忠実に、自分が鳥羽にいる間は、つねに参内して天皇に祗候せよと言い、また蔵人頭が二人とも参内しなければ、物忌みでも参内せよと命じていたのであり、忠実の頻繁な候宿とは、忠実の自主的な判断にもとづくものというより、院の意向によるものだったことがわかる。外戚公卿がいないという状況に対応して、非外戚の忠実を動かし、天皇後見を行わせていたのは白河院だったのである。

ただ、だとすれば、なぜ白河は自ら天皇を直接後見せず、これを忠実に命じたのだろう。まず、なぜ白河が直接後見しなかったか、という点に関しては、次の事実が注目される。天永三年（一一一二）五月十三日、里内裏である高陽院が火災にあった。このとき、鳥羽天皇は院御所である六条殿に避難し、暫くの間六条殿を皇居として使用することに決定した。ところが、貴族たちから「已成二主上御所一奉レ安三置内侍所一之後、与二法皇一同宿御事、已無二先例一」という意見が出され、これを受けて院は突如、頭弁藤原実行の六条烏丸邸に転居したのである（『中右記』）。摂関政治期の院が退位とともに内裏から退去し、天皇と同居しなかったことは、すでに触れたように吉川真司氏も指摘する通りであるが、以上の事実はこれが院政期以降においても有効だったことを示している。母后・外戚公卿がいないなかで、院は唯一のミウチとして天皇を後見すべき立場にあったはずだが、一方で院は天皇と内裏に同宿できないという不文律により、大殿道長や師実のような役割を果たすことができなかったのである。ここから考えれば、院が忠実に天皇への祗候を指示していたのは、原則として内裏に入ることができない自分に代わり、忠実に天皇後見を代行させたものだったといえるだろう。すでに遠藤基郎氏も、院が天皇と隔絶された存在だったことに注目し、天皇が行う内裏での儀式に同席できない院が摂関を代行者として儀式を行わせた事実を指摘している[26]。だが、これは儀式だけの問題ではなかったのである。

さて、それでは、白河はなぜ忠実を自分の代行者に選んだのだろう。この点に関しては、やはり忠実が摂関に任じられた背景として従来から指摘されてきたように、かれが代々摂関を務めてきた御堂流の後継者であり、すでに堀河朝にも内覧・関白として天皇に近侍していたことが大きかったと考えられる。鳥羽即位直後の嘉承二年七月二十八日、忠実は天皇御前に祗候していた外戚の公実に朝干飯間の格子が上がっていないことを注意したが、公実は一切動こうとしなかった。これに対し、忠実は「是不レ知二案内一歟」といって公実を批判している（『殿暦』）。これは当事者である忠実の意見なので注意を要するが、公実が御前作法を知らず、院や天皇にとって頼りにならない存在と見られたのは確かであろう。そもそも堀河の没する前後の朝廷では、白河の異母弟である輔仁親王を皇位に推す声も高まっており[27]、鳥羽を擁する政権の正統性は揺らいでいた。こうしたなか、白河は、先祖代々摂関を継承し、先例・故実を蓄積した御堂流の後継者である忠実を天皇に近侍させることで、鳥羽の権威を強化し、政権の安定化を図ったのである。しかも、若くして祖父師実・父師通を失った忠実に対し、白河は儀式作法を積極的に教示し、忠実による天皇後見を補佐・支援していく。たとえば、松薗斉氏によれば、白河はすでに堀河朝から、忠実に後三条の日記の自筆原本を下して部類記の作成を命じ、かれを摂関として育成していたという。(28) また、永久二年(一一一四)十二月九日の官奏で、忠実は天皇の傍に祗候して儀式作法を指導しているが、ここで忠実が鳥羽に教えた作法とは、前もって院が忠実に教えたものであった(『殿暦』)。この点については、前述のように、遠藤氏が儀式の場に臨席できない院にかわって忠実が作法伝授という行為を代行したものとして注目しているが、これは同時に、忠実自身も院より作法の教示を受けているのであるから、忠実の天皇後見者としての資質の強化にもつながるものでもあったはずである。白河が作法教示を通して忠実を支えたことで、御堂流は天皇を後見する「家」として安定化し、外戚関係を失ったにもかかわらず、王家との関係を強めたのである。

2　摂関家の構造変化

鳥羽即位以後、忠実が摂政に任じられたことは、従来の研究では、天皇外戚と摂関が分離し、天皇との外戚関係に関係なく摂関職を世襲する「家」が成立したなどと論じられるのみであった。だが、以上のような当該期における王権の変化から考えると、このことは単にそれだけで済む問題ではなかったと思われる。師実までの摂関家は外戚としてミウチ集団を主導する存在であり、それ故に天皇後見を主導していた。だが、忠実以後の摂関家は、すでにミウチ集団を主導する存在ではなく、ミウチである院の指示を受けて、院の代わりに天皇後見を代行する存在となっていた。(29) 摂関家は単に摂関を世襲できるようになっただけでなく、この前後で大きく性格を変化させていたのである。

そして、こうした変化は摂関家の権力構造にも大きな変化をもたらした。第一節で見たように、師実期までの摂関家では、摂関のほか、摂関を退任した大殿も内裏に直廬を保持し、天皇への後見を行っており、内裏で行われる儀式に参加したり、政務に介入するなどしていた。ところが、実は忠実以降、摂関は退任すると内裏から退出するのが原則となり、大殿が内裏で行われる儀式や政務に参加することも見られなくなる。これを端的に示すのが、大殿に対する内覧宣下が、天承二年（一一三二）の大殿忠実から開始されるという事実である。[30] 鎌倉時代の事例によれば、内覧宣下をうけた大殿は「御出仕始」を行っている。[31] また、『左大史小槻季継記』にも、「前官人無二左右一不レ可レ有二参内事一也、然而内覧人必有二参内事一也」とある。[32] つまり内覧になれば、「御出仕始」を行って朝廷に出仕をするが、そうでなければただの「前官人」であり、参内すべきでないと認識されていたのである。

このように、摂関が退任すると内裏から退出し、参内できなくなった、ということは、これ以降、内裏に同居して天皇に近侍し、後見の役割を果たすのが摂関に限定されるようになったことを意味しよう。ここに摂関の権限は大殿の権限と分化し、天皇後見は制度化されたといえる。そして、摂関とは天皇・院によって任じられる地位なのであるから、このことは同時に摂関の人事権を通して、院が天皇後見を統制できるようになったということにもなるだろう。院は天皇周辺から外戚や大殿を取り払い、自分が任免可能な摂関のみを天皇に近侍させることで、天皇後見を自ら管理・統制するようになったのである。

ただし、院は摂関の人事権を有するとはいえ、前節で述べた通り、御堂流はこれまで代々摂関を輩出し、天皇作法や儀式故実を蓄積していたので、のち忠実の罷免後も関白職は跡継ぎの忠通に継承されたように、院は最終的な人事権はもちつつも、摂関の継承については、基本的に御堂流内部での後継者による継承を追認していたと考えられる。こうした点からいえば、白河は御堂流に「家」として天皇後見を請け負わせたとみるのが妥当だろう。

このことを示すものとして注目されるのが、大殿のあり方である。先に見たように、忠実以降、大殿は内裏から退出し、大殿と摂関の権限は分化した。だが、これによって大殿は権力を失ってしまったわけではない。すでに拙稿で明らかにしたように、大殿は内裏から退出しても、御堂流伝来の日記・文書・家領といった家産を保持し、その処分権を通して後継者を選定するなど、現任摂関に大きな影響力をもち続けた[33]。また、久安七年（一一五一）正月六日、鳥羽院は大殿忠実に対し、二男の左大臣頼長を叙位執筆として出仕させるよう命じている（『台記』）。院は摂関家内部のことについては、大殿を交渉相手にしていたのであり、このことはまさに大殿を家長とする「家」への業務請負をうかがわせる。摂関家は最終的な人事権をもつ院の下、天皇後見を請け負う「家」となったのであり、大殿はミウチ集団の長として天皇後見を行う主体から、天皇後見を請け負う「家」の家長へと変貌を遂げたのである[34]。

第三節　院政期の王権構造とその矛盾

1　白河院と「保安元年の政変」

堀河朝まで、天皇と内裏に「同居」し、日常的に後見を行ってきたのは外戚であった。しかし、鳥羽即位以降、外戚による後見体制が機能不全に陥るとともに、白河院は外戚関係の有無にかかわらず、摂関を自分の代行者として天皇と「同居」させ、後見を行わせるという新たな体制を創出した。院は直接の後見を摂関家に請け負わせ、内裏の外から朝儀を主導、コントロールしたのである。

このように、院が内裏の外にいながらにして、内裏内の摂関を動かして、政権運営を主導するというあり方は、中世貴族政権における王権の基本構造といっていいだろう。しかし一方で、院が天皇の後見者として政権運営を主導しつつも、内裏の内に入れず、天皇に対する日常的な後見を摂関に委ねるという構造は、内裏の内と外との意思疎通という点で大きな問題を胎んでいた。この時期の王権は、内裏外の権力が内裏内を統制するという二重構造であり、以下に見ていくように、院・天皇・摂関三者の関係によっては、内と外との対立や抗争というかたちで政権の矛盾が噴出する場合があったのである。

まず、保安元年（一一二〇）十一月、関白忠実は白河院によって突如内覧を停止され、失脚した。この事件は通説では、荘園集積問題などでの忠実と白河との軋轢が背景にあったとされ、白河による摂関家抑圧を示すものとして理解されることも多い。だが、『愚管抄』巻第四によれば、この事件の直接の原因は鳥羽天皇と忠実が白河に無断で忠実娘（のちの泰子）を入内させようとしたことにあったのであり、すでに河内祥輔氏も指摘するように、この事件の背景には、鳥羽と白河との主導権争いがあった可能性が高い。(35) 美川圭氏は、年若い鳥羽と白河との対立について否定的な見解を示しているが、(36) 四年前の永久四年（一一一六）十二月二十二日、白河は鳥羽が「非道事」を言ったとして不快感を示しているし（『殿暦』）、同年正月十三日には、白河は忠実に「主上御有様奇恠」という話を語っているから（同前）、両者の間に何らかの問題があったのは事実だろう。

五歳で即位した鳥羽も、保安元年にはすでに十八歳である。成長とともに自立を志向しはじめた鳥羽は、入内問題では忠実と結んで内裏の内側だけで物事を決定しようとした。しかし、このことは白河にとっては、内裏内の暴走であり、内裏の外から内をコントロールするという体制の否定であった。それ故に白河は人事権を用いて忠実の内覧を停止し、三年後には鳥羽も退位させることで、自らが創出した体制の維持を図ったと考えられるのである。(37)

事実、保安四年（一一二三）、鳥羽に代わって崇徳天皇が即位するが、崇徳は五歳という幼帝であった。摂政忠通は二十七歳ではあったが、摂関としての経験が浅く、ここに白河は再び天皇・摂政の両者に対して圧倒的に優位な立場に立つことになる。崇徳の大嘗会や斎王群行では、白河が忠通に天皇作法を教示している姿が確認できる(38)。白河は儀式作法の提供を通して忠通を服従させ、これを介して幼帝崇徳を後見する体制を再構築したのであり、これによって再び朝儀を内裏外からコントロール下に置くことに成功したのである。

2　鳥羽院政期の王権と保元の乱

大治四年（一一二九）、白河院が没すると、鳥羽院政が開始される。鳥羽は天承二年（一一三二）、忠実に内覧宣下を行って朝政に復帰させ、忠実と協調して政権を運営した。忠実は内覧宣下以後も、内裏のなかの問題は忠通に任せ、介入せずという姿勢をとり(39)、保延六年（一一四〇）には出家した。だが、かれは出家後も様々な問題を鳥羽院と協議していた。たとえば、仁平三年（一一五三）九月、近衛天皇の譲位問題が起こった際、鳥羽は「既為二重事一、不レ能二独決一、将下与二入道《（忠実）》一議中定其上焉」と述べている(40)。鳥羽は重要な問題は独りでは決めかねるので、忠実と議定する、というのであり、大殿忠実は天皇には直接近侍しないが、院とともに内裏の外から朝儀をコントロールする位置にあったことがうかがえる。

しかし、こうしたなか、摂関家では後継者継承をめぐる亀裂が表面化する。忠通は弟頼長を養子としており、忠通のあとは頼長を後継者として、頼長に摂関職の継承が行われる予定になっていた(41)。ところが、忠通に実子基実が誕生すると、忠実・頼長と忠通の関係は冷え込み、忠通は頼長への摂関職譲与を渋り出すようになる。そして、再三にわたって摂政職譲与の要請を拒否された忠実は久安六年（一一五〇）九月、ついに忠通を義絶し、頼長に藤氏長者の地位を与えたのである。

だが、この騒動は単に摂関家だけの問題で終わらなかった。忠通義絶の翌年正月一日、近衛天皇は頼長が参加するからという理由で、この日行われた正月節会への出席を見合わせ、「明日若左大臣可二参入一、可レ停二止行事一」と命じた。これに対して院は大いに怒り、翌日の朝覲行幸では、天皇との対面を行わなかった。また、六日に行われた叙位では、院が頼長に執筆を命じたところ、天皇がこれを拒否し、蔵人を召して強引に藤原実行に執筆を命じようとした。天皇に召された蔵人が頼長を執筆にすべきという院の命があると述べたところ、天皇は怒って「朕命如レ此之由、宜レ申二法皇一」と命じたという。そして、八日の白馬節会でも、節会開始の連絡が遅いので、院が使者を遣わして確認させたところ、「如二一日一無二御出一」だったというのである（以上、すべて『台記』）。

以上の一件で重要なのは、天皇の行動の背後に忠通の存在が見え隠れすることである。院は天皇の正月節会ボイコットについて「関白所二申行一也」と言い、翌日の朝覲行幸では、勧賞について忠通への指示を下さなかった（『台記』）。また、執筆拒否の件でも、院は忠実に書状を送り、「かくのことき の非道事は申行人の候にや、をろかなる事に候かやに候歟」と述べており（『台記』正月六日条）、暗に忠通が行わせていることを示している。これが事実なら、忠通は摂政という天皇に近侍できる立場を利用し、天皇に頼長の悪口を吹き込み、頼長の立場を不利にしようと図っていたことになるだろう。

一方、天皇の一連の行動は鳥羽院の激しい怒りを買ったが、院の対応には限界があった。仁平三年九月、近衛の眼病が重篤になったとき、忠通は鳥羽に近衛の譲位を進言した。次に掲げる史料は、このことについて記した『台記』九月廿三日条である。

入レ夜参二鳥羽宿所一、禅閤（忠実）猶御、依二下痢一不レ能レ参レ院（鳥羽法皇）、禅閤仰曰、御悩無二増減一、昨日参入、〔A〕法皇語曰、天子偽疾歟、去頃関白（忠通）申曰、上疾病将レ失レ明、志在二謙譲一、将レ禅二雅仁親王之息童一（件童、将二出家為二仁和寺法親王（覚法）之弟子一、）朕不レ許レ之、関白請奏再三、朕答曰、既為二重事一、不レ能二独決一、将下与二入道一議中定其上焉、其後関白不レ奏二此事一、〔B〕美福門院入

内時、上称レ疾、在二暗室一謁レ之、仍女院不レ見二御躰一云々、〔C〕朕所レ疑者、関白、欲下以二己力一立二幼立〔帝カ〕一摂レ政
以専中威権上、是以勧二進天子一、以遜譲、恐二朕不レ許、令二上称レ疾歟、関白結構如レ此、〔D〕朕子即世、天下将レ乱、
嗚呼哀哉、已上法皇仰、案二此事一関白狂歟、彼童即位者、又雅仁親王猶在、親王如専レ政、豈令二関白執権一乎、関白所レ案
至愚至愚、已上、禅閤仰、

右の傍線〔A〕から〔D〕の部分は鳥羽が忠実に語った内容だが、ここでまず注目したいのは〔A〕に「天子偽疾歟」とあるように、鳥羽が近衛の病を疑っていたことである。傍線部〔B〕によれば、近衛の実母である美福門院も参内時、天皇と会ってはいるのだが、暗室で謁見したため、天皇の体は見えなかったという。近衛の病は事実で、実際二年後には失明して没する。だが、ここから考えると実の両親である鳥羽と美福門院が天皇に会うことは希で、健康状態すらよくわかっていない、という状況だったことがわかるのである。

一方、鳥羽は近衛が病だというのは、関白忠通による虚偽の報告であり、譲位させるために「結構」したものだと断定している（傍線部〔C〕）。だが、これも近衛の病が事実であったとすれば、忠通だけが独り天皇の傍に近侍し、天皇の健康状態について正確な情報を持ち合わせていたということになるだろう。院政期においては、天皇の後見者として院の存在ばかりに目が行きがちだが、このことはなお摂関と天皇との関係が緊密なものだったことを示す事実として注目すべきである[42]。

しかしながら、このように摂関と天皇が密着し、院の指示にも逆らうようになったとすれば、このことは院の主導権の低下にもつながり、延いては院が内裏外から内裏内を統制するという体制自体を揺るがしかねない。そこで、鳥羽院が打った対策こそ、頼長に対する内覧宣下だった。これについて従来の研究では、ただ頼長の藤氏長者職継承に対応したものとのみ理解されてきた[43]。だが、鳥羽は内覧宣下の直後、側近の藤原公教に「左大臣内覧事、非下依二入道

奏請㆓許㆒之、出㆑自㆓朕意㆒、関白（忠通）教㆑帝以㆓不孝㆒、朕心太悪、故下㆓此宣旨㆒」と伝えており、[44]頼長を天皇に近侍させ、忠通を牽制することこそ、その最大の目的であったことがわかるのである。

だが、こうした打開策は結局、鳥羽の思うような効果をあげられなかった。翌仁平二年の十月一日、天皇は白河泉殿へ方違行幸を行った。このとき、関白忠通は不参であったので、天皇が輿から降りる際、頼長が裾を取ろうとしたが、天皇はこれを拒絶し、自ら裾を取って輿から降りた。[45]これについて頼長は「是悪㆑余故也、依㆓関白讒㆒歟、天子自取㆑裾、古今未㆑聞矣」と述べている（『宇槐記抄』）。近衛は忠通の強い影響を受け、頼長による後見を拒絶したのである。また、仁平元年十月には里内裏であった小六条殿が火災で焼失したが、その後皇居となったのは忠通の近衛殿であった。角田文衞氏・山田邦和氏が指摘するように、このことによって近衛はいっそう忠通によって囲い込まれ、頼長の養女である皇后多子までが内裏から排除されていったのである。[46]

では、鳥羽・忠実と近衛・忠通との緊張した状態は、最終的にどのように解決されたのだろう。そこで注目したいのは、前掲『台記』仁平三年九月廿三日条の傍線部〔D〕である。この部分は、鳥羽が自分の死んだ後、天下が乱れることを予測していたとして有名な一文だが、よく見ると、直接的には傍線部〔C〕にかかっていることがわかる。すなわち、傍線部〔C〕で、鳥羽は「忠通は自分の力で幼主を即位させて権勢を掌握しようと欲しており、そのために近衛の譲位を勧めているのだが、私（鳥羽）が許さないので、天皇が病気だと称しているのだろう」と述べており、これをあわせると、傍線部〔D〕の鳥羽の予測とは、直接的には「自分が没すれば、忠通を抑え得る者がいなくなり、かれが幼主を立てて権勢を掌握するので、天下が乱れる」というものだったことがうかがえるのである。

そして、実際の政治過程は、こうした鳥羽の予測が現実化するという方向で進展していく。久寿二年（一一五五）七月、近衛天皇が死去すると、後継の天皇には、仁平三年の段階で忠通が近衛後継の「幼主」として推した守仁親王ではなく、守仁の父である後白河天皇が即位した。だが、後白河は傍系のため、天皇作法にも練達せず、儀式の面においては忠通に依存する部分が大きかったのではないかと思われる。忠通は後白河の即位日次議定を直廬で行うなど[47]、後白河を支え、その後ろ盾となっていた。

こうしたなかで保元元年（一一五六）七月二日、鳥羽が死去する。内裏外からの最大の干渉者を失って政権の主導権を掌握した忠通は[48]、忠実・頼長を謀反人として挑発し、挙兵に追い込んで攻撃する。戦闘で致命傷を負った頼長は逃亡先の奈良で没し、忠通は一気に摂関家の家長権を奪回した。保元の乱とは、鳥羽の死去直後という院の不在時に、摂関・天皇の側が主導権をもって内裏外の干渉者を一掃したという事件であり、ここに忠通は摂関・天皇を中心に体制を再構築したのである[49]。

第四節　鎌倉時代の摂関家と天皇

忠通は鳥羽院没後、保元の乱によって内裏外からの干渉者を一掃し、政権の主導権を手中にした。しかし、後白河院政期以降、平氏や源通親、西園寺家など新たに王家と結んだ勢力が台頭し、摂関家の政治的地位は次第に低落していく。

しかも、忠通の没後、跡を継いだ基実の急死や政治状況の混乱もあり、摂関家は基実の近衛流、基房の松殿流、兼実の九条流の三流に分かれ、各流が摂関職をめぐって対立する。このうち近衛流・九条流は父子間で摂関職を世襲するとともに摂関家として定着、固定化し、鎌倉時代には両流がさらに分裂して、摂関職は近衛・鷹司・九条・二条・一条の五家の間で持ち回りされるようになるのである。それでは、こうしたなかで、天皇の後見という摂政の職掌はいかに果たされたのだろうか。

まず、ここまで見てきたように、天皇の外戚が担ってきた天皇の日常的な後見は、鳥羽天皇即位以降、外戚と分離して摂関の職掌として確定した。したがって、後白河院政期以降も、内裏のなかでの直接的な天皇後見は摂関によって行われ、こうしたことに外戚はタッチしていない。王権が安定した時期には、鳥羽天皇即位当初のように、摂関がつねに内裏に候宿して天皇の傍に近侍するということはなかったが、それでも後白河院が関白基房に閑院内裏に程近い三条万里小路第を貸し与えたり[50]、摂政兼実にも大炊御門殿を与えているのは注目される[51]。やはり院は摂関を天皇に近い場所に置き、何かあればいつでも対処できるように図っていたのである。

次に摂関家分立に関してだが、摂関家の分立は摂関交代の頻繁化につながるとともに、摂関在任期間の短期化という事態をもたらした。院政期、忠通は鳥羽・崇徳・近衛・後白河の四代、三十七年間にわたり摂政・関白として天皇に近侍した。だが、安西欣治氏の研究によれば、鎌倉中期から室町期では、摂関の任期は三年から五年程度であり、在職三、四年で次位者と折衝の上、摂関を交代するというのが常態であったという[52]。三年から五年程度で交代するとなると、天皇と摂関の関係は、前代に較べ希薄化せざるを得ないだろう。

しかし、これに関して注目されるのは、摂関家分立が進行した鎌倉中期以降、大殿が内覧宣下を下される事例が増えることである。しかも、表2からわかるように、内覧宣下を受けた大殿とは、多くが摂関として同じ天皇に近侍した人物であった。たとえば、文永二年（一二六五）、亀山天皇より内覧宣下を受けた二条良実は、弘長元年（一二六一）より内覧宣下直前まで亀山の関白であった。亀山は文永四年、関白が一条実経から近衛基平に交代した後も、良実に再び内覧宣下を行い、引き続きかれを内裏に出仕させている[53]。つまり、大殿への内覧宣下とは、五摂家による摂関の持ち回りというなかで、摂関を辞した後も、内覧として同じ人物が天皇に近侍できるようにするための制度であ

ったと理解されるのである。(54)

　しかも、かかる制度が確立した背景は、摂関家分立ばかりでなく、王家側の問題もあった。大殿への内覧宣下が定着する画期となったのは、寛喜三年の大殿道家の事例であったが、道家に対して内覧宣下を行った後堀河天皇は、承久の乱後、傍系皇統から即位したため、儀式作法や経験の蓄積もなく、天皇としての権威に欠ける存在であった。また、その後も仁治三年（一二四二）には四条天皇が急死し、傍系皇統から後嵯峨天皇が即位する。そして、文永九年（一二七二）の後嵯峨の没後も、皇子である後深草上皇と亀山天皇が皇位継承をめぐって対立するなど、王家の不安定なあり方は続いていく。こうしたなかで、天皇は自分の立場を正統化し、安定たらしめる後見人を必要としていたのであり、だからこそ、摂関在任期間が短期化するなかで、摂関退任者に内覧宣下を行って継続的に近侍させ、個別的な関係性を強化させたのである。

　なお、元亨三年（一三二三）、二条道平と鷹司冬平が立て続けに内覧宣下を受けている。これによって内覧は現任の関白である関白九条房実と併せて三人併存することとなり、「内覧三人非㆓尋常之例㆒」などと非難された。(55)西山恵子氏もこの事について内覧の形骸化

表2　前摂関に対する内覧宣下(〜鎌倉期)

No.	内覧	年号	西暦	月日	現任摂関	天皇
1	藤原忠実(55)	天承二	一一三二	一・一四	藤原忠通(36)	崇徳
2	九条道家(39)	寛喜三	一二三一	七・五	九条教実(22)	後堀河
3	近衛兼経(33)	仁治三	一二四二	三・二五	二条良実(27)	後嵯峨
4	二条良実(50)	文永二	一二六五	七・一六	一条実経(43)	亀山
5	二条良実(52)	文永四	一二六七	三・九	近衛基平(22)	亀山
6	鷹司兼平(41)	文永五	一二六八	三・二九	鷹司基忠(22)	亀山
7	鷹司兼平(62)	正応二	一二八九	六・一	近衛家基(29)	伏見
8	鷹司基忠(50)	永仁四	一二九六		鷹司兼忠(35)	伏見
9	鷹司基忠(54)	正安二	一三〇〇	七・一〇	二条兼基(33)	後伏見
10	鷹司基忠(62)	延慶元	一三〇八	三・一四	鷹司冬平(34)	花園
11	二条道平(36)	元亨三	一三二三	一〇・五	九条房実(34)	後醍醐
12	鷹司冬平(49)	元亨三	一三二三	一一・九	九条房実(34)	後醍醐
13	二条道平(43)	元徳二	一三三〇	一・二六	近衛経忠(29)	後醍醐
14	近衛経忠(29)	元徳二	一三三〇	八・二五	鷹司冬教(26)	後醍醐

註　本表は註(30)米田論文掲載の表をもとに作成した。（　）の中は年齢。

を示すものとしており、よい評価は与えられていないが、このときの天皇は後醍醐天皇であり、周知のようにかれが大覚寺統のなかでも傍流（甥の邦良親王への中継ぎ）であったことから考えれば、これも不安定性を解消するためだったと理解するとわかりやすくなる。すでに小川剛生氏も注目しているように、内覧となった二条道平に対して、後醍醐は「汝出仕之後、禁裏々々様になりたり」と述べており(56)、摂関経験者が継続して近侍・補佐することで、天皇の地位は安定すると認識されていたのである。

おわりに

以上、本章で明らかにした内容をまとめると次のようになる。堀河朝まで、天皇は外戚によって囲繞され、かれらによって日常的な後見を受けてきた。だが、堀河の早世を受けて即位した鳥羽天皇は、幼帝であったにもかかわらず、それを後見すべき外戚がほとんどおらず、鳥羽即位の時点で、それまでの天皇後見の体制は破綻してしまっていた。こうしたなか、鳥羽の祖父である白河院は、代々摂関を継承してきた御堂流の後継者である藤原忠実を、外戚関係とは関係なく摂政に任じ、御堂流に天皇後見を請け負わせた。摂関家はミウチ集団の主導者から、院の命によって天皇後見を請け負う「家」へと性格を変え、ここに中世摂関家が成立したのである。

これ以降の王権は、院が摂関に天皇後見を委任し、朝儀を主導するというのが基本形態であり、摂関は若年であったり、経験がない場合、院の指示下にその代行者としての役割を果たすに過ぎなかった。だが、摂関は、内裏にあって天皇と日常的に接触したため、長期にわたり在任すると、天皇と摂関の間には密接な人格的関係が形成され、摂関が天皇と結んで院に抵抗することもあった。また、院自体、つねに経験や知識が摂関より優位とは限らず、政権基盤が不安定であったり、経験不足の場合もあったから、こうした場合には、摂関家が王家や政権全体を支える存在として浮上した。摂関は最終的には院に人事権があるが、摂関家はつねに王家の下に統制されていたわけではないのであり、王家とともに王権を構成する存在として相互補完的な関係にあったのである。

さて、以上のような中世摂関家の成立は、院政の成立とも表裏の関係になっていた。本章では、中世摂関家成立の画期として、改めて鳥羽即位のもつ意義を評価したが、よく知られるように、院政研究でも鳥羽即位は、院の政治的主導権が確立し、院政が本格的に開始される画期として評価されている。美川圭氏の研究によれば、鳥羽即位以降、院御所議定が国政上の問題を扱うようになり、国政の最高審議機関になっていったというのである[57]。この背景について、美川氏は後三条以来の王権の伸張や摂関の衰退、天皇の政治的限界を指摘しているが、あえて本章の成果から述べると、院が政治的主導権をもつに至った直接的な背景には、鳥羽が幼帝であった上、天皇を支えてきた外戚も少なく、国政上の問題を決裁できるのが院に限られていた、という偶発的な要因が大きかったと考えられる。院は政治の主導権をもつが、内裏に参入できなかったため、朝儀運営は摂関を代理人として委託した。こうして内裏内を管理できたからこそ、院は天皇を中心とした既存の体制を温存したまま、内裏外の院御所から政権を遠隔操作することができたのである。

また、近年、上島享氏は、道長の権力と院権力に継承関係や連続性を見出し、道長の画期性を評価しているが、以上から考えると、院と道長の間では、内裏のなかにあったか否かという点で決定的な相違があったと考えられる。上島氏は、道長が摂政を退任後も、大殿として権力を掌握していたことについて、太政官制を超越するものとして高く評価した。だが、第一節で見たように、あくまで道長は摂政退任以後も天皇とともに内裏内に「居住」し、朝儀に関与しており、摂関を退任した後も旧来の天皇を中心とした秩序に組み込まれた存在だった。一方、これに対して院は内裏から退去した存在であり、院が政権の主導権を持つようになると、政務の決定も内裏の外で行われるようになる。政務決定の行われる空間が内裏のなかからその外へと移ったことで、非制度的な存在である前官者や出家者までもが政務に参与できるようになるのであり、だからこそ、鳥羽院政期において、王家の家長たる鳥羽院と、摂関家の家長たる大殿忠実が内裏外で議定して重要事項を決定したように、天皇との関係や官職の有無によらず、王権を構成する「家」の家長が政権を主導する体制が形成されたのである。

最後に中世後期への展望を述べておこう。中世後期に入ると、天皇を中心とした王権には、これまでの王家と摂関家に加え、武家が参入することになる。義満以降、室町将軍は大嘗会に際し、摂関とともに悠紀殿まで参入した(58)。とくに義持は関白一条経嗣と対になって行動したり、経嗣の役割を代行し、御禊行幸では摂関が行うべき裾取りの役を行ったという(59)。室町将軍は院のように内裏の外側からではなく、内裏の内側に入って直接天皇を後見する位置を占めたのである。

こうした室町将軍の「准摂関家」化については、一般には室町将軍の公家化にともなう家格上昇として捉えられがちであるが、本章で明らかにした天皇後見のあり方から見ると、これも単なる権威上昇のための行為ではないだろう。すでに石原比伊呂氏は、義満段階の将軍家は、「准王家」と「准摂関家」という二つの性格を有していたが、義満没後、義持はこのうち「准摂関家」を採用することで、王家を支える将軍家というあり方を鮮明にしたと述べている。室町将軍は自分の正統性を担保する王家を支えるため、直接天皇を後見し、摂関家と同じ位置を占めたのである(60)。

南北朝～室町前期における王家は、南北朝の分立や、北朝内部における崇光流と後光厳流の分立があり、鎌倉後期以上に不安定な状況に置かれていた。初期の段階では、摂関家の二条良基が関白・内覧としてこれを支えるが、良基はやがて政治の主導権をもつ室町将軍を取り込み、天皇後見に実質をもたせていく(61)。こうしたなかで、摂関家は将軍

への作法教示などを通して、自己の位置づけを改めて政権中枢の中に組み込んでいったのである。(62)

註

(1) 本章では、「ミウチ」の語は天皇を中心とした父系・母系の親族集団の全体を表し、母系親族集団のみを限定的に表す「外戚」の語と区別して用いている。
(2) 伴瀬明美「院政期における後宮の変化とその意義」(『日本史研究』四〇二号、一九九六年)。栗山圭子「中世王家の存在形態と院政」(『中世王家の成立と院政』吉川弘文館、二〇一二年。初出は二〇〇五年)。佐伯智広「中世前期の政治構造と王家」(『中世前期の政治構造と王家』東京大学出版会、二〇一五年。初出は二〇一〇年)。
(3) 井原今朝男「中世の天皇・摂関・院」(『日本中世の国政と家政』校倉書房、一九九五年。初出は一九九一年)。同「中世の国政と家政」(同書所収。初出は一九九二年)。上島享「藤原道長と院政」(『日本中世社会の形成と王権』名古屋大学出版会、二〇一〇年。初出は二〇〇一年)。上島氏の所説は以下、同論文による。
(4) 元木泰雄「摂関家家政機関の確立」(『院政期政治史研究』思文閣出版、一九九六年。初出は一九八一、一九八四年)、同「院政期政治構造の展開—保元・平治の乱—」(同書所収。初出は一九八六年)、井原今朝男「摂関家政所下文の研究」(井原註(3)前掲書。初出は一九八一年)など。
(5) 井原註(3)前掲書三八二頁。上杉和彦「書評・井原今朝男『日本中世の国政と家政』」(『歴史学研究』六八一号、一九九六年)も参照。
(6) 井原註(3)前掲「中世の天皇・摂関・院」。
(7) 元木泰雄「摂関政治の衰退」(元木註(4)前掲書。初出は一九九四年)。
(8) 倉本一宏「『栄華物語』における後見について」(『摂関政治と王朝貴族』吉川弘文館、二〇〇〇年。初出は一九八八年)。
(9) 吉川真司「天皇家と藤原氏」(『律令官僚制の研究』塙書房、一九九八年。初出は一九九五年)。吉川氏の所説は以下、同論文による。
(10) 末松剛「節会における内弁勤仕と御後祗候」(『平安宮廷の儀礼文化』吉川弘文館、二〇一〇年。初出は一九九六年)。同「即位式における摂関と母后の登壇」(同書所収。初出は一九九九年)。
(11) 遠藤基郎「院政の成立と王権」(『日本史講座』第3巻・中世の形成、東京大学出版会、二〇〇四年)。
(12) 吉川註(9)前掲書四一二頁。
(13) 『小右記』寛仁元年(一〇一七)七月十四日条に「世以二前摂政一号二大殿一」とある。
(14) 佐々木恵介『天皇と摂政・関白』(天皇の歴史03)(講談社、二〇一一年)三二六頁。
(15) たとえば、寛仁元年六月十七日・十九日条など。
(16) 『小右記』寛仁元年八月十八日条。
(17) 玉井力「一〇―一一世紀の日本―摂関政治―」(『平安時代の貴族と天皇』岩波書店、二〇〇〇年。初出は一九九五年)。
(18) 註(14)に同じ。
(19) 『土右記』延久元年六月廿七日条(『書陵部紀要』一二号)。
(20) 海上貴彦「大殿の政務参加―藤原道長・師実を事例として―」(『古代文化』七〇巻二号、二〇一八年)。
(21) 佐藤健治「藤原師実・師通―両殿下制の挫折―」(元木泰雄編『王朝の変容と武者』〈古代の人物6巻〉清文堂出版、二〇〇五年)。
(22) 元木註(7)前掲論文。
(23) 橋本義彦「貴族政権の政治構造」(『平安貴族』平凡社、一九八六年。初出は一九七六年)。
(24) 松薗斉『日記の家―中世国家の記録組織―』(吉川弘文館、一九九七年)。
(25) 元木註(7)前掲論文は、「天皇外祖父・外伯叔父+摂関兄弟・子弟+一世源氏」を「ミウチ」として一括りに分析するが、これでは摂関が外戚である場合とそうでない場合との差が明らかにならないので、ここでは外戚である天皇外祖父・外伯叔父とその子までに限定し、検討を加えている。そのため、元木論文で論じられているミウチの数とは若干人数が異なる。
(26) 遠藤註(11)前掲論文。
(27) 『台記』康治元年(一一四二)五月十六日条。
(28) 松薗斉『王朝日記論』(法政大学出版局、二〇〇六年)。
(29) すでに佐々木宗雄氏も、政務決定における摂関の役割を検討し、「摂政忠実はもはや王権代行者ではなく、王権保持者たる白河院のもとで、命令を執行する役割を担っていたにすぎない」と述べている（「白河院政の確立と摂関」〈『平安時代国制史研究』校倉書房、二〇〇一年〉。引用は同書六八頁）。本章の見解もこれに近いが、政務に注目する佐々木氏の議論では、この結果、摂関は権限を喪失したとされており、これ以後の摂関の存在意義が分かりにくい。この点、本章では天皇後見に注目したため、摂関が院のもつ制度的限界を補う存在であったことが明らかになり、この間の王権の構造変化がより明解になったと考えている。

(30) 西山恵子「大殿考」（『史窓』三六号、一九七九年）。米田雄介「内覧について―補任を中心として―」（『摂関制の成立と展開』吉川弘文館、二〇〇六年。初出は一九八三年）。

(31) 『外記日記新抄』文永二年（一二六五）七月十七日条（『続史籍集覧』第一冊）。

(32) 『改訂史籍集覧』第廿四冊。

(33) 拙稿「院政期摂関家における大殿について」（『中世摂関家の家と権力』校倉書房、二〇一一年。初出は二〇〇二年）。

(34) 治承三年（一一七九）十一月、平清盛のクーデターによって関白松殿基房が解任され、清盛の娘聟である近衛基通が関白となった。基通は関白就任まで非参議の右中将に過ぎず、自身、「年来一切籠居、万事不審」と述べているが（『玉葉』治承三年十一月廿三日条）、このとき叔父である九条兼実は基通の要請に応え、儀式の場でも傍について作法を指導するなど、かれの関白としての職務をバックアップした。しかも、高倉天皇も本来「執政臣可レ備二顧問一」天皇作法の教示を兼実に求めており（『玉葉』治承四年正月十七日条）、兼実に対して、事実上の摂関としての役割を期待していたようである（以上、拙稿「平氏政権期の摂関と九条兼実」〈『紫苑』一四号、二〇一六年〉）。このような兼実による基通のバックアップも、「家」による天皇後見の一例といえるだろう。

(35) 河内祥輔「後三条・白河「院政」の一考察」（『日本中世の朝廷・幕府体制』吉川弘文館、二〇〇七年。初出は一九九二年）。

(36) 美川圭「総括としての院政論」（『院政の研究』臨川書店、一九九六年。初出は一九九三年）。

(37) この事件については、本書第Ⅰ部第四章でさらにくわしく検討している。

(38) 『法性寺関白記（法性寺殿記）』保安四年十一月十八日、天治二年（一一二五）九月十四日条（『図書寮叢刊九条家記録』一）。

(39) 元木泰雄『藤原忠実』（人物叢書）（吉川弘文館、二〇〇〇年）。

(40) 『台記』仁平三年九月廿三日条。

(41) 元木註(39)前掲書。

(42) 佐伯智広氏は近衛について、崇徳の養子であった関係から、忠通の娘で崇徳の皇后となっていた聖子によって養育されており、実母である美福門院は実際の養育には関与していなかったと指摘している（「鳥羽院政期王家と皇位継承」〈『中世前期の政治構造と王家』東京大学出版会、二〇一五年。初出は二〇一二年〉）。忠通と近衛との密着した関係の背景には、単に摂関と天皇という関係だけでなく、このような事実上の外戚関係もあったと考えられる。

(43)　たとえば、橋本義彦『藤原頼長』〔人物叢書〕（吉川弘文館、一九六四年）九二頁。

(44)　『宇槐記抄』久安七年正月十日条。

(45)　この一件については、末松註(10)前掲「節会における内弁勤仕と御後祗候」も参照。

(46)　角田文衞「法性寺関白忠通」（『王朝史の軌跡』學燈社、一九八三年。初出は一九八二年）。山田邦和「保元の乱の関白忠通」（朧谷壽・山中章編『平安京とその時代』思文閣出版、二〇一〇年）。

(47)　『民経記』仁治三年（一二四二）二月十二日条。

(48)　山田註(46)前掲論文。

(49)　通説では、保元の乱後、摂関家は抑圧され、衰退したと理解されるが、筆者はあくまで忠通は政権を主導する立場にあり、乱後の政権の政策も、忠通が家長となった摂関家の権力まで抑圧するものではなかったと考えている。筆者の見解は、拙稿「藤氏長者宣下の再検討」（本書第Ⅱ部第二章）を参照されたい。

(50)　『玉葉』嘉応二年（一一七〇）十二月廿六日条。

(51)　『玉葉』文治四年（一一八八）七月一日条。

(52)　安西欣治「中世後期における公家政治の諸問題―五摂家分裂後の摂関就職について―」（『史潮』新二〇号、一九八六年）。

(53)　このほか、№7の鷹司兼平、№8～10の鷹司基忠については、宣下を行ったのと同じ天皇に摂関として仕えた経験はないが、兼平・基忠は親子で、いずれも宣下を行った天皇は持明院統の出身である。鷹司家と持明院統が密接な関係にあったことは、すでに松薗斉氏によって指摘されており（松薗斉「鎌倉時代の摂関家について―公事師範化の分析―」〈鎌倉遺文研究会編『鎌倉遺文研究3　鎌倉期社会と史料論』東京堂出版、二〇〇二年〉）、鷹司家は「家」と「家」の関係として持明院統出身の天皇を後見したといえるだろう。

(54)　大殿に対する内覧宣下に関しては、すでに西山恵子氏が、大殿の制度化であり、摂関家分裂後、摂関が形骸化するなかで、大殿が摂関のもつ公的権限を吸収する意味を持っていたと評価している（西山註(30)前掲論文）。小川剛生氏も、摂関家分裂以降、一人の人物が長期間摂関にとどまることが困難となったため、識見に富む摂関経験者を内覧とすることで、顧問役を期待したと指摘している（『後光明照院関白記（道平公記）』解題・翻刻・人名索引」〈国文学研究資料館文献調査部『調査研究報告』二二号、二〇〇一年〉）。これらはいずれも妥当な指摘だと思われるが、本章では、内覧宣下を受けた人物が、単に摂関家家長や有識者として遇されていたのではなく、天皇に長く近侍した人物であったことを重視したい。

（55）『花園天皇宸記』元亨三年十一月九日条。

（56）『後光明照院関白記』元亨四年正月七日条。小川註（54）前掲論文。

（57）美川圭「公卿議定制から見る院政の成立」（美川註（36）前掲書。初出は一九八六年）。

（58）鳥羽重宏「大嘗祭と神宮奉幣と摂政・関白」（『神道宗教』一四〇号、一九九〇年）。

（59）石原比伊呂「准摂関家としての足利将軍家―義持と大嘗会との関わりから―」（『室町時代の将軍家と天皇家』勉誠出版、二〇一五年。初出は二〇〇六年）。同「室町時代の将軍と摂関家―足利義持と一条経嗣を中心に―」（『ヒストリア』二〇九号、二〇〇八年）。

（60）石原註（59）前掲「准摂関家としての足利将軍家―義持と大嘗会との関わりから―」。また、石原氏は「足利義持と後小松「王家」」（石原註（59）前掲書。初出は二〇〇七年）でも、義持が補弼役である摂関や蔵人頭、院執事と同じ立場に立って天皇や院を補佐し、南北朝動乱により低下した王家の権威上昇につとめていたことを明解に論じている（この点、石原氏のご教示を得た）。

（61）小川剛生『足利義満―公武に君臨した室町将軍―』（中公新書）（中央公論新社、二〇一二年）。

（62）石原註（60）前掲論文。小川註（61）前掲書九五頁。

〈付記〉

本章は日本史研究会二〇一三年度大会の中世史部会報告として報告した内容をもとにしており、遠藤基郎氏より「二〇一三年度日本史研究会大会報告批判　樋口健太郎報告批判」と題する誌上批判を賜った（『日本史研究』六二〇号、二〇一四年）。そのなかで遠藤氏は本論全体に関わる問題として、「日常的後見」に注目しながら、その具体的な内容について分析がない点をあげている。

本章で後見の具体的な内容にふれなかったのは、遠藤氏も示唆するように、天皇への日常的な奉仕は、蔵人や女房、殿上人なども行っており、個別の奉仕の内容は摂関に特有なものではないためである。嘉承三年（一一〇八）正月十七日、摂政忠実は「依レ無ニ女房陪膳一」り参内すると述べている（『殿暦』）。ふだん天皇の陪膳は女房が行っているが、それが行われないので、忠実が代わりに参ったというのであり、これは忠実がつねに行わなければならないことではなかったのである。だが、だとすれば、女房や蔵人も摂関同様、天皇後見を果たしていたのか、ということになるが、そうではない。同様に天皇の世話を行うといっても、摂関と蔵人・女房ではその立場に大きな違いがあるからである。この点、すでに吉川真司氏は、『源氏物語』における藤壺の母后としての後見について「内裏で常に冷泉帝を世話する（または世話を指揮する）ことだった」と述べている（吉川註(9)前掲書四〇九頁）。母后の後見は、自ら世話をする場合と、世話を指揮する場合があったというのである。

実際、忠実の事例を見ていると、陪膳の殿上人が欠勤しているとして、忠実が「当番・非番人」を催すように命じている事例がある（『殿暦』永久二年〈一一一四〉九月一日条）。ここから考えると、自ら天皇の世話を行うというより、むしろ女房や蔵人、殿上人に指揮して天皇の世話を行わせるのが基本であったというべきだろう（先に見た陪膳の事例のように、陪膳を行う女房がいないという非常時や、自らが行うことで威儀を示す必要がある場合に限って摂関は自ら直接天皇の世話を行ったのであろう）。殿上人や蔵人に指示を下して天皇への奉仕を統括するような存在は摂関しか存在しない。だからこそ、摂関は毎日内裏に参勤、候宿するなどして天皇の傍にあることが要請されたと理解されるのである。

第二章　白河院政期の王家と摂関家

――王家の「自立」再考――

はじめに

近年の王家研究では、天皇の一族が外戚の一族と区別され、王家としてのアイデンティティを確立するのは院政期のことであったとされる。伴瀬明美氏・栗山圭子氏の研究によれば、摂関期における王家とは、外戚の一族たる摂関家と融合した「大摂関家」ともいうべき状態にあり、皇位や財産の継承についても摂関家に決定権が握られていた。それが院政期以降、天皇・院が皇位や財産継承に主導権をもつようになり、同時に王家は摂関家から自立して、別個の一族として認識されるようになったというのである(1)。

筆者も以前、摂関期から院政期にかけての天皇・皇族・后妃などの仏事に注目し、摂関期にはそれが摂関家の「氏寺」（一門の寺院）において行われていたこと、院政期になると六勝寺をはじめとする王家の「氏寺」において行われるようになることを指摘し、親族集団としても摂関家と王家が院政期以降、別々のものとして分化していったことを明らかにした(2)。

しかし、一方で注意したいのは、摂関の役割自体は院政期以降においても基本的に以前と変わっていないことである。近年の政治史研究の成果によれば、院政期以降も摂関は天皇・院とともに王権を構成する特殊な存在であったという(3)。だが、それ以前の問題として、そもそも摂政とは天皇が幼少などの際、天皇の職務を代行し、関白は成年以降の天皇を補佐するという機能を負っていた。また、一般に摂関政治から院政への変化とは、家族形態が母系から父系へ変化するとともに、天皇の父方の尊属たる院が母方の尊属たる摂関に代わって天皇を後見し、発言権を得るようになったとする理解が根強いが、(4)実際には院と摂関の役割とは同じではない。院は日常的に天皇に近侍しなかったし、即位式などの天皇儀礼には参入もしないなど、摂関の代わりを果たし得なかった。王家とは天皇位を世襲し、それに関わる業務を家業として執り行う「家」であるが、とくに天皇が幼少の際には摂政が必要となるなど、王家の「家」としての機能は摂関家と切り離して遂行することはできなかったのである。

このような視点で見直すと、従来のように、院政期の王家について、摂関家から自立したとみなす理解は、必ずしも正確なものとは言い難いのではなかろうか。院政期、摂関家と王家は親族という面では分離したものの、「家」の運営という面では分かちがたい関係にあったのであり、これを一つの権力集団として一体的に把握することもまた有効と思われる。そこで、本章では、かかる立場からの試論として、当該期の王家・摂関家の関係についての見直しを試みたい。そのために、とくに従来「中世王家の成立期」(伴瀬氏)とされてきた白河院政期における摂政忠実の機能と白河院との関係についてとりあげる。従来の研究では、王家研究以外の政治史でも、当該期の摂関家と王家は対立的に描かれることが多く、とくに摂政忠実の時期には、院が摂関家を従属させ、院近臣化したとも論じられてきた。(5)したがって、このような見方は当然、かかる政治史の構図自体の見直しにもつながるはずである。

第一節　白河院政期における摂政忠実

院政期における天皇と摂関との密接な関係がうかがえるものとして、近年、即位式における摂政の高御座登壇や即位灌頂の開始といった事実が注目されている。[6]だが、こうした関係が示される場面とは何も即位式などの特別な場面ばかりではなかった。

近年、松薗斉氏は、白河院政期における摂関忠実の居所について検討し、この時期、「摂関、とくに摂政は天皇の近辺に居住し、後見するという原則」から、天皇の移動に伴って摂関も頻繁に居所の移動を繰り返していたと指摘している。[7]一例として鳥羽天皇が即位した翌年の嘉承三年（一一〇八＝天仁元年。八月三日改元）の場合を見てみよう。この年、忠実は二月十八日に高陽院から平等院執行成信の五条房に移ったが、[8]翌月七日、さらに藤原家光の五条町尻第へと転居した。[9]この五条町尻第は当時里内裏であった小六条殿（六条坊門南・烏丸西）のすぐ北西で、五条富小路にある五条房より内裏に近い場所にあった。この移転については『中右記』同日条にも「是依二皇居近隣一也」とある。その後、八月二十一日、鳥羽天皇は小六条殿から大内に遷御したが、それにともなって忠実も同月二十九日、五条町尻亭から、より大内に近い左大弁源重資の中御門東洞院第へ転居した。[10]忠実には東三条殿や高陽院、鴨院、枇杷殿といった摂関家相伝の自邸もあったが、この時期、かれはそこには居住せず、里内裏に近い邸宅を転々と移動していたのである。

では、摂関はいつ頃から、このように里内裏の近くに居住するようになったのだろう。松薗氏は、摂政が天皇の近辺に居住するのは原則とされていたという。だが、これは忠実以降についてはそうだとしても、忠実以前についてもそのような原則があったとは思われない。建築史の飯淵康一氏・永井康雄氏は藤原道長・師実・忠実の邸宅について史料を網羅的に収集し、その変遷を明らかにしている。[11]それによれば、師実の場合、居所は「師実に属する数カ所の住宅を順に用い、移動の要因としては、これらの住宅の里内裏や院御所としての使用或いは焼失等」が多いなど、居所のあり方は忠実と全く異なっていたという。たとえば、寛治元年（一〇八七）八月二十八日、摂政師実の居所である大炊殿が白河院・郁芳門院の御所になったため、[12]その前の同二十六日、師実は大炊殿から三条殿に移転したが、[13]このときの里内裏は堀川殿（二条南・堀川東）で、ここからは大炊殿（大炊御門南・西洞院東）より三条殿（三条南・東洞院東）(14)の方が離れていた。少なくとも里内裏の移転ごとに、摂政がその近所へ転居を繰り返すのは、忠実以前には見られなかった現象なのである。

鳥羽在位期の忠実といえば、天皇の外戚でなく摂政に任じられたことが知られるように、血縁的には天皇とは遠い関係にあった。しかし、居所から見ると、外戚でない忠実の方が、外戚だった以前の摂関より天皇に近くなり、天皇との密着の度合いを強めていた。このような逆転的な事態はなぜ生じたのだろう。そこで注意したいのが、忠実が転居した邸宅の性格である。すでに松薗氏や飯淵・永井氏も指摘するように、忠実が居住した里内裏近辺の邸宅とは、実は院近臣の邸宅で、白河院から与えられたものだった。たとえば、天仁元年三月七日に忠実が転居した藤原家光五条町尻亭について、『殿暦』同月五日条には「内近、仍自レ院給也」とある。また、天永二年（一一一一）、忠実の住居である高陽院を里内裏とする計画が持ち上がった際、忠実は院に対し、「於二我居所一者只可レ随二院御定一也」と述べている。(15)この時期、忠実の居所は院の指示によって決められていたのである。

では、院はなぜ忠実を天皇の近くに住まわせようとしたのだろう。この理由として、ここでは当該期の政治的事情に目を向けてみたい。遠藤基郎氏は、堀河在位期まで大極殿で行われていた鎮護国家のための千僧御読経が鳥羽即位以降、法勝寺において院の主導によって行われるようになることを明らかにし、その背景として、幼少の鳥羽以外にも有力な皇位継承候補として白河異母弟の輔仁親王が存在したことをあげている。遠藤氏によれば、白河の皇統には「輔仁親王ではなく幼い鳥羽天皇こそが、皇位に相応しいことの示威」が求められており、白河は「天皇の庇護者としての力を十分に発揮することで、自らの皇統の安定化を図っ」ていた。そして、かかる目的のために、千僧御読経では、白河は法会の空間を、慣習により院の入ることが許されない大極殿から、院が直接臨席できる法勝寺に移し、

これを「院の直接的庇護のもとに遂行」しようとしたというのである。(16)

ただ、この千僧御読経のように、院が天皇の行うすべての儀式を自身の管轄下に置くことは現実的には困難であった。右のように院は大内裏に入ることができなかったし、里内裏についても、神器が安置されているため、出家の身である法皇と天皇の同宿は極力忌避されていたからである。(17)だが一方、これとは対照的なのが摂関である。天仁元年十月、六歳の鳥羽天皇は初めて清涼殿石灰壇での御拝を行った。これについて忠実は日記に「御拝時、執柄人不レ可二沐浴一、雖レ然幼主御上、近候祈申詞ヲ教申時、有二其恐一、仍沐浴スル也」と記している。(18)石灰壇御拝に当たって摂関が沐浴する必要は本来はなかった。ところが、ここでは鳥羽が幼いので、忠実は天皇の近くにあって御拝での「祈申詞」を教えなければならず、忠実も沐浴しなければならなかったという。このように、当時の朝廷儀礼では幼い天皇は独りでは天皇としての所作を執り行えないから、摂関がつねに天皇の側に付き添い、手取り足取り指導を行っていたのである。(19)かかる事実を踏まえると、なぜ院が忠実に里内裏近辺の住居を与えたのか、という先の設問の解も明らかになるだろう。遠藤氏は皇統の正当性を示すという目的のため、天皇儀式を滞りなく行う必要があったというが、院は内裏で行う儀式に参入できないから、かかる儀式を先例通り遂行するには、天皇の側に付き添ってそれを補佐する摂関の役割が重要だった。白河は摂政である忠実を天皇に近い場所に置いて、天皇と摂政との関係を密なものとし、幼い天皇が摂政の補佐・後見の下、天皇としての職務を正確に執り行えるよう努めていたのである。

第二節　摂関家の確定と院

嘉承二年（一一〇七）、鳥羽天皇がわずか五歳にして践祚し、忠実が摂政となった。忠実の摂政就任については

『愚管抄』巻第四に有名なエピソードがある。先述したように忠実は鳥羽の外戚ではなかった。一方、閑院流の大納言藤原公実は鳥羽の外舅にあたり、「イマダ外祖外舅ナラヌ人、践祚ニアヒテ摂籙スルコト候ハズ」として、自分こそ摂政に相応しいと白河に訴えた。自身閑院流の公成の娘を母とする白河は深く思い悩むが、側近である源俊明の進言によって公実は斥けられ、忠実が摂政に任じられたという。

橋本義彦氏の論文「貴族政権の政治構造」以来、このエピソードは家格としての摂関家の成立を物語るものとして知られている(20)。橋本氏は天皇外戚である公実ではなく、外戚でない忠実が摂関となったことで、摂関職が外戚と分離して御堂流に定着し、ここに摂関家が確定したと論じたのである。しかし、ここでなぜ白河は摂政に公実ではなく忠実を選んだのだろう。王家と摂関家との関係を対立関係と捉えるなら、白河の選択は理解しがたい。だが、前節では、鳥羽即位後、白河が摂政となった忠実を通して鳥羽を補佐し、自分の皇統の安定化に努めていたことを明らかにした。ここから考えれば、白河が忠実を選んだのは、その目的から見て理に適ったものだったといえるのではないだろうか。

この時期の白河にとって何よりも重要だったのは、有力な皇位継承候補として輔仁親王が存在するなか、いかに自分の皇統を権威づけ、正当化するかという問題であった。前節で見た、天皇に近侍し、儀式作法を教示するという摂関の役割からすれば、ここで摂政を誰にするかという問題は、皇統の維持・安定化という目的のためにもきわめて重要な問題だったはずである。こうしたなか、忠実は外戚ではないものの、代々摂関を継承してきた御堂流の嫡男で、前代においても関白の任にあった。しかも、御堂流は代々が摂関をつとめたことで、その嫡男たる忠実には天皇作法や服飾等に関する故実が伝えられていた。天永二年（一一一一）、摂政忠実は「御書始之間御装束・御読書文机等」に関する白河の尋ねに対し、「故殿《師実》御記」「故二条殿《師通》御記」を以て回答している(21)。すでに松薗斉氏も指摘する通り、御堂流は天皇作法の集積により天皇の「家」を補完する存在になっていたのであり、かかる状況から「白河院としては鳥羽天皇の行く末を考えた場合、結局は忠実を選ばざるを得なかった」のである。[22]

しかし、かといって忠実を摂政にすればすべてが盤石かというと、そうではなかった。忠実は外戚ではなかった上に、早く祖父師実・父師通という支えを失い、かれ自身、「年少之間不慮致二摂政一、誠以不レ図之運也」と述べていた。[23]忠実は故実を伝えるだけ公実より幾分かはましであったが、年少で図らずも摂政になってしまったと歎く忠実の力量は高が知れていたのである。白河がその皇統を強化させようと思えば、かかる忠実の弱さを何とかせねばなるまい。そこで、改めて注目したいのが、この時期の白河と忠実との関係である。前節では白河が忠実に内裏近辺の邸宅を与えていたことを指摘したが、このほかにも同様に白河による忠実への支援がうかがえる事例があるのである。

たとえば、まず前節で見たように、摂関は天皇に近侍して儀式作法を教示するという役割を負っていたが、忠実の場合、自身もかかる儀式に慣れておらず、実は院が忠実にかかる作法を教示するということがよくあった。たとえば、天永二年、白河は忠実に対し、官奏において天皇が文書を見終えた後、それを返すときの文書の結び方について「故後三条院仰」を教示している。[24]また、永久元年（一一一三）八月十七日、鳥羽天皇は北野社に行幸したが、それに先立ち院が忠実に「後三条院御記」を下して平野・北野行幸の記事を見せ、「主上并忠実精進にて可レ有也」と述べている。[25]このように白河は場合によっては父である後三条の日記を忠実に見せ、王家に伝わる故実を伝授することもあった。これによって白河は儀式が先例に沿って正確に執り行われることを期待したのだろう。

このほか、忠実が関白になった永久元年十二月以降でも次のような事例がある。永久二年十二月、鳥羽天皇は初めて官奏を行った。このとき、関白忠実は院の指示によって参仕し、官奏作法について天皇に教示したという。[26]忠実の日記には、このときかれが天皇に教えた官奏作法の内容がくわしく記載されているが、作法には逐一「院仰」との注記が付されている。[27]天皇は元服すると、儀式に臨み、天皇としての所作を自分で執り行う。しかし、このときの鳥羽は元服したといってもまだ十二歳という年少の天皇であった。そこで、白河は前もって忠実に官奏における天皇の作法を教え、官奏の場では、忠実から天皇に故実が伝授されたのである。このようなあり方は、院が摂関を支えていた事実を物語るとともに、「はじめに」で述べた王家と摂関家との一体的なあり方を示すものとしても注目すべきだろう。通常の「家」であれば、儀式作法は父祖から直接伝授される。ところが、王家では天皇の父祖たる院は儀式の場に参入することができないので、摂関を通して作法の伝授がなされていた。王家では作法伝授という「家」の根幹にまで摂関が関わっていたのであり、摂関は王家の「家」にとって必要不可欠の存在となっていたのである。

さて、ここまで摂関が儀式の場で天皇に教示する天皇作法が、実は院によって摂関に伝授されたものであったことを見てきたが、かかる院によるアドバイスは天皇作法に関するものだけではなかった。天永三年七月二十四日、妻師子の病により、忠実邸では僧が参入して大般若読経転読が行われた。この日は平野・大原野社行幸の御祈奉幣に当たっていたため、忠実は邸内の別棟に移ったが、これは「院仰」に従ったものだった。その上、この翌日は後斎であったが、忠実は「後斎ハ内にも召レ僧常事也、親人不例時可不〔不可カ〕有レ憚也」という院の指示に従って僧を忌まなかったという(28)。また、同年十月の伊勢遷宮奉幣に忠実は参仕しなかったが、これも「奉幣御拝必不レ可二参仕一」という院の指示に従ったものであった(29)。さらに天仁三年、出羽守源光国が摂関家領出羽国寒河江庄に乱入した際には、院は忠実に対し「可レ遣二家使一之由」命じている(30)。このように白河は忠実に対し、摂関としての行動や、家政の問題にまで指示を与えていたのである。中世摂関家では、摂関を退任した大殿が我が子である未熟な摂関を後見することが多かったが(31)、右の白河と忠実との関係は、かかる大殿と摂関の関係にもよく似ている。筆者は別稿で白河院政初期には、師実が白河の後見として王家を支えていたことを明らかにしたが(32)、この時期には反対に白河が忠実を補佐し、摂関家を支えていたといえるのではないだろうか(33)。

このように見てくると、忠実の官位昇進についても興味深い事例がある。これは堀河在位期、かれが摂関に就任する以前のことだが、康和四年（一一〇二）十一月、当時右大臣であった忠実は兼任する左大将を辞任し、同時に随身を賜わった。[34] 随身を賜わったのは、長徳二年（九九六）の道長左大将辞任の例にならったものであったが、この一か月前、左大将辞任の意思を院に伝えた際、忠実は院より「只可レ依二御堂（道長）例一歟」と指示されており、[35] 随身賜与が院の意向によるものであったことが知られる。しかも、忠実の大将辞任に際し、院は忠実に関白就任を打診したという。[36] 忠実は自分の年齢が頼通が摂政になった歳より若いことを理由にしてこれを断ったのだが、かかる事実からは、白河が鳥羽即位以前から忠実を道長・頼通の地位を継承すべき特別な存在として厚遇していたことがわかるだろう。

また、鳥羽即位以後では、天仁二年（一一〇九）の忠実賀茂詣に当たっての白河の計らいが注目される。この賀茂詣には二百人という大勢の公卿・諸大夫等が供奉したが、これについて忠実は「院御恩」によるものと記している。[37] さらに、このとき忠実は院によって唐車に乗るように命じられていた。忠実は「宇治殿（頼通）・故大殿（師実）始乗二唐車一給年、皆卌余・五十許」なので恐れ多いと断ろうとしたが、院の命なので仕方なく応じたという。忠実が意図する以上に、白河は忠実に対して破格の待遇を与えていたのであり、これによって白河は忠実の立場の強化に努めていたのである。

以上のように、白河は忠実の政務を支え、破格の待遇を与えていた。外戚でない忠実は摂政としての正当性に問題を抱えており、かかる処遇はそのカバーを意図してなされたと見ていいだろう。最後に残された問題は、外戚関係がないという親族的な一体性の希薄さであるが、これについても白河は一定の打開策を図っていた。ここで注目したいのは、忠実の跡継である忠通との関係である。忠通は永長二年（一〇九七）、忠実と正室源師子との間に誕生した。母師子はもともと白河に仕え、白河との間に覚法法親王を儲けていた。これだけでも忠通は生来白河との関係が深いといえるのだが、嘉承二年六月、忠通は院御所に参り、白河によって「御子」とされている。[38] 従来このことはあまり注目されていないが、忠通は自身、後年「我幼少当曽奉二父子契一」と述べているから、[39]白河との養子（猶子）関係は実質的な内容をもっていたと見て間違いない。しかも、よく知られるように白河は、忠通と、同じく白河の養女である藤原璋子との結婚を進めた。奇しくも璋子の実父はあの公実である。最終的にこの縁談は、璋子の奔放な異性関係を問題視した忠実が反対し、破談になったとされるが、[40]忠実はこの結婚について「中納言（忠通）院御執聟」と記している。[41]忠通は白河の養子になり、さらに白河によってその聟に取られようとしていたのである。この時期、これと同時に忠通の妹（のちの泰子）も鳥羽への入内が予定されており、[42]摂関家と王家の間には二重三重の関係が結ばれつつあった。これより前の時代、摂関家は師実の主導下に後三条・白河の皇女を養女とすることで王家との連携を深めていたことが指摘されているが、[43]ここでは白河の主導の下、あらためて王家と摂関家との一体化が進められていたといえる。この時期、摂関家と王家は分離したのではなく、むしろ王家の側からの一体化というかたちで関係の強化・再構築が進められていたのである。

おわりに

以上、本章では白河院政期における摂政忠実の機能と白河院との関係を通し、当該期の王家と摂関家の関係について考察した。「はじめに」では、院政期の王家・摂関家について、分離したと理解するのではなく、むしろ一つの権力集団として一体的に把握できるのではないかという仮説を提示したが、以上の考察を通して、その有効性はかなり明らかになったのではないだろうか。

院政期の王家において最も重要な課題だったのは、摂関家からの自立ではなく、有力な皇位継承候補である輔仁親王に対し、白河皇統をいかに正統なものとして位置づけ、安定化させるかという問題であった。こうしたなかで、白河院は自分の子孫に確実に皇位が継承されるように、堀河天皇への譲位を行い、堀河没後は孫である鳥羽天皇の後見として政務を主導した。だが、院は日常的に天皇の側にあって後見を行うことができず、天皇に対する院の親権行使には限界があった。そこで、院は摂政忠実という存在を介して天皇の周囲に目を配り、間接的に儀式運営への関与を行った。しかし、忠実は天皇の外戚でなく、経験も乏しかったため、院はかれに儀式・政務に関わるアドバイスや破格の待遇を与え、忠実の跡継忠通を自分の養子や聟にして王家との関係を強めることで、忠実の不完全性を補おうとした。白河が皇位を自分の子孫に伝えようとしたことは、王家の「家」の確立をもたらしたが、このことは同時に御堂流摂関家の地位強化という副産物を生み、摂関家という「家」が最終的に確定することにもつながったのである。

以上の考察によって、院政期以降においても王家と摂関家が一体的な関係にあり、むしろ白河院政期には自己の皇統の正当性を示すため、院の意志によって王家と摂関家との関係の強化が進められていたことが明らかになった。しかしながら、天永四年（一一一三）正月、鳥羽天皇が元服し、同年末（三月に永久に改元）、忠実が関白になった頃から、こうした流れは徐々に変化するのも確かである。すでにふれたように忠通と璋子の縁談は結局破談に終わり、璋子が代わりに天皇に入内したことから、忠実娘（泰子）の入内までもがなくなってしまう。白河院政の下での摂関家と王家の再結合は白紙に戻ってしまうのである。では、こうしたなかで、王家と摂関家の関係はいかに変化し、あるいは変化しなかったのか。この点については、第Ⅰ部第四章において、後宮の変化に注目しながら改めて見ていくことにしよう。

註

（1）伴瀬明美「院政期における後宮の変化とその意義」（『日本史研究』四〇二号、一九九六年）。栗山圭子「後院からみた中世王家の成立」（『中世王家の成立と院政』吉川弘文館、二〇一二年。初出は一九九八年）。
（2）拙稿「中世摂関家の成立と王家―「氏寺」の再検討を通して―」（『中世摂関家の家と権力』校倉書房、二〇一一年。初出は二〇〇九年）。
（3）井原今朝男『日本中世の国政と家政』（校倉書房、一九九五年）。上島享『日本中世社会の形成と王権』（名古屋大学出版会、二〇一〇年）。
（4）たとえば、竹内理三『日本の歴史6　武士の登場』（中公文庫）（中央公論社、一九七三年）、水林彪『天皇制史論―本質・起源・展開―』（岩波書店、二〇〇六年）。
（5）元木泰雄「治天の君の成立」（『院政期政治史研究』思文閣出版、一九九六年）。佐々木宗雄「白河院政の確立と摂関」（『平安時代国制史研究』校倉書房、二〇〇一年）。
（6）末松剛「即位式における摂関と母后の登壇」（『平安宮廷の儀礼文化』吉川弘文館、二〇一〇年。初出は一九九九年）。上島享「藤原道長と院政」（上島註(3)前掲書。初出は二〇〇一年）。
（7）松薗斉「文車考」（『王朝日記論』法政大学出版局、二〇〇六年。初出は二〇〇五年）。引用は同書六五頁。
（8）『殿暦』嘉承三年二月十八日条。
（9）『中右記』嘉承三年三月七日条。
（10）『中右記』同日条。
（11）飯淵康一・永井康雄「藤原師実の住宅と儀式会場―藤氏長者・摂関家の儀式会場の変遷過程に関する研究―」（『日本建築学会計画系論文集』五七七号、二〇〇四年）。同「藤原忠実の住宅と儀式会場―藤氏長者・摂関家の儀式会場の変遷過程に関する研究（2）―」（『日本建築学会計画系論文集』五八七号、二〇〇五年）。同「藤原道長の住宅と儀式会場―藤氏長者・摂関家の儀式会場の変遷過程に関する研究（3）―」（『日本建築学会計画系論文集』五九九号、二〇〇六年）。
（12）『中右記』同日条。
（13）『為房卿記』同日条（『大日本史料』第三編之一）。なお、同記によれば、師実が移転したのは「為家朝臣三条宅」であるが、このあと師実の邸宅は『中右記』『後二条師通記』ともに「三条殿」と記されており、「為家朝臣三条宅」＝三条殿と理解される。

(14) 邸宅の位置は飯淵・永井註(11)前掲「藤原師実の住宅と儀式会場」による。

(15) 『中右記』天永二年六月五日条。

(16) 遠藤基郎「天皇家王権仏事の運営形態」（『中世王権と王朝儀礼』東京大学出版会、二〇〇八年。初出は一九九四年）。引用は同書一六五・一六六頁。

(17) 『中右記』天永三年（一一一二）五月十三日条。鳥羽天皇は里内裏高陽院の火事により、院御所である六条殿に避難し、一時的に院と同殿したが、「已成二主上御所一奉レ安二置内侍所一之後、与二法皇一同宿御事、巳無二先例一」とされ、院はにわかに「六条烏丸大式顕季卿之家」に移ることになった。

(18) 『殿暦』天仁元年十月十八日条。

(19) 摂関による天皇に対する作法の教育・後見については、すでに松薗斉氏の指摘がある。氏によれば「天皇に儀式作法を教育し、儀式の現場で後見するのは本来摂関の地位にある者の職務」で「外戚関係を失った後も、すでに摂関の地位と一体化していたその職務内容に変化はなかったに違いない」という（松薗斉「摂関家」〈『日記の家―中世国家の記録組織―』吉川弘文館、一九九七年。初出は一九九三年〉。引用は同書二一四頁）。このほか、初出論文発表後、遠藤基郎氏は、天皇作法をめぐる王家と摂関家の関係について詳細に検討し、鳥羽天皇即位以降、摂関家は「天皇との〈血〉の関係」を失うが、「天皇作法をめぐる〈知〉」がそれに代わるものとなったと論じている（「天皇作法をめぐる確執と協調」〈遠藤編『年中行事・神事・仏事』〔生活と文化の歴史学2〕竹林舎、二〇一三年〉）。興味深い指摘だが、本書では、摂関家確定の背景として、摂関が院政期以降もなお天皇の傍に近侍するなど、天皇と擬制的な家族関係にあったことを重視しており（第Ⅰ部第一章）、天皇作法の共有だけでは不十分と考える。

(20) 橋本義彦「貴族政権の政治構造」（『平安貴族』平凡社、一九八六年。初出は一九七六年）。

(21) 『殿暦』天永二年十二月一日条。

(22) 松薗註(19)前掲論文。引用は同前掲書二一四頁。

(23) 『中右記』嘉承三年八月一日条。

(24) 『殿暦』天永二年十一月廿九日条。

(25) 『殿暦』永久元年八月十四日条。

(26)『殿暦』永久二年十二月廿三日・廿四日条。
(27)『殿暦』永久二年十二月九日条。
(28)ともに『殿暦』同日条。忠実の神事と禁忌については、服藤早苗「性愛の不浄とジェンダー―忠実夫妻の他屋と「断女」―」(服藤・小嶋菜温子ほか編『ケガレの文化史―物語・ジェンダー・儀礼―』森話社、二〇〇五年)にくわしい。
(29)『殿暦』天永三年十月十三日条。
(30)『殿暦』天仁三年三月廿七日条。
(31)佐々木註(5)前掲論文。拙稿「院政期摂関家における大殿について」(註(2)前掲拙著。初出は二〇〇二年)。
(32)拙稿「院政の成立と摂関家―上東門院・白河院の連続性に着目して―」(註(2)前掲拙著)。
(33)従来の研究では、忠実が政務について院の指示を仰ぐことで院に従属し、摂関家の権威は低落したと理解されることが多い(元木・佐々木註(5)前掲論文)。だが、白河が大殿のかわりになっていたと考えるなら、単に忠実は院に従属したのでもなく、摂関家の権威が低落したのでもないだろう。忠実は政務や儀式を故実に倣い円滑に行うため、経験者としての院に指示を仰いだのであり、白河によって摂関家の権威は支えられたのである。
(34)『中右記』康和四年十一月廿五日条。
(35)『中右記』康和四年十月十二日条。
(36)『中右記』康和四年十一月廿五日条。
(37)『殿暦』天仁二年八月十七日条。
(38)『殿暦』嘉承二年六月十一日条。
(39)『中右記』大治四年(一一二九)七月十七日条。
(40)角田文衞『待賢門院璋子の生涯―椒庭秘抄―』(朝日新聞社、一九八五年。初版は一九七五年)三四～五〇頁。
(41)『殿暦』天永二年六月十一日条。
(42)『殿暦』永久元年七月四日条。
(43)栗山圭子「篤子内親王論」(栗山註(1)前掲書。初出は二〇〇七年)。

第三章　居所からみた白河・鳥羽院政期の王権

はじめに

近年、中世天皇の「家」に関する研究が進展し、摂関政治期から院政期にかけ、天皇の「家」としての王家[1]が成立するとともに、王家は外戚たる摂関家の支配から離れ、自立する、と論じられるようになってきた[2]。だが、一方で近年、同様に進展した当該期の政治構造に関する研究によれば、王家から離れた摂関家の側も、院・天皇とともに王権内部に残り続けたとされている[3]。これを踏まえるなら、当該期の天皇や王家について考えるには、個別の「家」としての王家とともに、摂関家まで含めた王権全体の構造についても明らかにする必要があるのではないだろうか。

本章は、このような関心から、かかる王権全体の構造を通して、改めて摂関政治期から院政期にかけての王家・摂関家の展開について考えるものである。そして、そのための指標として、特に天皇に対する後見のあり方に注目する。摂関政治期の摂関も、院政期の院も、立場は異なるにしろ、天皇の後見者としての権能をもつ存在だった。したがって、院政期、摂関家が王家から分離しても、なお王権のなかに残り続けたとすれば、後見の実態の変化と、それをめぐる院・摂関の関係が改めて問題となると考えるのである[4]。

天皇に対する後見については、摂関政治期の王権に関する研究のなかで、同居を前提とした直接的奉仕であったとされ[5]、十世紀以降、摂関・母后が天皇とともに内裏に居住するようになった事実が注目されている。吉川真司氏は、十世紀後半以降、摂関が内裏のなかに執務空間である直廬を構え、天皇と密着化していくといい、東海林亜矢子氏は、

その前提として九世紀後半以降、母后が内裏で天皇と同居していくことを明らかにした。(6)

だが、このようなあり方は、院政期以降、どのようになったのだろう。本書第Ⅰ部第一章では、本格的に院政が開始される鳥羽朝以降、院の指示を受けて、摂関が天皇を後見する体制が確立する、と論じた。(7) しかし、第Ⅰ部第一章は摂関家を中心に論じたものであるため、院や母后と天皇の関係などについてはくわしく検討できなかった。そこで、本章では、これまで摂関政治期の研究で注目された居住形態の問題を軸にして、改めて摂関政治期から院政期にかけての王権全体の変化について明らかにしていきたい。

なお、右に見たように、摂関政治期の王権に関する研究では、内裏での同居が注目されてきたが、具体的には本論中で述べるように、院は院政期以降も内裏には参入できていない。したがって、居住形態については、内裏での同居ではなく、居所としての院御所や摂関邸宅などのあり方が中心的な問題となることをあらかじめお断りしておく。

第一節　摂関政治期までの王権

ここでは最初に、摂関政治期までの王権について、天皇と院（太上天皇）の関係を軸に確認しておこう（便宜上、本章では、摂関政治期までの院は「太上天皇」と表記する）。

奈良時代までの王権構成員では、天皇の後見者として、太上天皇の存在がきわめて大きかった。太上天皇は天皇と同格とされて、退位後も政務に関与した。とくに孝謙太上天皇が退位後も「国家大事」を担い、淳仁天皇や淳仁を擁する恵美押勝（藤原仲麻呂）との権力闘争の末、天平宝字八年（七六四）、淳仁を廃位して重祚に至ったことはよく知られている。

しかし、弘仁元年（八一〇）に起こった、いわゆる「平城太上天皇の変」をきっかけとして、太上天皇の権限は大きく制限されることになった。「平城太上天皇の変」では、平城太上天皇と嵯峨天皇が平安宮・平城宮に分かれて対立し、双方が官司・官人に命令を下したので朝廷は二つに分裂した。このことを反省した嵯峨天皇は、弘仁十四年（八二三）の退位にあたり、内裏から退出して冷泉院に居を構え、内裏で行われる政務には関与しない姿勢を示した。これ以降、太上天皇は退位すると内裏から退出し、原則として内裏で行われる政務には関与しないのが通例となったのである。(8)

一方、太上天皇が内裏から退出すると、母后や外戚がそれに代わる役割を果たすようになっていく。東海林亜矢子氏によれば、「平城太上天皇の変」後も、母后は九世紀前半の仁明朝までは太上天皇と同様に天皇と同居せず、内裏のなかでは天皇と妻后が同居するのが基本であったらしい。ところが、文徳天皇が仮内裏で母后と同居したのを嚆矢として、九世紀後半の清和朝になると、天皇が幼少で即位したこともあり、天皇と母后との同居という居住形態が常態化していく。そして、十世紀前半、朱雀朝になると、外戚も後宮に直廬を構えるようになり、母后が後宮に「所生子や摂関を巻き込んだ「ファミリー」」を形成したとされる。このような同居にともなう天皇との密着化を背景に、母后や外戚は政務に介入し、権力を掌握していったのである。

こうしたなか、摂関政治期の太上天皇は、内裏から退出するだけでなく、天皇と対面する機会自体、ほとんどなかったようである。後期摂関政治期の天皇で、在位期間中、父が太上天皇として存命であったのは、一条天皇（父円融太上天皇）・花山天皇（父冷泉太上天皇）の二名だが、一条の場合、寛和二年（九八六）六月の践祚以降、正暦二年（九九一）二月の円融死去までに、父との対面が確認できるのは、寛和二年十一月二十日、(9)永延二年（九八八）正月三日、(10)永延三年二月十六日、(11)永祚二年（九九〇）正月十一日(12)の四回を数えるのみである。さらに、花山の場合は、永観二年

（九八四）から寛和二年までの在位期間において一度も父冷泉との対面が確認できない。天皇は、母后とは同居して日常的に会う機会があったのに、太上天皇にはほとんど対面する機会すらなかったのである[13]。

東海林氏も指摘するように、母后が内裏に居住するようになった後も、太上天皇は「内裏から排除された存在」だった。先述のように、母后は後宮に「所生子や摂関を巻き込んだ「ファミリー」」を形成し、天皇との密着化を通して権力を掌握したが、だとすればこの時期、内裏から離れた太上天皇はかかる「ファミリー」からも外れ、王権からも事実上外れた存在だったといわねばなるまい。では、こうしたあり方は、院政期以降、どのようになっていくのか。次節以下で見ていこう。

第二節　白河院政期の王権

1　堀河朝

応徳三年（一〇八六）、白河天皇は皇子善仁親王（堀河天皇）に譲位して上皇となった。白河も延久四年、父後三条天皇から皇位を譲られているが、後三条は譲位の時点ですでに病床にあって翌年死去しており[14]、父院の出現は実質的に前節で見た円融・冷泉以来のことであった。では、堀河と白河院との関係はどのようであったのか。

まず、院が退位後、内裏から退出するという不文律は、院政期以降も破られることはなかった。このことは、すでに先学によっても指摘されている通りだが[15]、ここでは具体的にこのことを示すものとして、次の史料を掲げておきたい。

内侍所御在所、上皇不二渡給一事、大宮大夫（源師頼）被レ談云、陽成院禅位後、有下入二大内一之志上、為レ御示（禦カ）二此事一、始所レ成之儀也、其後、延喜帝（醍醐天皇）御薬間、寛平上皇（宇多）欲二入内一、而称レ無二先例一不二入給一、民部卿（藤原忠教）談云、朱雀院禅位後、又還二入内裏一、与レ帝（村上天皇）共可レ行二除目・叙位一之由有レ議、依レ是又称レ有二憚之由一、不レ奉レ入云々、堀河院御元服時、上皇（白河）為二入内一被レ勘二先例一処、有二如レ此議一、遂無二其儀一

（『長秋記』保延元年〈一一三五〉六月七日条）

保延元年六月、崇徳天皇は祇園御霊会の神輿を避けるため、院御所に行幸した。右は、その際の天皇と上皇との対面の是非について論じた史料で、陽成以来、代々の院が内裏への参入を企図したものの、「無二先例一」「有レ憚」などとされて、結局内裏に入れなかったとされている。白河院も堀河天皇の元服に当たり、内裏に参入をしようとしたが、先例を勘申したところ、憚りがあるということで参入できなかったのである。退位すると院は内裏から退出するのみならず、もう一度内裏に参入することさえ許されていなかった。そして、このことは院政期以降もタブーとされていたのである。

それでは、前節で見た対面回数はどうだろう。表3は、白河院政期、堀河・鳥羽天皇が院と対面した機会をまとめたものである。これを見ればわかるように、堀河天皇は即位した応徳三年以降、康和元年（一〇九九）頃までは、白河院と対面する機会は、年一〜二回と限られており、しかもその大半は年始恒例の朝覲行幸であった。こうしたあり方は、摂関政治期の一条天皇の場合とほぼ変わらない。

ところが、注目すべきは、康和二年から四年にかけての状況である。院御所への行幸は、従来、日帰りで複数日にわたることはなかったが、堀河は康和二年末、三日間、院の鳥羽殿に滞在したのを皮切りに、これ以降は、院御所に行幸して、そこで二〜三日を院と過ごすことが多くなる。しかも、これにあわせて院御所への行幸の回数も激増している。康和三・四年には院との対面の機会はそれぞれ十二回ずつで、この一年間には一月に一回のペースで対面するようになっているのである。

表3　天皇・上皇の対面（堀河・鳥羽朝）

天皇	上皇	年号	西暦	月日	場所	目的	出典
堀河	白河	寛治二	一〇八八	一・一九	大炊殿（上皇居所）	朝覲行幸	後二条師通記
				三・一〇	鳥羽殿	石清水行幸路次	後二条師通記
				八・七	大炊殿（上皇居所）	相撲御覧	帥記
		寛治三	一〇八九	一・一一	大炊殿（上皇居所）	朝覲行幸	後二条師通記
		寛治四	一〇九〇	一・三	大炊殿（上皇居所）	朝覲行幸	中右記
				四・二〇	鳥羽殿	競馬御覧	中右記
		寛治五	一〇九一	一・三	大炊殿（上皇居所）	朝覲行幸	後二条師通記
		寛治六	一〇九二	二・二九	六条殿（上皇居所）	朝覲行幸	中右記
		寛治七	一〇九三	一・三	六条殿（上皇居所）	朝覲行幸	中右記
		嘉保元	一〇九四	一・三	六条殿（上皇居所）	朝覲行幸	中右記
		嘉保二	一〇九五	一・二	六条殿（上皇居所）	朝覲行幸	中右記
				八・八	閑院（上皇居所）	相撲御覧	為房卿記
		永長元	一〇九六	一・一一	六条殿（上皇居所）	朝覲行幸	中右記
		承徳二	一〇九八	七・二〇	六条坊門堀川第（上皇居所）	朝覲行幸	中右記
		康和元	一〇九九	一・三	鳥羽殿（上皇居所）	朝覲行幸	中右記
		康和二	一一〇〇	一・二	鳥羽殿（上皇居所）	朝覲行幸	殿暦
				三・二七〜二九	鳥羽殿（上皇居所）	方違行幸	殿暦
		康和三	一一〇一	一・二	鳥羽殿（上皇居所）	朝覲行幸	殿暦
				一・一〇	鳥羽殿（上皇居所）	方違行幸	中右記目録
				一・二五〜二六	鳥羽殿（上皇居所）		中右記目録
				二・一〜二	鳥羽殿（上皇居所）		中右記目録
				三・一〇〜一一	鳥羽殿（上皇居所）		中右記目録
				四・二四〜二五	鳥羽殿（上皇居所）		中右記目録
				六・七〜八	鳥羽殿（上皇居所）	方違行幸	中右記目録

				七・一五〜一六	鳥羽殿(上皇居所)		中右記目録
				八・一九〜二〇	鳥羽殿(上皇居所)	方違行幸	殿暦
				九・二七〜二八	鳥羽殿(上皇居所)	方違行幸	殿暦
				二・五〜六	鳥羽殿(上皇居所)	方違行幸	殿暦
				三・二〇〜二一	鳥羽殿(上皇居所)	方違行幸	殿暦
		康和四	一一〇二	一・二〜三	鳥羽殿(上皇居所)	朝覲行幸	殿暦
				一・七〜一〇	鳥羽殿(上皇居所)	方違行幸	殿暦
				一・一九〜二〇	鳥羽殿	方違行幸	殿暦
				二・一〜二	鳥羽殿	方違行幸	殿暦
				二・一五〜一六	鳥羽殿	方違行幸	中右記
				二・二六〜二七	法勝寺	方違行幸	中右記
				三・七〜八	鳥羽殿(上皇居所)	方違行幸	中右記
				三・一八〜二〇	鳥羽殿(上皇居所)	上皇五十賀	殿暦
				五・二〜三	鳥羽殿(上皇居所)	方違行幸	殿暦
				閏五・一四〜一五	鳥羽殿(上皇居所)	方違行幸	殿暦
				六・一八〜一九	鳥羽殿(上皇居所)	方違行幸	殿暦
				七・二〇〜二一	法勝寺・尊勝寺	尊勝寺供養	中右記
		康和五	一一〇三	一・二	鳥羽殿(上皇居所)	朝覲行幸	中右記
				三・一五	高松殿(上皇居所)	皇子宗仁五十日	殿暦
				四・二七	高松殿(上皇居所)	皇子宗仁百日	殿暦
		長治元	一一〇四	一・三	高松殿(上皇居所)	朝覲行幸	中右記
		長治二	一一〇五	一・五	大炊殿(上皇居所)	朝覲行幸	中右記
				一〇・二七	土御門殿(上皇居所)	東宮着袴	中右記
		嘉承二	一一〇七	一・三	土御門殿(上皇居所)	朝覲行幸	中右記
				三・五〜八	鳥羽殿	朝覲行幸	中右記
鳥羽	白河	天仁元	一一〇八	三・一九	六条殿(上皇居所)	朝覲行幸	殿暦

天仁二	一一〇九	四・二九	鳥羽殿	石清水行幸路次	殿暦
天永元	一一一〇	二・三	六条殿（上皇居所）	朝覲行幸	殿暦
		五・二	法勝寺	金泥一切経供養	殿暦
天永二	一一一一	二・一	六条殿	朝覲行幸	中右記
		二・二、二・三	鳥羽殿	春日行幸路次（往路・復路）	殿暦
天永三	一一一二	二・二	小六条殿？	朝覲行幸	中右記
		三・六	小六条殿	院六十算賀	殿暦
		五・三	小六条殿（上皇居所）	里内裏火災により行幸	中右記
永久元	一一一三	一・八	六条殿	朝覲行幸	長秋記
永久二	一一一四	二・一〇	六条殿	朝覲行幸	殿暦
		二・一四	鳥羽殿	石清水行幸路次	殿暦
		二・二九	白河蓮華蔵院	阿弥陀堂供養	中右記
永久三	一一一五	二・二	鳥羽殿	朝覲行幸	殿暦
永久四	一一一六	二・一九	白河殿	朝覲行幸	殿暦
		三・二四～二六	鳥羽殿	方違行幸	殿暦
永久五	一一一七	三・七	六条殿（上皇居所）	朝覲行幸	殿暦
		五・二～四	白河泉殿（上皇居所）	方違行幸	殿暦
		五・一三～一四	白河泉殿（上皇居所）	方違行幸	殿暦
		五・一三～一四	白河殿（上皇居所）	方違行幸	殿暦
		六・一三	白河殿（上皇居所）	方違行幸	殿暦
		六・二九	白河殿（上皇居所）		殿暦
		七・二五	白河殿（上皇居所）	方違行幸	殿暦
		一〇・四	白河殿		殿暦
		一〇・一六～一七	白河殿	方違行幸	殿暦
元永元	一一一八	二・一〇	白河殿	朝覲行幸	中右記
		三・一七	最勝寺	落慶供養	殿暦

元永二	一一一九	二・二	白河北殿(上皇居所)	朝覲行幸	中右記
保安元	一一二〇	二・二	三条烏丸殿(上皇居所)	朝覲行幸	中右記
保安二	一一二一	二・一九	三条烏丸殿(上皇居所)	朝覲行幸	十三代要略
保安三	一一二二	二・一〇	三条烏丸殿(上皇居所)	朝覲行幸	十三代要略
保安四	一一二三	一・五	?(上皇居所)	朝覲行幸	体源抄

では、この時期に父子の対面が激増するのはなぜなのだろう。右の両年の堀河の院御所行幸の大半は、方違を理由にしているが、院御所への方違行幸は康和二年末の行幸が最初であり、それ以前には確認されないから、方違という理由はそのまま受け取るわけにはいくまい。一方、だとすると重要なのは、康和二年六月には関白藤原師通が急死し、翌年二月にはその父である大殿師実も没していることである。堀河の母・藤原賢子は師実の養女であり、すなわち師実は堀河にとって養外祖父に当たる存在であった。本書第Ⅰ部第一章では、堀河朝において、大殿師実が関白退任後も内裏内に直廬を構え、天皇の後見役を担っていたことを指摘した。一方、第Ⅰ部第一章では師実の死にともなう変化についてはとりあげなかったが、院との対面回数がこれだけ激増していることから考えると、天皇と院との関係は、師通・師実の死去を境に変化があらわれていたと見ていいだろう。このとき堀河はすでに元服していたが、いまだ二十代前半の青年君主であった。堀河の院への対面回数が激増したのは、師実や師通を失ったことで、その代わりに白河の指導を仰ぐ必要が出てきたためだろう。師通没後、御堂流の後継者となった息子の忠実は年齢も堀河とほぼ同じで(一歳上)経験も浅く、天皇の頼りとはならなかった。ここに院はそれまで摂関や大殿が担ってきた天皇への後見や指導の役割を担うようになったのである。

なお、表3を見ると、天皇の院との対面回数は、康和五年以降、再び回数が減少して師通死去以前のレベルに戻っている。だが、このことは、天皇をとりまく王権のあり方が師通死去以前に戻ったことを意味するものではあるまい。

というのも、実はちょうどこの頃から白河の居所に変化が見られるからである。

院御所の変遷について検討した川本重雄氏の研究によれば[16]、白河院は永長元年（一〇九六）から康和五年（一一〇三）までは「京中に整備された院御所を持たず、もっぱら鳥羽殿に住んでいた」が、康和五年正月十六日、堀河の皇子宗仁親王が誕生すると、かれと「京中の御所で一緒に住むようになった」という。院が鳥羽から京内の御所に戻ったのは、宗仁誕生の直前の康和五年正月三日、鳥羽殿から高松殿に移転した時点からとされるが、これはまさに天皇と院の対面回数が減少した時期に対応するのである。

川本氏は鳥羽から京内への移転について宗仁との同居を理由としているが、佐々木宗雄氏によれば、康和四年八月頃から、内覧であった忠実が政務の決裁から閉め出され、政務は院と天皇の協議によって行われるようになったとされている[17]。これをあわせて考えれば、院の京内への移転は単に宗仁との同居だけが目的ではなく、政務を協議する上で天皇との連絡を円滑にすることも目的だったと見るべきだろう。康和五年以降、天皇と院の直接的な対面は減少したが、院は京内の御所へ本拠を移して、政務への関与を常態化させ、天皇との密な関係を恒常的なものとしたのである。

2　鳥羽・崇徳朝

嘉承二年（一一〇七）七月、堀河天皇が死去すると、皇太子宗仁親王が即位し、鳥羽天皇となる。鳥羽が即位すると、国政の重要事項が院御所議定で審議されるようになるなど、本格的な院政が開始される。では、こうしたなかで、前項で見たような王権のあり方はどのようになるのだろう。

本書第Ⅰ部第一章・第二章では、摂関の存在形態に注目し、鳥羽践祚以降、摂関と天皇との関係が密着化したことを指摘した。この時期、摂関は内裏の近辺に居住するようになるとともに、内裏での候宿日数が激増していたのである。その上で、両者が密着化する背景には、院の指示があったことも明らかにした。鳥羽天皇は即位時わずか五歳の幼帝であり、独りでは何も執り行えず、何も判断できないから、直接的な後見が必要となる。ところが、院は前項で見たように「平城太上天皇の変」以来の不文律によって、内裏への参入すらできなかった。そこで、院は摂政を天皇の近くに置いてそれに指示を下し、摂政を自分の代わりとして天皇を間接的に後見しようとした、と論じたのである。

だが、それではこの時期、院はどこにいたのだろう。そこで注目したいのが、次の『愚管抄』巻第四の一節である。

〔A〕（白河院は）ホリカハノ院ウセ給テケル時ハ、重祚ノ御心ザシモアリヌベカリケルヲ、御出家ノ後ニテ有リケレバ、鳥羽院ヲツケマイラセテ、陣ノ内ニ仙洞ヲシメテ世ヲバヲコナハセ給ニケリ。

〔B〕法性寺ドノ《(藤原忠通)》ハ、白河院陣中ニ人ノ家ヲシメテヲハシマシケルウヘ、カナラズ参内ニハ先マイラケレルニ、世ノ中ノコト先例ヲホセアハセラレケルニ、一度モトヾコヲルコトナク、カヾミニムカウヤウニ申サタシテヲハシケレバ、カバカリノ人ナシトヲボシメシテスギケルホドニ、鳥羽院ハ崇徳院ノ五ニナラセ給御トシ御譲位アリケリ。

右のうち〔A〕は鳥羽践祚直後の様子をあらわしたもので、すでに多くの研究が言及しているが、[18]傍線部に見える「陣ノ内」は〔B〕に「陣中」とあり、近年、桃崎有一郎氏はこれが里内裏を中心にした周囲三町四方の空間である陣中であったことを指摘している。[19]つまり、鳥羽践祚後、内裏近辺に居住するようになったのは摂関だけでなく、院もやはり内裏近辺に御所を構えていたのである。[20]

では、これは具体的にはどのようになっていたのか。そこで、改めて白河院政期における京内の院御所（常用されていたもの。以下、ここでは史料上の表記に従い「京御所」とする）・摂関邸宅と内裏の関係を一覧表にまとめたのが表

使用期間	摂関(内覧)	摂関邸(〔　〕内は邸宅の持主)	使用期間(〔　〕内は典拠)
応徳3(1086)11・26～寛治8(1094)10・24	師実	大炊殿	～寛治1(1087)8・26〔為〕
		三条殿〔高階為家〕	寛治1(1087)8・26～寛治6・3・6〔為〕
		六条殿	寛治6・3・6～〔為〕
		高陽院	寛治6・7・10～〔師〕
寛治8・10・24～嘉保2(1095)11・2	師通	二条殿	寛治8・3・9～康和1(1099)6・28(死去)
嘉保2・11・2～永長2(1097)10・11			
永長2・10・11～康和4(1102)9・25			
康和4・9・25～長治1(1104)12・5	忠実	枇杷殿	康和1・8・28～康和4・8・19〔本・中〕
		二条東洞院第〔橘以綱〕	康和4・8・19～同10・13〔中〕
長治1・12・5～長治2・6・8		**高陽院**	康和4・10・13～嘉承3(1108)2・16〔中・殿〕
長治2・6・8～嘉承1(1106)12・25			
嘉承1・12・25～嘉承2・7・19(死去)			
嘉承2・7・19～同12・9		五条富小路第〔成信〕　イ	嘉承3・2・16～同3・7〔中・殿〕
嘉承2・12・9～天仁1(1108)8・21		**五条町尻第**〔藤原家光〕	嘉承3・3・7～天仁1(1108)8・29〔殿〕
天仁1・8・21～同11・28		**中御門第**〔源重資〕　ロ	天仁1・8・29～〔殿〕
天仁1・11・28～天仁2・7・1			
天仁2・7・1～天永2(1111)4・27		**高陽院**　ハ	天永1・9・12～天永2・9・2〔殿・中〕
天永2・4・27～同9・20		**正親町東洞院殿**〔藤原季実〕　ニ	天永2・9・2～同10・15〔中〕
天永2・9・20～天永3・5・13(火災)		三条殿〔藤原忠長〕	天永2・10・15～〔中〕
天永3・5・13～同10・19		**堀川楊梅第**〔藤原孝清〕　ホ	天永3・5・26～同10・11〔中〕
天永3・10・19～永久2(1113)8・3(火災)		**京極大炊第**〔源清実〕　ヘ	天永3・10・11～
永久2・8・3～同8・8		七条第〔藤原為隆〕	永久2・6・11～同8・27〔殿〕
永久2・8・8～永久3・8・25		**六条第**〔藤原実行〕　ト	永久2・8・27～永久3・4・16〔殿〕

表4　白河院政期の「京御所」と内裏および摂関（内覧）邸

院京御所(〔　〕内は邸宅の持主)	使用期間(〔　〕内は典拠)	天皇	里　内　裏
三条殿	応徳3(1086)11・26〜応徳4・2・5〔践・移〕	堀河	堀河殿
六条中院〔藤原敦家〕	寛治1(1087)4・7〜同8・28〔為〕		
大炊殿〔藤原師実〕	寛治1・8・28〜寛治5(1091)5・12〔為・度〕		
土御門殿〔源俊房〕	寛治5・5・12〜同8・8〔度・中〕		
六条中院〔藤原敦家〕	寛治5・8・8〜嘉保3(1095)8・9〔中〕		大炊殿
八条殿〔藤原顕季〕	嘉保3・9・18〜承徳1(1097)12・23〔中・移〕		閑院
六角東洞院第〔藤原国明〕	承徳1・12・23〜承徳2・7・9〔移・度〕		高陽院
六条坊門堀川第〔藤原経忠〕	承徳2・7・9〜〔度〕		
高松殿〔藤原顕季〕	康和4(1102)1・11〜長治1(1104)7・11〔中〕		大内(本内裏)
土御門殿〔源雅実〕	長治1・7・11〜同12・27〔中〕		
大炊殿	長治1・12・27〜〔中〕		堀河殿
			大内
			堀河殿
中御門第〔源重資〕　A	嘉承2(1107)11・19〜同12・9〔殿〕	鳥羽	大炊殿　①
綾小路第〔源国信〕　B	嘉承2・12・9〜〔殿〕		小六条殿　②
六条中院〔藤原敦家〕　C	嘉承3・3・23以前〜〔中〕		大内
			大炊殿　①
人炊殿　D	天仁2(1109)7・28〜天永2(1111)9・13〔殿〕		大内
			土御門殿　③
三条大宮第〔藤原基隆〕　E	天永2・9・13〜天永3・4・8〔殿・中〕		高陽院　④
小六条殿　F	天永3・4・8〜同5・13〔中・殿〕		
六条烏丸第〔藤原実行〕　G	天永3・5・13〜同9・8〔殿・中〕		小六条殿　②
大炊御門万里小路殿〔藤原長実〕　H	天永3・9・8〜永久2・8・3〔中〕		大炊御門東洞院殿　⑤
大炊御門万里小路第〔源能俊〕　I	永久2・8・3〜同8・8〔中〕		大炊御門万里小路殿　⑥
六条殿(六条中院ヵ)　C	永久2・8・8〜同8・11〔中〕		小六条殿　②
大炊御門万里小路殿〔藤原長実〕　H	永久2・8・11〜同8・17〔殿〕		
七条坊門町尻第〔藤原能仲〕	永久2・8・17〜永久3・6・13〔殿〕		

永久3・8・25～同11・26		三条殿〔藤原忠長〕	永久3・4・16～永久5・7・2〔殿〕
永久3・11・26～永久4・8・17			
永久4・8・17～同8・19			
永久4・8・19～永久5・4・20			
永久5・4・20～同11・10		鴨院　チ	永久5・7・2～〔殿〕
永久5・11・10～保安4(1123)1・28			
保安4・1・28～長承2(1133)12			

る。
図したものは同様に扱った)。
御所は井上註(18)掲出論文，摂関邸宅は飯淵・永井第Ⅰ部第二章註(11)掲出論文を参考にした。
二条師通記，践＝践祚部類抄，中＝中右記，殿＝殿暦，度＝上皇度々御移徙記，本＝本朝世紀。

4である。ここでは、陣中の京御所・摂関邸を太字であらわした。これを見ると、やはり院・摂関とも鳥羽践祚以降、陣中に居所を設けるようになっていることが裏付けられるだろう（位置については図1を参照）。この時期、内裏と院の京御所・摂関邸は近接し、内裏が移転すると、京御所・摂関邸もそれにともなって移転した。東海林亜矢子氏のいう摂関政治期以来の内裏内の「ファミリー」とは別に、王権構成員の新たな集住形態が生まれていたのである。

　では、このような状況はいつまで続いたのだろう。川本重雄氏は、この時期、京御所が内裏近辺に置かれたのは、あくまで鳥羽天皇が幼くして践祚したための特別な事情によるものであったことを示唆している。内裏は永久五年（一一一七）十一月の土御門烏丸殿への移転以降、土御門烏丸殿に定着したが、川本氏によれば、院御所は元永二年（一一一九）、三条烏丸殿が整備されると、以降、ここが京中の御所となったという。土御門烏丸殿と三条烏丸殿は同じ烏丸小路に面してはいるが、至近距離ではない。よって、川本氏は内裏近くに京御所が設けられたのは、鳥羽践祚から元永二年までのこととするのである。

　しかし、だとすると問題になるのは、先に掲げた〔B〕の史料である。この傍線部にも白河院が陣中の他人の邸宅を御所として使用していたことが示されているのだが、その直前に「法性寺ドノハ」とあるから、これは摂関忠通の時代の話であることがわかる。忠通が摂関になったのは保安二年（一一二一）の

三条大宮第〔藤原基隆〕 E	永久3・6・25〜同8・9〔殿〕		
大炊御門万里小路殿〔藤原長実〕 H	永久3・8・9〜〔殿〕		土御門殿 ③ 大炊殿 ① 大炊御門万里小路殿 ⑥ 土御門殿 ③ 三条烏丸殿 ⑦
正親町東洞院殿〔藤原季実〕 J	永久5・12・13〜〔殿12・4〕		土御門烏丸殿 ⑧
		崇徳	土御門烏丸殿 ⑧

註 1)院京御所の A〜K，里内裏の①〜⑧，摂関邸のイ〜チの記号は図1の図上の記号に対応してい
2)**太字**は里内裏陣中に所在する院御所・摂関邸をあらわす(陣中以外でも，内裏近隣への移転を意
3)内裏は詫間直樹編『皇居行幸年表』(続群書類従完成会，1997 年)に従い，典拠は省略した。院
4)史料名は右のように略称を用いた(五十音順)。為＝為房卿記，移＝院宮御移徙部類記，師＝後

ことであるから、史料が事実を語っているとすれば、やはり永久五年以降もこのような状況が続いていたことになるのである。

しかも、このことは実際に表4からも裏付けられる。実は永久五年、内裏が土御門烏丸殿に移転すると、院はその直後、正親町東洞院殿に入っている。この正親町東洞院殿こそ、内裏の斜向かいにある陣中の京御所なのである。この頃、確かに三条烏丸殿も用いられているが、少なくとも永久六年・元永二年・元永三年の正月拝礼は正親町東洞院殿で行われている[21]。また、この御所が「上御所」と称されたことも[22]、他とは異なる特別な京御所であったことを物語る。この頃、院の養女で鳥羽の中宮となった璋子が内裏を退下すると、院は正親町東洞院殿から三条烏丸殿に入り、璋子が内裏に戻ると院も正親町東洞院殿に戻ることが多いから[23]、あくまで三条烏丸殿は璋子を迎え入れるための御所であり、京内の本邸は正親町東洞院殿であったと見るべきだろう。内裏陣中に院の京御所が設けられるというあり方は、鳥羽践祚以降、一貫していたのである。

さて、第Ⅰ部第一章では鳥羽践祚以降、摂関と天皇が密着することを強調して論じたのだが、本章では以上の検討によって鳥羽朝には摂関だけでなく、院の側も天皇との関係をさらに強めていたことが確認できた。先に掲げた『愚管抄』の〔B〕によれば、摂関忠通は参内に当たってまず陣中の院御所に参って院の指導を受け、「カヾミニムカウヤウニ」院の指示に従って政務を行ったと

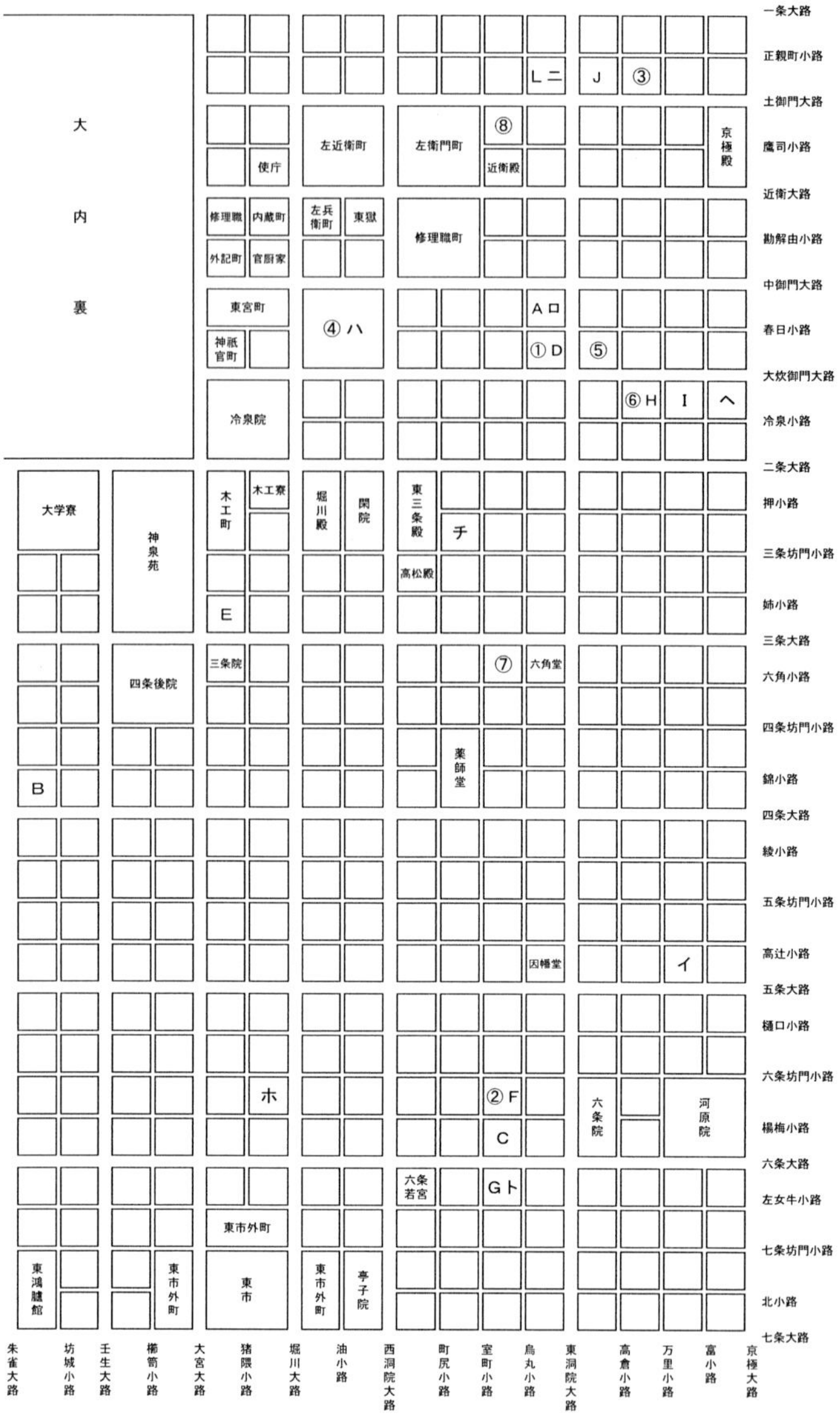

図１　鳥羽朝の里内裏・院京御所・摂関邸の位置

〔里内裏〕① 大炊殿，② 小六条殿，③ 土御門殿，④ 高陽院，⑤ 大炊御門東洞院殿，⑥ 大炊御門万里小路殿，⑦ 三条烏丸殿，⑧ 土御門烏丸殿。

〔院京御所〕A 中御門第，B 綾小路第，C 六条中院，D 大炊殿，E 三条大宮第，F 小六条殿，G 六条烏丸殿，H 大炊御門万里小路殿，I 大炊御門万里小路第，J 正親町東洞院殿。

〔摂関邸〕イ 五条富小路第，ロ 中御門第，ハ 高陽院，ニ 正親町東洞院殿，ホ 堀川楊梅第，ヘ 京極大炊第，ト 六条第，チ 鴨院。

註 1）位置が特定できない邸宅については表記していない。

2）邸宅の位置の特定については，以下の文献を参考にした。
飯淵康一・永井康雄「藤原忠実の住宅と儀式会場―藤氏長者・摂関家の儀式会場の変遷過程に関する研究（2）―」（『日本建築学会計画系論文集』587 号，2005 年），古代学協会・古代学研究所編『平安京提要』（角川書店，1994 年）。

いう。ここから考えれば、院が陣中に院御所を構えたのは、内裏に入って政務や儀式を差配する摂関や公卿と密に連絡を取り合い、自分の意志を即座に政務や公事に反映させるためであろう[24]。内裏・院御所・摂関邸が近接するなかにあって、陣中の院御所は、内裏に入れない院が摂関や公卿たちと協議し、指示を下す政権の指令センターとしての機能を担っていたのである。

第三節　鳥羽院政期の王権

大治四年（一一二九）七月七日、白河院が没すると、鳥羽院政が開始される。鳥羽院政では、保安元年（一一二〇）、院の勅勘を受けて失脚していた前関白忠実を召して内覧の地位に戻したり、院近臣が再編成されるなど、白河院政の政策を否定する動きが見られることが知られるが、天皇に対する後見のあり方はどうなったのだろう。

ここでもまず院御所から見てみよう。白河院政では、鳥羽践祚以降、院は内裏近くの陣中に京御所を構え、そこで摂関に指示を与えて事実上、天皇への後見を主導していたが、実は鳥羽院の場合、生活の拠点としていたのは鳥羽・白河で、京内に入ること自体、あまりなかったようである。表5は近衛朝における鳥羽の入京とその滞在先を一覧にしたものであるが、これを見ると、この時期、院が入京するのは年に数回程度であったことがわかる。しかも滞在先としては、三条高倉殿や土御門東洞院殿が多く見られるが、前者は久安元年（一一四五）九月に没した、もと中宮である待賢門院璋子の御所で、璋子の仏事参加のための参入が多く、後者も皇后であった高陽院泰子の御所であった。それ以外の院御所は、小六条殿が朝覲行幸で用いられる程度（仁平元年以降は高松殿）で、鳥羽院は京内に自前の生活拠点をもたなかったと考えられる。

表5　鳥羽院の在京期間(近衛朝)

年号	西暦	月日	場所	目的	出典
康治元	一一四二	(一・一)	四条東洞院殿	正月拝礼・姫宮五十日	本朝世紀
		五・一一	土御門東洞院殿	延暦寺参詣(往路)	本朝世紀
		九・五	(京都)		台記
		一〇・二	土御門東洞院殿		台記
		一〇・二六	二条室町桟敷	大嘗会御禊見物	本朝世紀
		一一・一五	朱雀門	大嘗会標見物	本朝世紀
康治二	一一四三	(一・三)	小六条殿	朝覲行幸	本朝世紀
		四・七	四条高倉殿		本朝世紀
		四・一七	土御門東洞院殿	延暦寺参詣(帰路)	本朝世紀
		四・二三	藤原忠能邸	賀茂祭見物	本朝世紀
		五・九	三条西洞院第	崇徳院疱瘡見舞	本朝世紀
		五・一八	三条西洞院第	崇徳院疱瘡見舞	台記
		九・三〇	三条西洞院第	統子内親王御所火災見舞	本朝世紀
		(一一・一〇)	土御門東洞院殿		台記
天養元	一一四四	八・一八	土御門東洞院殿	天皇疾	台記
		八・二六	土御門東洞院殿		台記
		(九・二九)	土御門東洞院殿	一〇・三 延暦寺参詣(往路)	台記
		一〇・一三	土御門東洞院殿	延暦寺参詣(帰路)	本朝世紀
		(一〇・二六)	四条東洞院殿		台記
		(一一・一四)～一二	土御門東洞院殿		台記
久安元	一一四五	(一・一)～四	小六条殿	正月拝礼・朝覲行幸	本朝世紀・台記
		四・二	二条堀川殿	令子内親王一周忌	台記
		八・九	三条高倉殿	待賢門院逆修結願	台記

		八・一〇	三条高倉殿	待賢門院御懺法結願	台記
		八・二二～九・一八	三条高倉殿	待賢門院死去	台記
		九・二四	三条高倉殿	待賢門院供養	台記
		一〇・一	三条高倉殿	崇徳院仏経供養	台記
		一〇・一一	三条高倉殿	待賢門院正日	台記
		(閏一〇・五)	土御門東洞院殿		台記
		閏一〇・二三	三条高倉殿	待賢門院月忌	台記
久安二	一一四六	(二・一)	小六条殿	朝覲行幸	本朝世紀
		六・一二	土御門東洞院殿	金泥如経供養	台記
		八・五	三条高倉殿	崇徳院自筆涅槃経供養	台記
		八・二三	三条高倉殿	待賢門院正日	本朝世紀
久安三	一一四七	(一・一～二)	四条東洞院殿	正月拝礼・朝覲行幸	台記
		三・二六	土御門東洞院殿	藤原忠実七十算賀見物	台記
		五・一六	□子内親王御所	内親王疾	台記
		六・一〇	土御門東洞院殿	新造御堂阿弥陀像造立始	台記
久安四	一一四八	六・二六	近衛室町殿(天皇避難所)	里内裏(土御門烏丸殿)火災	台記
		閏六・一〇	八条東洞院殿	逆修	本朝世紀
		七・一八	土御門東洞院殿	高陽院疾	台記
		七・二〇	土御門東洞院殿	高陽院疾	台記
		三・六	高陽院御所(土御門東洞院殿?)		台記
久安五	一一四九	二・九	小六条殿	修造後、初めて御幸	本朝世紀
		二・二一～二三	小六条殿	朝覲行幸	本朝世紀
		一一・二四	小六条殿	祇園・稲荷行幸見物	本朝世紀
久安六	一一五〇	(一・二〇)	小六条殿		台記
		五・一	高陽院御所(土御門東洞院殿?)		台記
		一〇・五	東三条殿		台記

		一〇・一九〜二〇	藤原頼長大炊御門第		台記
		三・二八	高松殿	仁平元・一・二 朝覲行幸	台記
仁平元	一一五一	一・三	高松殿	尊勝陀羅尼供養	本朝世紀
		二・三〜四	東三条殿		台記
		二・六	高松殿	孔雀経法	台記
		九・七	藤原忠能邸	賀茂行幸見物	本朝世紀
		三・二八	高松殿	仁平二・一・三 朝覲行幸	兵範記
仁平二	一一五二	三・二一〜三	高松殿	御懺法	本朝世紀
仁平三	一一五三	三・八	中宮呈子御所		本朝世紀
久寿元	一一五四	六・一九	高松殿	統子内親王五日十座講	兵範記
久寿二	一一五五	四・二四	六条殿	郁芳門院追善仏事	兵範記

註　日付の（　）は出かけた日が不明なもの。（　）内の日付は滞在が確認できる日を示す。

そして、そうなると、必然的に天皇と院との対面の機会も限られることになる。紙幅の都合上、一覧表は掲出していないが、この時期、天皇と院の対面は、ほぼ毎年正月の朝覲行幸と、御願寺での儀礼の場に限られていた。朝覲行幸は、院の京御所に行幸することが多かったが、院はそのために鳥羽・白河から京御所に御幸するという状態であった。では、この時期、天皇に近侍して、直接的な後見を担っていたのは誰なのだろう。そこで、注目したいのが摂関忠通と娘の聖子である。鳥羽院政が開始されると、忠通は大治五年、聖子を崇徳天皇の中宮としたが、永治元年（一一四一）、崇徳の異母弟である近衛天皇が即位すると、聖子は近衛の養母として入内して、内裏に同居した。最近、佐伯智広氏も指摘しているように、この頃、天皇の実母である藤原得子は鳥羽院とともに白河や鳥羽にあって、ほとんど内裏に参入することはなかったのに対し、養母の聖子は近衛即位以降、かれが没するまで近衛と内裏に同居し続けていたのである。(25)

しかも、院が京内に自前の生活拠点をもたなかったのに対して、忠通は内裏陣中に邸宅を設け、独り天皇と密接した距離をとり続けた。永治元年十二月、近衛が即位すると、忠通は翌年四月十一日、里内裏・土御門烏丸殿の南向かいの近衛室町殿に移転し（『本朝世紀』）、久安四年（一一四八）六月、土御門烏丸殿が火災のため、内裏が四条東洞院殿に移ると、移転時期はわからないが、西隣の四条烏丸に邸宅を構えている。(26) そして、仁平元年（一一五一）六月には、再び里内裏・四条東洞院殿が火災に遭い、八条殿・小六条殿を経て、十一月十三日、忠通の近衛室町殿を里内裏とすることになったが（『本朝世紀』）、これ以降、忠通はその南側の勘解由小路烏丸殿を邸宅として利用するようになる。(27) この勘解由小路烏丸殿は『兵範記』仁平二年四月十一日条に「殿下外御直廬也」と見えるが、これは内裏内の「内御直廬」に対しての表現であろう。このような表現がみられるようになること自体、陣中の邸宅がすでに定着していた事実を示している。(28)

白河院政期には、院も摂関と同じく内裏陣中に院御所を構え、天皇の後見に自ら関わろうとした。これに対し、鳥羽院政期には、院がほとんど京内にも入らず、天皇の後見を摂関家に丸投げしたようにみえる。(29) この違いはどこから来るのだろう。

まず、白河院政期、院が天皇の後見に積極的に関わったのは、それだけ政権が不安定であったという理由があげられよう。鳥羽践祚時には、鳥羽が幼帝で、政務や儀式の遂行も危ぶまれる一方、白河の異母弟である輔仁親王が有力な皇位継承候補として存在感を浮上させていた。その上、摂政に任じた忠実は外戚でなく、早くに父師通を失っていたため、儀式作法も覚束ないという状況であった。こうした不安定さを解消するために、白河は自ら忠実に指示を下し、天皇の後見や養育に深く関わったのである。(30)

これに対して、鳥羽院政期の崇徳・近衛天皇には、輔仁のような有力な対立候補も存在せず、摂関忠通は年齢も鳥羽より六歳上であった。忠通はすでに白河院政期から院の下で摂関を務めており、経験も知識も十分であった。院が天皇の後見を摂関家に一任したのは、こうした政権の安定と、忠通への信頼感が背景にあったとみていいだろう。

そもそも内裏内で天皇と同居するのが摂関家の父娘で占められ、院は京内に入ることさえあまりない、という状況は、一見、院政開始以前に逆行しているようだが、天皇周辺のあり方は院政開始以前とは全く異なる。院政開始以前の場合、内裏のなかにあって天皇を取り囲んでいたのは、天皇の実の母親や外戚であった。だが、鳥羽院政期の場合、天皇を近くで取り囲んでいた忠通も聖子も実の母親や外戚ではない。忠通や聖子は、院から摂関や養母という地位を認められることで、内裏に入れない院や、院と同居する母后の代わりに、天皇の後見・養育という役割を代行していたに過ぎないのである。院が摂関家に天皇の後見の役割を任せられるという状況は、むしろ院政という政治形態の定着と権力の安定化を示すものだろう。

さて、鳥羽が天皇の後見を摂関家に一任したことは、王権全体だけでなく、摂関家の存在にとっても大きな意味をもつものであった。鳥羽践祚に際し、天皇外戚ではない忠実が摂政に任じられたことで、摂関は天皇外戚と分離した。だが、白河院政期には、摂関の職掌である天皇の後見・養育に院も深く関わり、摂関と院の役割は必ずしも明確に分化していなかった。ところが、鳥羽院政期、院が天皇の後見や養育を摂関に一任したことで、摂関と院の役割は改めて分化され、摂関家は王権のなかに明確な位置づけを与えられた。強いていえば、摂関家はここに最終的な確定をみた、と考えられるのである。

ただ、一方で、摂関家への後見委任は、政権に紛争の火種をもたらすことにもなった。近衛朝では、忠通の異母弟であり、養子として摂関家の後継者となっていた頼長が、実父忠実の支援の下、養女多子の入内・立后を推し進めた。ところが、康治二年（一一四三）、実子基実の誕生以来、頼長との関係に軋轢が生じはじめていた忠通は、多子の入内を進めず、むしろこれを妨害した。久安六年正月、多子は入内し、三月、立后して皇后になったが、忠通も自分の養女呈子を四月に入内、六月に立后させて中宮としたのである。

そもそも近衛の後宮は、忠通と娘の聖子が内裏内で摂関・母后として天皇を後見する体制であった。忠通が嫌ったのは、ここに頼長の娘が入ることで、頼長を中心とする新たな体制が形成されることであったに違いない。頼長を中心として天皇を後見する体制が形成されてしまえば、忠通は王権構成員から外され、実子基実への権力継承も困難になってしまいかねないのである。

この対立が最終的に保元元年（一一五六）の保元の乱へとつながっていくことはいうまでもないだろう。頼長は久安六年九月には藤氏長者、翌年正月には内覧となって摂関家の権力を継承したが、養女の皇后多子は仁平元年六月、里内裏・四条東洞院殿の火災によって内裏から頼長の大炊御門第に退出し(31)、その後、二度と内裏に戻ることを許されなかった。近衛没後、内覧の地位も失った頼長は、鳥羽院が没すると、追い詰められて挙兵した。摂関家に天皇の後見を委任した結果、摂関家内部の権力抗争は天皇后妃の選定問題と結びついて熾烈化し、王権全体を揺るがしたのである。

おわりに

これまで、一般に摂関政治期から院政期にかけての政治史は、院（王家）と摂関家の対抗の歴史として理解されてきた。だが、本章では、天皇と同居し、後見するという摂関政治期の王権構成員が担ってきた役割の変化に注目することで、従来の通説とは異なる政治史の展開が明らかになったと思う。院は摂関家に対する対抗勢力として登場したのではなく、外戚として天皇を支えた師実・師通の急死後、それに代わるものとして王権内部に入り込んだ。白河院が天皇の後見に深く関わったのも、天皇を中心とした王権が不安定だったためであり、鳥羽院政期になり、王権が安定すると、院はむしろ摂関に天皇の後見を任せるようになっていく。こうした過程のなかで、院と摂関は役割を分化させ、両者は相互に補完する存在として体制のなかに位置づけ直されていったのである。

それでは、本章で見た王権構造はその後、いかに展開したのだろう。久寿二年（一一五五）の近衛天皇の死後、中継ぎとして即位した後白河天皇に、摂関家は娘を入内させなかったが、保元三年（一一五八）、鳥羽後継の本命である二条天皇が即位すると忠通は娘の育子を入内させ、王家との結合を強化した。長寛三年（一一六五）、二条天皇が譲位し、幼い六条天皇が即位すると、育子は養母として天皇と内裏に同居し、摂政基実も里内裏六条烏丸殿に隣接する中院に移って幼い天皇を支えたのである。(32)

しかし、永万二年（一一六六）、基実が急死すると、後見人を失った六条は後白河院によって退位させられ、かわって高倉天皇が即位する。基実のあとを受けた弟の基房は、後白河によって内裏に程近い三条万里小路第を貸与されている。(33)このことから後白河院政期には、再び院の主導下に摂関が天皇を後見・養育する体制がとられたといえるだろう。

ただ、基房は娘を入内させるなど、王家との結合を深めることがなかった。一方、この時期、基実の後家で平清盛の娘である平盛子が高倉天皇の養母として准三后となり、入内する。また、治承四年（一一八〇）、安徳天皇が即位すると、平氏は翌年基実の娘通子を天皇の養母として准三后にし、入内させている。別に明らかにしたように、盛子は基実の没後、基房とは別に摂関家の「家」を継承して摂関家は分裂状態になっており、(34)この頃には王権における摂関家の職掌自体、基房と盛子＝平氏に分掌されたと見ることも可能かもしれない。平氏は盛子の摂関家継承を通して、

摂関家の家産だけでなく、その王権における位置自体を継承していくのである。(35)

註

(1) 用語としての「王家」については、佐伯智広「中世前期の王家と家長」(『中世前期の政治構造と王家』東京大学出版会、二〇一五年。初出は二〇一一年)、高松百香「〈王家〉をめぐる学説史」(『歴史評論』七三六号、二〇一一年)を参照されたい。
(2) 伴瀬明美「院政期における後宮の変化とその意義」(『日本史研究』四〇二号、一九九六年)。栗山圭子『中世王家の成立と院政』(吉川弘文館、二〇一二年)。佐伯註(1)前掲書。
(3) 井原今朝男『日本中世の国政と家政』(校倉書房、一九九五年)。
(4) このような観点から、本書では、天皇およびその後見者たちによって構成される権力の中核を「王権」と表現する。
(5) 吉川真司「天皇家と藤原氏」(『律令官僚制の研究』塙書房、一九九八年。初出は一九九五年)。
(6) 吉川註(5)前掲論文。東海林亜矢子「母后の内裏居住と王権」(『平安時代の后と王権』吉川弘文館、二〇一八年。初出は二〇〇四年)。東海林氏の所説は以下、同論文による。
(7) 拙稿「中世前期の摂関家と天皇」(本書第Ⅰ部第一章)。
(8) 橋本義彦「〝薬子の変〟私考」(『平安貴族』平凡社、一九八六年。初出は一九八四年)。春名宏昭「平安期太上天皇の公と私」(『史学雑誌』一〇〇編三号、一九九一年)。
(9) 『朝覲行幸部類』同日条(『大日本史料』第三編之一)。
(10) 『栄花物語』巻三「さまざまのよろこび」。
(11) 『日本紀略』同日条。
(12) 註(11)に同じ。
(13) 一条朝の父院・母后居所については、東海林亜矢子「摂関最盛期における王権構成員居住法の考察―道長の後宮政策とその限界―」(『平安時代の后と王権』吉川弘文館、二〇一八年)にくわしい。
(14) 『栄花物語』巻三八「松の下枝」。

(15)　仁藤敦史「太上天皇制の展開」(『古代王権と官僚制』臨川書店、二〇〇〇年。初出は一九九六年)。遠藤基郎「院政の成立と王権」(『日本史講座』第3巻・中世の形成、東京大学出版会、二〇〇四年)。

(16)　川本重雄「続法住寺殿の研究」(髙橋昌明編『院政期の内裏・大内裏と院御所』文理閣、二〇〇六年)。川本氏の所説は以下、同論文による。

(17)　佐々木宗雄「白河院政の確立と摂関」(『平安時代国制史研究』校倉書房、二〇〇一年)。

(18)　橋本義彦「貴族政権の政治構造」(橋本註(8)前掲書。初出は一九七六年)。井上満郎「院御所について」(御家人制研究会編『御家人制の研究』吉川弘文館、一九八一年)。川本註(16)前掲論文。

(19)　桃崎有一郎「中世里内裏の空間構造と「陣」─「陣」の多義性と「陣中」の範囲─」(『中世京都の空間構造と礼節体系』思文閣出版、二〇一〇年。初出は二〇〇五年)。

(20)　初出論文作成の時点では気付いていなかったが、白河院政期、院御所・里内裏・摂関邸が近接することは、すでに高橋康夫氏も都市史の視角から指摘している(「日本中世の「王都」」〈『海の「京都」─日本琉球都市史研究─』京都大学学術出版会、二〇一五年。初出は一九九九年〉)。ただし、高橋論文では、これを「院政期固有の社会＝空間構造の一面」とするのみで、その変遷や当該期の権力関係の変化までくわしく論じているわけではない。

(21)　『中右記』各年正月一日条。

(22)　『中右記』元永三年正月廿八日条など。もちろん、「上御所」とは、「上辺」(上京)の御所の意であるが、ほかにも「上辺」に御所があるなか、この時期にはとくに正親町東洞院殿のみが「上御所」と称されていたことに注意したい。

(23)　拙稿「「保安元年の政変」と鳥羽天皇の後宮」(本書第Ⅰ部第四章)参照。

(24)　実際、鳥羽殿や白河殿に長期滞在している時も、天皇の病気や強訴などの重要問題が起こった際や、除目に際して、院は陣中の院御所に入って指揮を下している(『中右記』天永二年〈一一一一〉正月廿一日条〈除目〉、天永四年四月三十日条〈強訴〉、元永三年〈一一二〇〉正月廿八日条〈除目〉、保安元年〈一一二〇〉八月廿三日条〈強訴〉、『殿暦』天仁三年〈一一一〇〉正月廿八日条〈除目〉、天永元年閏七月十三日条〈天皇病気〉、永久四年正月廿八日条〈除目〉など)。

(25)　佐伯智広「鳥羽院政期王家と皇位継承」(佐伯註(1)前掲書。初出は二〇一二年)。

(26)　『兵範記』久安五年十月十九日条。

(27)『兵範記』仁平二年三月十六日条。
(28) この「外御直廬」について、桃崎有一郎氏は「他人の宿所を臨時的な出仕拠点に利用する陣家」の起源に当たるものとして注目している(「中世における朝儀出仕と里内裏周辺空間秩序―陣中・陣家・外直廬と乗車忌避―」〈桃崎註(19)前掲書〉)。しかし、「外御直廬」は摂関の居所であり、恒常的な拠点として利用されていた。これはあくまで摂関の邸宅の一類型なのであり、出仕のためだけの「宿所」に過ぎない「陣家」とは性格を異にしていたと考えたい。
(29) 最近、佐伯智広氏は、鳥羽院政期の公卿議定について検討し、強訴への対応、皇位継承者の選定以外は、忠通が主催する殿下議定で行われていたことを明らかにしている(「鳥羽院政期の公卿議定」〈『古代文化』六八巻一号、二〇一六年〉)。このことは本論で明らかにした、鳥羽院による天皇後見の摂関家への一任に対応するものと理解される。
(30) 拙稿「白河院政期の王家と摂関家―王家の「自立」再考―」(本書第I部第二章)参照。
(31)『本朝世紀』仁平元年六月六日条。
(32)『顕広王記』長寛三年八月廿八日条。
(33)『玉葉』嘉応二年十二月廿六日条。
(34) 拙稿「平安末期摂関家の「家」と平氏―白川殿盛子による「家」の伝領をめぐって―」(『中世摂関家の家と権力』校倉書房、二〇一一年。初出は二〇〇四年)。
(35) 最近、栗山圭子氏は、治承二年(一一七八)、言仁親王(のちの安徳天皇)の立太子に当たり、関白基房が後白河院と結び、妻藤原忠子(花山院忠雅女)を天皇准母に擁立して参内させたとし、これによって「平氏待望の皇子である安徳に影響力を及ぼすことを図っ」ていたと論じている(「日本中世における「母」―安徳天皇を事例に―」〈『女性学評論』三二号、二〇一八年〉)。これに従えば、基房も全く王家との結合を模索していなかったわけではなく、盛子・基通の近衛流を介して摂関家の位置を継承しようとする平氏に対して、巻き返しを図っていたといえ興味深い。この点については今後、改めて検討していきたい。

第四章　「保安元年の政変」と鳥羽天皇の後宮

はじめに

保安元年（一一二〇）十一月、関白藤原忠実は突然、白河院によって文書内覧を停止され、翌年正月には関白辞任に追い込まれた。関白職は忠実の嫡男忠通に継承されたものの、以降、長承元年（一一三二）まで十二年間にわたって恒例の賀茂詣が停止されるなど、摂関家は政治的沈滞を余儀なくされることになった(1)。橋本義彦氏は、この事件について、「摂政・関白の地位が、上皇の一方的な意志によって左右されることを天下に明示するもの」であり、「上皇の絶対的優位を確立」する画期となる事件であったと評価している(2)。

だが、一方でこの事件については、専論もなく、重大な事件の割には呼称もないなど、さほど研究が進んでいない。そこで、本章ではあえてこの事件を「保安元年の政変」と名付け、改めて論じなおしてみたい。

そもそも忠実はなぜ失脚させられたのか。これについて『愚管抄』巻第四には次のように記されている。

保安元年十月ニ御クマノマウデアリケルトキ、ソノ間ニ鳥羽院御在位ノスヱツカタニ、関白ニテヲハシケル智足〔知〕院殿ノムスメヲ、ナヲ入内アレトウチノ御心ヨリヲコリテヲホセラレケルヲ、ウチ〳〵ニヨロコビテイデタヽセ給ヒケルコトイデキタリケルヲ、クマノヘアシザマニ人申タリケルニ、ハタト御ハラヲ立テ、ワガマイラセヨト云シニハ、方ヲフリテジヽテ、ワレニシラセデカクスルトオボシメシテケリ。サテ御帰洛ノスナハチ、知足院ドノ当時関白ナルヲハタト勅勘アリテ、十一月十三日ニ内覧トヾメテ閉門セラレニケリ、忠実失脚直前の十月、白河院が熊野御幸に出かけている最中に、鳥羽天皇が忠実に対し、その娘を入内させるように命じた。このことを熊野で知った白河は、入内という大事が自分に知らされずに進められていることに怒り、帰洛直後、忠実を勅勘に処して内覧を停止させたという。すなわち、『愚管抄』はこの事件の背景に、忠実の娘の入内をめぐる問題があったというのである。

このことを踏まえた上で、院と忠実が衝突に至った背景について、先行研究の見解は大きく二つに分かれている。一つは摂関家と院を対立的な存在として論じるもので、そもそも両者の対立は不可避だったとみるものである。元木泰雄氏は、入内問題のほか、この時期、忠実が荘園集積によって経済基盤の立て直しを図っていたことに注目し、荘園支配をめぐるトラブルが「両者の関係に何らかの亀裂を生じさせる面があった」とする。(3)

もう一つは、摂関家と院は協調的な関係にあり、この事件は院による摂関家の抑圧ではなかったとするものである。右の『愚管抄』にも「ナヲ入内アレトウチノ御心ヨリヲコリテヲホセラレケルヲ」とあるように、忠実の娘の入内は鳥羽天皇の側が言い出したものであった。河内祥輔氏は、こうしたことからこの事件の主軸は、白河院からの自立を強める鳥羽と白河との関係であり、皇位継承をめぐる両者の対立が背景にあったと論じている。(4)

これらのうち、本章も基本的には後者の河内氏の立場を支持する。摂関と院は補完的な関係にあり、単純に両者を対立関係として論じる見方はもはや成り立たないと考えるのである。(5)ただ、その上で本章では、事件のきっかけとして、その三年前の藤原璋子の入内を重視したい。摂関家出身でない璋子と忠実の関係があまり良好でなかったことは周知の通りだが、(6)彼女の入内はこの時期の王権全体にも大きな変化をもたらすものであった。そして、そのことこそが忠実失脚の引き金を引いたと理解するのである。そこで、本章では、第一・二節で璋子入内にともなう後宮の変化について論じ、それを踏まえて、第三節では「保安元年の政変」について見直すことにしたい。

第一節　璋子入内以前の後宮

嘉承二年（一一〇七）七月十九日、堀河天皇が急逝すると、皇太子宗仁親王が鳥羽天皇として即位した。だが、鳥羽天皇は前例のない五歳という幼い年齢であった上、実母である藤原苡子は康和五年（一一〇三）正月二十五日、鳥羽を産んだ直後に亡くなっていた。また、生母苡子の父実季もすでに寛治五年（一〇九一）に死去しており、兄公実・仲実は生存していたものの、鳥羽即位時点では、公実は権大納言、仲実は権中納言に過ぎなかった。これ以前の天皇は、外戚によって後見、養育されてきたのだが、鳥羽天皇の場合、その外戚はきわめて貧弱だったのである。(7)

一方で鳥羽の対抗馬として、有力な皇位継承候補であった三宮輔仁親王（鳥羽の祖父白河院の異母弟）の存在もあり、鳥羽天皇を中心とする朝廷は、幼帝を支え、後見する体制の確立を急務とした。そこで、これ以降、鳥羽の祖父白河院が幼帝の政務や儀式に関与して、その運営を支えていくのであるが、(8)ここで問題なのは、大同五年（八一〇）に起こった「平城太上天皇の変」への反省から、弘仁十四年（八二三）、嵯峨天皇の退位以降、上皇は退位とともに内裏から退出し、再度の参入も許されない、という不文律が存在していたことである。(9)

したがって、白河院は天皇を後見するとはいっても、内裏のなかに入って天皇と日常的に接することができなかった。そこで、かれは自分の代わりに、摂政に任じた藤原忠実に内裏の外から指示を下して、後見の役割をかれに請け負わせていった。忠実は堀河朝の関白であったが、鳥羽天皇にとっては外戚ではなかった。しかし、院によって引き続き摂政に任用されたかれは、院の指示の下、従来外戚が担っていた役割を一手に引き受けることで、天皇と密着した関係を構築していく。こうして白河院の下に、天皇の直接的な後見者として、摂関の存在が位置づけ直され、改めて天皇と摂関の関係が強化されていったのである。

ただ、鳥羽即位に当たり、天皇の後見の役割を期待されたのは忠実だけではなかった。実は嘉承二年七月、鳥羽が践祚すると、十二月一日、堀河天皇の同母姉で、鳥羽には伯母に当たる令子内親王が天皇の准母として立后し、皇后になっているのである。

令子の准母立后については、近年、堀河天皇の准母として立后した姉媞子内親王の場合と合わせ、白河―堀河の皇統と対立する輔仁の存在を念頭に、白河が自皇統をアピールし、権威づける目的で行われたとの指摘がなされている[10]。だが、同じ准母立后でも媞子の場合と令子の場合では、意味合いが異なっていた。最近、三好千春氏も指摘しているように[11]、実は媞子は准母立后して以後も、白河院と同居しており、ほとんど内裏に滞在して天皇と同居することはなかった。ところが、令子の場合、鳥羽天皇が践祚すると、立后前の十月二十六日にはすでに入内しているように、かなりの長期間にわたって天皇との同居が確認される。つまり、媞子の場合とは異なり、令子の場合、天皇と同居して、実質的な母親代わりとなることが期待されていたのである。

では、そうすると摂政忠実と令子との関係はどうだったのだろう。令子は白河院の皇女だが、実は彼女は、生後まもなく外祖母である摂関師実妻麗子によって引き取られて養育されていた[12]。前述の三好氏も、令子の准母立后について白河院ではなく、忠実によって進められていたとされている。令子は院の皇女としてではなく、摂関家の一員に準じたかたちで入内したのである。摂関政治期には、母后とその近親である外戚が内裏に天皇と同居し、天皇を日常的に後見した。この体制は堀河朝においても、関白師実の養女篤子内親王（後三条天皇皇女）が中宮として入内することで継続されたが[13]、鳥羽即位以後も摂関家に近い令子が入内することでさらに継承されたといってよかろう。白河は令子を入内させることによって、鳥羽の後宮を前代から連続したものとし、天皇を後見する体制をより安定させよう

としたのである。(14)

なお、三好氏は、令子が鳥羽の誕生が近づいた頃から入内しており、堀河からも鳥羽の母代わりとなることを期待されていたと指摘している。令子の准母立后が堀河の意志にもとづくものでもあったとすれば、堀河の急死がなかったとしても、堀河の次代の後宮は、令子を中心に摂関家によって用意されることになる。これが正しければ、令子が鳥羽の准母に予定された段階で、忠実が摂政になることは決まっていたのではないだろうか。

忠実は承徳三年（一〇九九）、二十一歳で父師通を亡くし、その二年後には祖父師実も亡くしており、摂関としての儀式作法を十分に習得できていなかった。だが、堀河は康和四年（一一〇二）八月十三日、忠実の任大臣後、初の官奏で忠実に「故関白か奏ニ候シニコソ同様に見つれ」と命じ、父師通同様、官奏に伺候させ、天皇の作法を見させていた（『殿暦』）。また、白河も父である後三条天皇の日記を忠実に命じて部類させている（『中外抄』下・四十）。白河・堀河は忠実を摂関として育成していたのであり、摂関家に天皇の後見を請け負わせるというのは、堀河生前以来の既定路線であったといえるだろう。

第二節　璋子入内と外戚化する院

鳥羽天皇の母藤原苡子は閑院流藤原氏の出身であった。だが、鳥羽即位に際し、白河院は摂関家のなかで養育された令子内親王を准母として入内させ、後宮の経営を摂関家に委ねた。天皇を退位した白河は内裏に入ることができず、内裏のなかでの天皇の直接的な後見を摂関家に請け負わせたのである。その後も、鳥羽天皇の后妃には忠実の娘が入ることが予定されており、本来この体制は次代へと再生産されることが想定されていたといってよい。

ところが、その後、この路線は突然覆される。永久五年（一一一七）十二月十三日、苡子の姪に当たる藤原璋子が入内し、翌年正月二十六日立后して、鳥羽の中宮となったのである。この直接的な原因には、璋子と忠実の嫡子忠通との婚約の解消があった。実父である藤原公実を早くに亡くした璋子は、白河院に引き取られ、養女として溺愛されていた。そこで、白河は璋子と、同様にかれが「御子」として可愛がっていた忠通[15]を結婚させようと話を進めた。しかし、忠実は璋子の性的奔放さを嫌って縁談に難色を示し、結果として両者の婚約は解消されることになった[16]。こうして行き場を失った璋子に、白河が用意したのが天皇の中宮の地位であった。このように璋子が入内したことで、忠実が期待した娘（のちの泰子）の入内はなくなってしまったのである。

これに対して、忠実は表立って院に抗議するなどということはなかったが、璋子の入内について日記に「余不レ向」と記し[17]、天皇が初めて璋子の方に参上した際も内裏まで参りながらも「女御方儀」は見なかったとしているから[18]、璋子の入内に不満であったのは明らかだろう。元永二年（一一一九）、白河院は璋子の御料車として、忠実に代々の后妃の乗る車とされる「貞信公青糸毛車」の貸し出しを求めたが、忠実はこれを拒否しており[19]、以後も璋子に対して冷たい態度をとり続けたようである。

しかし、このことは忠実にとって単に娘を后妃にすることができなかったというだけの問題では済まなかったはずである。というのも、本来摂関政治期には、天皇は母后とその近親たる外戚と同居して日常的に後見され、この関係を前提に外戚が摂関となり、摂関を中心に政務運営が行われた。一般に忠実が鳥羽践祚に際して非外戚ながら摂政になったことで、摂関の地位と天皇外戚は分離したといわれる。しかし、前節で見たように、鳥羽の践祚の段階では、母后の地位には摂関家に近い令子内親王が存在した。この段階では母后と摂関はやはり近親関係が保持されていたのである。

ところが、ここで次の母后となるべく立后した璋子は摂関家とは無関係であった。このままでは璋子が母后になると、摂関と母后が近親関係ではなくなることになる。というより、本来的に考えて母后の近親者が天皇を後見すべきであるから、そもそも忠実の摂関としての立場自体、安泰とはいえなくなってくるはずなのである。

そうなると、璋子が母后になったとき、外戚として天皇を後見するのが誰なのかが問題になるが、ここで改めて注目したいのが白河院と璋子の関係である。璋子は前述のように閑院流・藤原公実の娘なのだが、白河院の養女として院に引き取られていた。その上、彼女の入内や立后儀礼はすべて閑院流ではなく、院の沙汰として行われた[20]。つまり、ここから考えると、璋子が母后になったとき、外戚として天皇を後見する役割を果たすのは、白河院ということになるのである。

実際、白河が后の父として遇されていたことは、次の事実からも判明する。元永二年五月二十八日、璋子は皇子顕仁親王を出産した。この当時の貴族社会では、出産後、第三夜・第五夜・第七夜・第九夜に近親によって産養が行われるのが通例で、顕仁出産時の場合、五月三十日の第三夜は本宮（中宮庁）、六月二日の第五夜は白河院、同月四日の第七夜は公家（鳥羽天皇）、同月六日の第九夜は令子内親王の沙汰によって行われたのだが（いずれも『中右記』）、治承二年（一一七八）、言仁親王（のちの安徳天皇）の産養について記した『山槐記』同年八月二日条には、第五夜の沙汰は「后父又流例」とみえる[21]。第五夜は后の父によって沙汰されるものだったのである（ほかにも、たとえば、寛弘五年〈一〇〇八〉の敦成親王〈のちの後一条天皇〉誕生の時も、第五夜は生母彰子の父道長の沙汰によって行われている[22]）。このことから考えれば、白河が后の父であり、すなわち顕仁の外祖父として意識されていたことは明らかだろう[23]。いうまでもなく、顕仁は保安四年（一一二三）、即位して崇徳天皇となる。白河は崇徳の即位によって天皇の外祖父になるのである。

もっとも白河は后の父になったとはいえ、内裏には入ることができないのであるから、結局外戚としても天皇を直接後見することは難しい。したがって、白河が外戚になったからといって、ただちに院が忠実にとってかわるようになったとか、院と忠実が衝突するような事態が発生することは想定できない(24)。

だが、だからといって白河が后の父になったことが、それまでの天皇を後見する体制に何らの変化も与えなかったかというと、そうではない。というのも、前述のように、これまで院は内裏に入れなかったため、摂政である忠実が院の指示を受け、院の代わりに天皇の後見を行ってきた。忠実は内裏には入れない院にかわって、院と天皇とを結ぶパイプ役を果たしてきたのである。ところが、璋子が入内すると、日常的に天皇の傍にあって天皇と院とを結ぶ存在は忠実だけではなくなる。実際、璋子は入内後、ずっと内裏にいたわけではなく、かなり頻繁に院御所に退下して院と過ごしていたのである。

璋子の頻繁な院御所への退下については、『古事談』巻第二に、崇徳は実は白河の「胤子」で、鳥羽は崇徳のことを「叔父子」と呼んでいたとの説話があり、従来、これに引きずられて「密通」などと見られてきた。しかし、この「叔父子」説については、近年、美川圭氏によって保元の乱前に政治的な意図をもって創作された噂であり、崇徳が白河の実子であった可能性も低いことが指摘されている(25)。これに従えば、璋子を白河の愛人と見なし、璋子の院御所への退下を「密通」と見る見方も再考されるべきだろう。そもそも白河が后の父であったとすれば、后妃が父の邸宅を里第とし、そこに退下することは特段珍しいことではない。摂関政治期、一条天皇の母であった東三条院は、弟道長と土御門殿に同居して、土御門殿と内裏とを行き来し、天皇と道長を結びつける役割を果たした(26)。このような視角から捉えるなら、璋子の頻繁な院御所への行啓も、彼女を介して院が天皇と結び付き、院が天皇をバックアップするためのものであったと考えるのが妥当だろう。

それはともかく、以上のことが正しければ、璋子入内によって、天皇と院とのパイプ役としての忠実の役割は失われ、院にとっての忠実の価値は半減したことになるだろう。こうしたなかで、院を後ろ盾とする璋子と忠実の亀裂が深まっていたとすれば、院と忠実の間に軋轢が生じ、忠実が切り捨てられるのも時間の問題であったと思われる。「保安元年の政変」とは、こうした状況のなか、起こるべくして起きた政変だったと考えられるのである。

第三節　「保安元年の政変」と璋子

では、忠実はいかにして失脚したのか。ここまでの議論を踏まえて再検討してみよう。

まず、「はじめに」でふれたように、『愚管抄』巻第四によれば、忠実失脚の直接的な原因は娘の入内問題であったとされている。忠実は璋子入内によって、娘を鳥羽天皇の后として入内させる事ができなくなってしまった。こうしたなか、保安元年十月、白河院が熊野御幸に出かけている最中に、鳥羽天皇は忠実を召して「ナヲ入内アレ」と語った。だが、このことを知って熊野の院に「アシザマニ」申した者がおり、院はこれを聞いて腹を立て、帰洛するとただちに忠実の内覧を停止して、かれを罷免したというのである。

ただ、『愚管抄』は後世の著作物であり、全面的な信頼が置けないのも事実である。そこで、一次史料である『中右記』を見てみると、ここには忠実が失脚する三日前の十一月九日の記事に次のようにある。

> 依㆑召参㆓殿下㆒、被㆑仰云、昨日、治部卿（源能俊）為㆓院御使㆒来云、此事全不㆑可㆑有者、中承了之由也、自㆑本存㆓心中㆒也者、
> 夜半退出、件事従㆓去年秋㆒主上被㆓仰出㆒也、其後風聞世間衆口嗷々、上皇御気色不快者、

記主である藤原宗忠に対し、忠実は昨日院より使者が派遣されて、「此事」は全くあるべからざることだといわれ

た。そこで、忠実はこれに対し、承ったといい、自身ももとからそのように存じていると述べたというのである。ここにみえる「此事」の内容について、『中右記』は明らかにしていない。だが、すでに河内祥輔氏も指摘しているように、『愚管抄』と付き合わせて考えると、娘の入内の話であったと理解するのが妥当だろう。『愚管抄』では入内話は天皇が言い出したこととしているが、『中右記』でもこれについて「主上被㆓仰出㆒」とあるのである。以上から考えると、入内問題が失脚の引き金を引いたものであることは間違いあるまい。

しかし、『中右記』をよく読むと、『愚管抄』と異なるところもある。すなわち、『中右記』は、忠実の語った内容を記した後、「主上被㆓仰出㆒」れたのは、去年の秋であり、それ以来「世間衆口嗷々」であって、上皇の機嫌も悪いと記しているのである。『愚管抄』では、院は熊野御幸の最中にこの話を初めて聞いたように記すが、『中右記』の書きぶりに従えば、そうではあるまい。院はこれ以前から忠実娘の入内の噂が出ていることは知っていて、不機嫌だったのである。

では、忠実娘の入内話が出はじめてから一年以上も経ったこのタイミングで、なぜ院は忠実を失脚させたのだろう。白河はこの年十月三日に京都を出発して熊野に向かい、同月二十一日、鳥羽殿に還御していた。忠実失脚の直前に熊野に出かけていたのは事実であり、『愚管抄』のいうように院が熊野で入内の話を知ったのではなくとも、この段階で何らかの新たな情報に接したのは確かだろう。

だとすれば、それは何だったのだろう。注目したいのは、『中右記』によれば、院が忠実に使者を送り、「此事」＝娘の入内を全くあるべからずと伝えたのに対し、忠実もこのことは承知しているし、「自㆑本存㆓心中㆒」じている、と述べていたことである。ここから考えれば、院の熊野御幸中に伝わった噂とは、娘の入内について、忠実が同意した、というものだったのではあるまいか。だからこそ、院は十一月九日になって、使者を忠実のもとに送り、このことについて忠実に問いただした。そして、これについて忠実は、以前から心中より院が娘の入内を認めていないことは承っていると述べて、疑惑を否定したのである。

だが、三日後、忠実は勅勘に処され、内覧を停止された。なぜ、忠実は疑惑を否定したのに、ここに至って結局失脚することになったのだろう。そこで、注目したいのは、忠実を勅勘に処した当日の院の行動である。実はこの日、院は忠実を勅勘に処す前に、鳥羽殿から三条烏丸殿に入っていたのである。

では、なぜ院は三条烏丸殿に入ったのだろう。白河は除目・叙位の際や強訴が起こったときなど、「京御所」と呼ばれた洛中の内裏に近い御所に入り、対応に当たっている。[27]このことから考えると、この場合も忠実を罷免するというのは大事だけに、京御所に入り、指示を下したという解釈をすることも可能である。しかしながら、この時期、内裏に近く、大事の際の院御所として利用されたのは、正親町東洞院殿であった。[28]これが大事であるならば、三条烏丸殿に入るというのは不自然である。そうすると、やはりこのときは、なぜ三条烏丸殿だったのか、ということになるが、注目したいのは、このとき三条烏丸殿には璋子がいたことである。三条烏丸殿は璋子の里第でもあり、表6のように、白河が三条烏丸殿に入るときは、必ず璋子が内裏からこの御所に退下している。そして、このときも同月七日、璋子は内裏から三条烏丸殿に退下していた。このことから考えれば、院が三条烏丸殿に入ったのは、璋子に会うためであったと考えられるのである。

しかしながら、今回の三条烏丸殿御幸はこれまでの御幸と比べて異質な点がある。これまでの御幸では、多くは院は数日間この御所に滞在していたが、今回はすぐに鳥羽に戻っているのである。そうすると、院は何のために璋子に会いに行ったのか、ということになるが、注目したいのは、璋子は九月二十二日から十一月七日まで内裏にいたことである。院の熊野御幸中に密談があったとすれば、それはまさに璋子が内裏内にいたときということになる。しかも熊野御幸以来、院が璋子に会ったのはこのときが初めてであった。璋子が内裏内において、どれだけの情報を知り得たかはわからないが、このことから考えるなら、院は璋子を通して事の真相を確認しようとしたのではないだろうか。そのためだけに御幸をしたので、今回は院は即日鳥羽に帰ることになったと考えられるのである。

いずれにしろ、忠実は院に対して疑惑を完全に否定したが、院が璋子を通して得た情報は、忠実の証言を覆すものであったのであろう。ここに忠実の虚言が露呈し、怒った院は忠実を勅勘に処したのである。

表6　白河院の三条烏丸殿御幸

No.	院の滞在期間	璋子の滞在期間	備考
1	永久六(一一一八)一・二〇〜?	永久六(一一一八)一・二〇〜二・五	立后
2	元永元(一一一八)三・一二〜?	元永元(一一一八)三・一二〜?	
3	元永二(一一一九)一・二六〜一・二八	元永元(一一一八)一・二六〜一・二八	方違(璋子)
4	元永二(一一一九)三・一二〜三・一二	元永二(一一一九)三・一二〜三・一二	方違(璋子)
5	元永二(一一一九)三・二九〜?	元永二(一一一九)三・二九〜四・三	方違(璋子)
6	元永二(一一一九)四・一五〜?	元永二(一一一九)四・一五〜七・二〇	五・二八顕仁出産
7	元永二(一一一九)一〇・一七〜一一・九	元永二(一一一九)一〇・一七〜一一・九	
8	元永二(一一一九)一一・一三〜一二・一五	元永二(一一一九)一一・一三〜一二・一五	
9	元永三(一一二〇)一・二五以前〜二・一〇	元永三(一一二〇)一・一三〜二・一〇	二・二朝覲行幸
10	元永三(一一二〇)四・八以前〜四・二四	元永三(一一二〇)三・一二〜四・二四	四・一五賀茂祭見物
11	保安元(一一二〇)七・一〜七・二八	保安元(一一二〇)七・一〜七・二八	
12	保安元(一一二〇)九・八以前〜九・一三	保安元(一一二〇)九・五〜九・一三	
13	保安元(一一二〇)一一・一三	保安元(一一二〇)一一・七〜一二・一二	
14	保安元(一一二〇)一一・一二〜一二・一二?		
15	保安元(一一二〇)一二・二九	保安元(一一二〇)一二・二九	方違(璋子)

註　出典はNo.1が『殿暦』。そのほかはすべて『中右記』。

このように、忠実が罷免されたのが、最終的に璋子からの情報によるものだったのであるとすれば、このことは、第二節での検討を裏付けるものとなるだろう。璋子入内後、璋子は天皇と院を結ぶ新たなパイプ役となり、院は摂関忠実を介さずとも天皇を後見し、天皇周辺の情報を知る事ができるようになったのである。忠実が天皇から娘の入内を打診され、同意していたとしても、院と天皇をつなぐ存在が忠実だけであったならば、忠実が否定し続ける限り、院は忠実を失脚させることはできなかったに違いない。ところが、璋子入内によって、院と天皇をつなぐ存在は忠実だけではなくなり、忠実は情報を秘匿するのが困難になった。忠実失脚では、まさに璋子から伝えられた情報こそが忠実を追い込んだのであり、璋子入内後における天皇を中心とする権力構造の変化こそが忠実を失脚させたと考えられるのである。

おわりに

「保安元年の政変」については、「はじめに」で述べたように、皇位継承めぐる白河と鳥羽の対立だったとみなす理解がある。鳥羽が忠実娘の入内を言い出したのは、元永二年（一一一九）の秋であり、璋子が顕仁親王を出産したのは、その年の五月二十八日であった。河内祥輔氏は、このことから鳥羽が璋子と顕仁を認めず、白河と対立し出したことが政変の要因であったと論じたのである。

だが、だとすれば、なぜ白河は鳥羽ではなく、忠実を処分したのだろう。河内氏は、これについて白河は直系である鳥羽に傷を付けることができず、忠実が鳥羽の身代わりとされたとした。しかし、そうであるならば、なぜこの問題が一年以上にわたり放置されていたのかが問題となる。鳥羽の身代わりとして、忠実が処分されるのであれば、その話が持ち上がった段階で処分すればよいであろう。そこで筆者は、当初は白河は忠実を自分の側の存在と理解していたのではないかと推察する。忠実は院の代理として天皇に近侍し、後見した。だからこそ、白河は忠実を使って、むしろ天皇を抑えるつもりだったのではないかと考えるのである。

ところが、翌年、白河は忠実が鳥羽の働きかけに同意をしてしまったという噂を耳にする。璋子に確認したところ、噂は事実だと発覚したことで、白河の忠実に対する信頼は崩壊する。ここで院が激怒したのは、忠実の娘を入内させるために鳥羽と忠実が話し合っていたのが、天皇の后妃の決定という治天の君の権限の侵害であったためという理解もなされることが多いが(29)、忠実娘の入内の話はここではじめて持ち上がった問題ではなかった。本来、忠実が白河の側だと理解されていたのだとすれば、直接的な原因は、白河の側に立って鳥羽を抑える存在と認識されていた忠実が院を欺き、いつの間にか天皇の側に付いていたことにあったのではないだろうか。院は忠実を信用していたからこそ、かれに裏切られたことで激怒し、ついに忠実を切り捨てるに至ったのである。

ただ、そうすると、忠実は本当に院を欺いたのだろうか。確かに忠実は璋子立后以後も娘のために大神宮に祈願するなどしており(30)、娘の入内を諦めたように思われない。だが、娘の入内を許さないと語った院の使者に対して、もとよりそのようなことは承知していると述べているように、それが叶いそうにないこともやはりわかっていたはずである。

そこで、筆者は最後に全く別の見立てを提示しておきたい。すなわち、忠実は無実であり、策謀にはまったと理解するのである。では、誰が忠実をはめたのかということになるが、考え得るのは璋子であろう。というのも、本節で指摘した事実を踏まえれば、忠実の処分は最終的に璋子が院に伝えた情報によって決定されていた。極論すれば、何事もなかったとしても、院によって寵愛された璋子の一言によって忠実は失脚したと考えられるのである。そもそも第二節で見たように、忠実は璋子の立后に不満を示しており、両者の関係が良好なものでなかったことは明らかである。また、璋子入内直後から、院は忠実に「主上御有様奇恠」などと語っているから(31)、白河と鳥羽の関係が微妙であったのは確かで、忠実の娘の入内話までが璋子の仕組んだものであった可能性は限りなく低い。だが、これを利用して彼女が忠実と院を引き離し、失脚に追い込んだという可能性までは否定できまい。

それはともかく、忠実が関白を辞めた後、後任の関白となった忠通は「院御子」であり、[32]『愚管抄』巻第四によれば、かれは院が「カヾミニムカウヤウニ申サタシ」たというから、忠実な院の代理人を務めたといえる。これ以降、院の猶子と養女のペアが関白・皇后として天皇を補佐したのであり、これによって院主導の体制が完成したのは確かである。

註

（1）拙稿「執政所抄―摂関家家司の職務遂行マニュアル―」（松薗斉・近藤好和編『中世日記の世界』ミネルヴァ書房、二〇一七年）。
（2）橋本義彦「貴族政権の政治構造」（『平安貴族』平凡社、一九八六年。初出は一九七六年）。
（3）元木泰雄『藤原忠実』（人物叢書）（吉川弘文館、二〇〇〇年）。美川圭氏も『院政―もうひとつの天皇制―』（中公新書）（中央公論新社、二〇〇六年）で同様の立場を示す。
（4）河内祥輔「後三条・白河「院政」の一考察」（『日本中世の朝廷・幕府体制』吉川弘文館、二〇〇七年。初出は一九九三年）。
（5）拙稿「中世前期の摂関家と天皇」（本書第Ⅰ部第一章）。
（6）角田文衞『待賢門院璋子の生涯―椒庭秘抄―』（朝日新聞社、一九八五年。初版は一九七五年）。
（7）註（5）前掲拙稿。
（8）遠藤基郎「天皇家王権仏事の運営形態」（『中世王権と王朝儀礼』東京大学出版会、二〇〇八年。初出は一九九四年）。同「院政期の天皇家王権仏事」（同書所収）。
（9）くわしくは拙稿「居所からみた白河・鳥羽院政期の王権」（本書第Ⅰ部第三章）を参照。
（10）栗山圭子「准母立后制に見る中世前期の王家」（『中世王家の成立と院政』吉川弘文館、二〇一二年）。
（11）三好千春「准母立后と女院制からみる白河院政の諸段階」（細川涼一編『生・成長・老い・死』〈生活と文化の歴史学7〉竹林舎、二〇一六年）。
（12）『中右記』永久二年（一一一四）四月五日条。

(13) 栗山圭子「篤子内親王論」（栗山註(10)前掲書。初出は二〇〇七年）。
(14) ただし、三好氏は、令子立后に白河院が消極的であったとするが、『殿暦』嘉承二年十月六日条によれば、白河は源俊明を通して忠実に「先々斎院（令子）可㆓立后㆒、於㆑院不㆑可㆑有㆓沙汰㆒、早余可㆑致㆓其沙汰㆒」と伝えている。このことから本章では、令子立后も基本的に白河院の指示の下に忠実が沙汰を行ったと理解する。
(15) 『殿暦』嘉承二年六月十一日条。
(16) 拙稿「白河院政期の王家と摂関家―王家の「自立」再考―」（本書第Ⅰ部第二章）。
(17) 『殿暦』永久五年十二月十四日条。
(18) 『殿暦』永久五年十二月十七日条。
(19) 『桃華蘂葉』所引『師時記』元永二年三月七日条（『群書類従』巻四七一）。これについては拙稿「平安末期摂関家の「家」と平氏―白川殿盛子による「家」の伝領をめぐって―」（『中世摂関家の家と権力』校倉書房、二〇一一年。初出は二〇〇四年）を参照。
(20) 『中右記』永久五年十二月一日条（入内定）、同四日条（入内沙汰）、同十三日条（入内）、永久六年正月二十日条（立后定）。
(21) 『御産部類記』所引本。同記によれば、このほか第三夜は「本宮」、第七夜は「公家」（天皇）、第九夜は「親昵后宮并公卿等」が沙汰するのが例であった。
(22) 『小右記』寛弘五年九月十五日条。
(23) 璋子はこのあと、顕仁に続き通仁・君仁・雅仁の三皇子を出産したが、いずれも白河院は産養第五夜の経営を行っていることが確認される（『御産部類記』）。
(24) 永久六年（一一一八）三月十八日、院は非常赦の実行を思い立ったが、「如㆑此大事独難㆑行」として、宇治に滞在する関白忠実の帰京がいつになるかと、藤原宗忠に問うている（『中右記』同日条）。政務の決定についても、院は忠実との協議を重視していたことがうかがえる。
(25) 美川圭「崇徳院生誕問題の歴史的背景」（『古代文化』五六巻一〇号、二〇〇四年）。
(26) 伴瀬明美「東三条院藤原詮子―「母后専朝事」―」（元木泰雄編『王朝の変容と武者』〔古代の人物6巻〕清文堂出版、二〇〇五年）。
(27) 井上満郎「院御所について」（御家人制研究会編『御家人制の研究』吉川弘文館、一九八一年）。

(28) 註(9)前掲拙稿。
(29) 元木註(3)前掲書八二頁。
(30) 『殿暦』元永元年八月二日条。
(31) 『殿暦』永久四年正月十三日条。
(32) 『殿暦』嘉承二年六月十一日条。

第Ⅱ部　転換期の摂関家

——保元の乱から分立へ——

第一章　保元の乱前後の摂関家と家政職員

はじめに

保元の乱といえば、古くは『愚管抄』が「ムサノ世」のはじまりに位置づけ、戦後の日本史研究によっても古代から中世への転換点として重要な位置が与えられてきた。では、保元の乱はいかにして起こったのだろう。かつての研究では、近衛天皇没後の皇位継承をめぐる問題と、摂関家における内部対立が結びついて起こったとされたが、近年では、河内祥輔氏・山田邦和氏らによって乱に至る過程についての見直しが進み、直接的なきっかけとなったのは、摂関家の内部対立であったことが明らかにされるようになった(1)。しかし、それにもかかわらず、保元の乱の背景についての研究は、近年もなお皇位継承問題に集中し(2)、摂関家の内部対立に関しては、研究が手薄といわざるを得ない。

そもそも院政期摂関家については、一九八〇年代から九〇年代にかけ、家産制支配や家政組織の研究が進展した(3)。こうしたなかで白河院政期、摂関家では荘園が集積されるとともに家政機関が拡充され、それを通して家司・侍の統制が強化されたことが明らかにされ、保元の乱についても、家産制支配をめぐる摂関家と王家との利害の対立が背景にあったとする研究もある(4)。だが、だとすれば、このような摂関家の家産制組織は、鳥羽院政期、摂関家内部対立のなかでどのように展開し、保元の乱後、どのようになったのだろう。

これまでの研究では、摂関家が関白忠通と藤氏長者頼長に分かれるなかで、家産制の基盤となる荘園の多くが頼長側に接収されたこともあり、摂関家の家産制支配は、漠然と頼長の手中に帰したものと理解され(5)、具体的に検討されることはほとんどなかった。だが、家産制支配とは、単に所領の保有だけで済まされる問題ではない。摂関家には、家政事務を執行するために、家政機関が置かれ、その構成員として家司・職事といった家政職員が任命されていた。家領支配をはじめとする家政運営には、かかるスタッフの存在は欠かし得ない。この時期の摂関家の家政について明らかにするためには、かかる家政職員まで含めた経営の全体構造を見ていく必要があるのではないだろうか。

そこで、本章では、家政職員のあり方に注目することで、保元の乱に至る摂関家の内部対立と分裂について改めて考えてみたい。第一節では、久安六年（一一五〇）、頼長が藤氏長者となり、摂関家が事実上の分裂状態になった時期における摂関家家政職員について分析する。ついで第二節では、家政職員の一族について分析し、摂関家分裂後、一族がいかに分かれたかを考察する。そして、それを通して摂関家分裂の背景について探りたい。第三節では、保元の乱後の家政職員について分析し、摂関家における保元の乱について総括したい。なお、本章では、家政職員について、四位〜五位の諸大夫から任じられる家司（政所別当）・職事（侍所別当）・勾当を考察の対象とした。六位以下の侍や下家司・所司については、煩雑となるため、今回は考察の対象から除外している。

第一節　摂関家分裂と家政職員

1　分裂期の家政職員

久安六年（一一五〇）九月二十六日、前関白藤原忠実は、長男の関白忠通を義絶して、忠通から藤氏長者職を剥奪し、二男の左大臣頼長に改めてこれを譲った。忠通は関白の地位は保持し続けたが、翌年正月十日、頼長は内覧宣旨を下されたことで「執政」となり、摂関家は分裂状態に陥った。

では、かかる摂関家の分裂にともなって、家政職員はどのようになったのだろう。そこで、ここではまず表7・表8を見てみよう。これは、忠通が関白に就任した保安二年（一一二一）正月から、保元の乱が起こった保元元年（一一五六）七月までの間において、忠通・頼長の家司・職事・勾当として確認できる人物を一覧にしたものである。

表7・表8では、忠通・頼長の双方に家政職員として仕えていた者について、太字で表記した。これを見ると、該当者は藤原実光（表7―1、表8―4）・藤原有成（表7―5、表8―11）・藤原行盛（表7―7、表8―5）・中原師元（表7―8、表8―27）・平知信（表7―9、表8―1）・高階泰兼（表7―11、表8―3）・藤原光房（表7―14、表8―15）・藤原資憲（表7―15、表8―34）・藤原頼方（表7―27、表8―17）・藤原長光（表7―33、表8―30）・藤原為実（表7―42、表8―33）・高階泰盛（表7―48、表8―28）・藤原親隆（表7―54、表8―13）・藤原清頼（表7―55、表8―58）の十四名を数え、一見すると分裂後も、忠通と頼長の家政組織がかなり重なり合っていたようにみえるかもしれない。

だが、実は右に掲げた人物のうち、平知信・藤原実光・藤原行盛の三人は久安六年の段階ですでに故人となっている。また、表7の「活動終見」欄を見ると、忠通家政職員としての終見は、藤原有成が康治二年（一一四三）正月三日、中原師元が大治四年（一一二九）三月二十八日、藤原資憲が天承二年（一一三二）二月二十八日、藤原頼方が久安三年三月二十八日、高階泰盛が久安五年十一月四日、藤原為実が天承二年四月十九日、藤原親隆が保安四年正月二十八日であり、同じく表8の「活動終見」欄を見ると、藤原光房の頼長家政職員としての終見は、久安四年四月十一日であるから、これらの人物は久安六年九月二十六日以降の段階では、忠通・頼長の家政職員を兼任していたわけではない。したがって、久安六年の摂関家分裂以降、忠通・頼長双方の家政職員を兼任していたのは、高階泰兼・藤原長光・藤原清頼の三名に絞られることになる。

表7　忠通家政職員一覧

No.	氏名	門流	役職	官職(含称号)	役職典拠	活動初見	活動終見	活動所見回数
1	**藤原実光**	日野流	家司、執事	左大弁	『朝』保安四・二・一六(家司)※1	保安二・一一・二六(兵)※2	天承二・一・一〇(中)	13
2	藤原重孝	魚名流	家司	内蔵助	『知』大治四・八・一三	保安四・二・一六(朝)	大治四・八・一三(知)	2
3	藤原朝隆	勧修寺流	家司	右大弁	『平』康治元・一二・八	保安四(兵)※2	久安四・八・二八(平)	4
4	菅原時登	菅原氏	家司	式部少輔	『中』大治五・二・二一	大治二・四・一一(知)	長承四・一・二(長)	7
5	**藤原有成**	日野流	家司	皇太后宮大進	『知』大治四・三・二八	大治二・六・一六(知)	康治二・一・三(本)	13
6	藤原有業	日野流	家司	右少弁	『知』天承二・二・二八	大治三・六・二七(知)	天承二・四・一九(知)	9
7	**藤原行盛**	日野流	家司	文章博士	『中』大治四・四・六	大治四・三・二八(知)	長承二・四・一(中)	8
8	**中原師元**	中原氏	家司	大外記	『知』大治四・三・二八	大治四・三・二八(知)	大治四・三・二八(知)	1
9	**平知信**	高棟流平氏	家司、年預	前出羽守	『知』大治四・八・一三(年預)	大治四・八・一三(知)	保延四・一二(除)	17
10	高階為基	高階氏	職事→家司	皇太后宮大進	『兵』久寿二・九・二三(家司)※3	大治五・四・一九(中)	保元元・六・二九(兵)	21
11	**高階泰兼**	高階氏	家司	皇太后宮大進	『長』保延二・一・一	大治五・四・一九(中)	久寿二・一〇・一六(兵)	10
12	源実房	醍醐源氏	家司	前下野守	『知』天承二・二・二八	大治五・四・二〇(中)	天承二・四・一九(知)	3
13	源盛季	醍醐源氏	家司	兵庫頭	『八』天治元・一〇・二三	天治元・一〇・二三(八)	天治元・一〇・二三(八)	1
14	**藤原光房**	勧修寺流	家司、執事	権右中弁	『知』天承二・一・二六(補任)※4	天承二・一・二六(知)	久寿元・一〇・二八(兵)	26
15	**藤原資憲**	日野流	家司	勘解由次官	『知』天承二・一・二七(補任)	天承二・一・二七(知)	天承二・二・二八(知)	2
16	源季兼	醍醐源氏	家司	豊後守、木工権頭	『平』久安四・八・二八	天承二・二・二八(知)	久寿二・一二・一五(兵)	26
17	中原師安	中原氏	家司	大外記	『地』保延二・六・二九	保延二・六・二九(地)	保延二・六・二九(地)	1
18	藤原宗光	日野流	家司	大学頭	『平』康治元・一二・八	保延四・一・一五(中)	康治元・一二・八(平)	2
19	平信範	高棟流平氏	家司	甲斐権守	『兵』仁平二・八・一七	保延四・一・一三(台抄)	保元元・七・一三(兵)	23
20	藤原清高	南家貞嗣流	家司	筑前権守	『兵』仁平二・八・一七	保延六・一〇・二五(中外)	保元元・七・三(兵)	13
21	清原信俊	清原氏	家司	肥後守	『平』康治元・一二・八	康治元・一二・八(平)	康治元・一二・八(平)	1
22	小槻政重	小槻氏	家司	左大史	『平』康治元・一二・八	康治元・一二・八(平)	康治元・一二・八(平)	1
23	橘清仲(清中)	橘氏	家司	隼人正	『台別』久安三・三・二八	久安三・三・二八(台別)	久安三・三・二八(台別)	1
24	橘定元	橘氏	家司	散位	『台別』久安三・三・二八	久安三・三・二八(台別)	久安三・三・二八(台別)	1

25	橘清定	橘氏	家司	隼人正	『台別』久安三・三・二八	久安三・三・二八(台別)	久安三・三・二八(台別)	1
26	藤原遠信	南家貞嗣流	家司	式部丞	『台別』久安三・三・二八	久安三・三・二八(台別)	久安三・三・二八(台別)	1
27	**藤原頼方**	勧修寺流	家司	兵部丞	『台別』久安三・三・二八	久安三・三・二八(台別)	久安三・三・二八(台別)	1
28	橘章盛	橘氏	家司		『台別』久安三・三・二八	久安三・三・二八(台別)	久安三・三・二八(台別)	1
29	藤原永範	南家貞嗣流	家司	式部大輔	『平』久安四・八・二八	久安四・八・二八(平)	久寿三・一・一(兵)	5
30	藤原資長	日野流	家司、執事	右少弁	『兵』久寿元・一二・二(補執事)	久安五・一〇・二六(兵)	保元元・七・一九(兵)	11
31	藤原季家	末茂流	職事→家司(宗子)	中務権大輔	『兵』仁平四・七・二三(家司)※5	久安五・一〇・二六(兵)	久寿二・一〇・二〇(兵)	9
32	中原広安	中原氏	家司	大蔵少輔	『兵』仁平二・八・一七	仁平二・八・一七(兵)	保元元・七・一九(兵)	3
33	**藤原長光**	式家	家司	文章博士	『兵』仁平四・三・二三	仁平四・三・二三(兵)	仁平四・三・二三(兵)	1
34	藤原光盛	勧修寺流	家司	中宮権大進	『兵』久寿二・一〇・二三	久寿二・一〇・二三(兵)	久寿二・一一・三(兵)	3
35	高階資泰	高階氏	上御厩別当	河内守	『兵』保元元・七・一九(補任)	久安五・一一・四(兵)	久寿二・一〇・二九裏(兵)	13
36	藤原邦綱	良門流	下御厩別当	中宮権大進	『兵』保元元・七・一九(補任)	仁平二・六・一三(兵)	保元元・七・一九(兵)	21
37	源盛家	醍醐源氏	職事、随身所別当		『玉』文治二・八・六	保安二・八(兵・玉)※6	保安二・八(兵・玉)※6	1
38	藤原盛経	南家	職事		『知』大治四・三・二八	大治二・四・一一(知)	大治六・一・一九(長)	5
39	某雅清	村上源氏ヵ	職事		『知』大治四・三・二八	大治二・四・一一(知)	天承二・二・二八(知)	5
40	源盛定	醍醐源氏	勾当→職事		『重』康治三・一・二(職事)※7	大治四・閏七・二〇(中)	康治三・二・三(重)	7
41	源盛宗	醍醐源氏	職事		『知』大治五・九・一	大治五・九・一(知)	大治五・九・一(知)	1
42	**藤原為実**	長良流	職事	前肥前守	『知』天承二・三・二四	大治六・一・一九(長)	天承二・四・一九(知)	5
43	平貞基	高望流平氏	職事	兵衛大夫	『重』天養元・一二・二	天養元・一二・二(重)	天養元・一二・二(重)	1
44	某公長	南家真作流ヵ	職事	散位	『本』天養二・四・二五	天養二・四・二五(本)	天養二・四・二五(本)	1
45	源高範	醍醐源氏	勾当→職事	安芸権守	『山』久寿三・二・一※8	康治二・四・九(本)	久寿三・二・一(山)	16
46	源季長	醍醐源氏	職事	散位	『兵』仁平二・三・三〇	久安五・一一・四(兵)	久寿二・九・一六(兵)	12
47	源行頼	清和源氏	職事	散位	『兵』久寿二・三・二九	久寿二・一二・二九(兵)	久寿三・一・四(兵)	3
48	**高階泰盛**	高階氏	職事(宗子)	出羽守	『兵』久安五・一一・四(補任)	久安三・三・二七(台)	久安五・一一・四(兵)	2
49	源雅国	村上源氏	職事(宗子)	修理権大夫	『兵』久安五・一〇・二六(補任)	久安五・一〇・二六(兵)	久安五・一〇・二六(兵)	1
50	藤原顕成	末茂流	職事(宗子)	越中守	『兵』久安五・一〇・二六(補任)	久安五・一〇・二六(兵)	仁平三・六・二九(兵)	3
51	某宗保	末茂流ヵ	職事(宗子)	皇太后宮権大進	『兵』久安五・一〇・二六(補任)	久安五・一〇・二六(兵)	久安五・一〇・二六(兵)	1
52	藤原頼輔	末茂流	職事(宗子)	刑部大輔	『兵』久安五・一〇・二六(補任)	久安五・一〇・二六(兵)	久安五・一〇・二六(兵)	1

53	藤原信経	頼宗流	職事（宗子）	伊賀守、備前守	『兵』久安五・一〇・二六（補任）	久安五・一〇・二六（兵）	久寿二・一〇・一六（兵）	5
54	**藤原親隆**	勧修寺流	勾当	蔵人	『公』保安四・一・二八（公）※9	保安四・一・二八（公）※9	保安四・一・二八（公）※9	1
55	**藤原清頼**	南家貞嗣流	勾当	散位	『重』康治三・一・二六	康治三・一・二六（重）	仁平四・一・一（兵）	11
56	源経光	醍醐源氏	勾当	蔵人、加賀権守	『本』久安三・一・七	久安三・一・七（本）	久寿二・一〇・二（兵）	9
57	源長定	醍醐源氏	勾当	左馬助	『兵』仁平二・三・一六	仁平二・三・一六（兵）	久寿三・二・八（兵）	9
58	藤原長方	勧修寺流	勾当	丹波守	『兵』仁平三・一・一五	仁平三・一・一五（兵）	久寿三・二・五（兵）	3
59	高階俊成	高階氏	勾当	蔵人	『兵』久寿二・八・一四（補任）	久寿二・八・一四（兵）	久寿二・八・二三（兵）	2
60	藤原永清	長良流	勾当	左近将監	『兵』久寿二・一〇・二九裏	久寿二・一〇・二九裏（兵）	久寿三・三・一（兵）	3

註　史料名は左のように略称を用いた。朝＝『御禊行幸服飾部類』所引『朝隆卿記』、知＝『知信記』、中＝『中右記』、兵＝『兵範記』、平＝『平安遺文』、長＝『長秋記』、本＝『本朝世紀』、除＝『九条家本除目抄』、八＝『八条相国実行記』、地＝『地下家伝』、台＝『台記』、台別＝『台記別記』、台抄＝『台記抄』、中外＝『中外抄』、玉＝『玉葉』、重＝『清原重憲記』、山＝『山槐記』、公＝『公卿補任』。活動所見回数は目安（誰の指示を受けた活動か明確でないものがあるため）。

※1　執事＝『法性寺関白記』保安三年十二月（日付不詳）。※2　『兵』保元三年十二月三日条。※3　職事＝『知』天承二年正月廿六日条（補任）。※4　執事＝『兵』久寿元年十一月十日条。※5　職事＝『兵』久安五年十月廿六日条。※6　『兵』保元三年八月十六日条、『玉』文治二年八月六日条。※7　勾当＝『中』大治四年閏七月廿日条。※8　勾当＝『本』康治二年四月九日条。※9　『公卿補任』保元二年、親隆項。

表8　頼長家政職員一覧

No.	氏名	門流	役職	官職（含称号）	役職典拠	活動初見	活動終見	活動所見回数
1	**平知信**	高棟流平氏	家司	前出羽守	『中』大治五・四・一九（補任）	大治五・四・一九（中）	康治二・三・三〇（台）	13
2	藤原顕憲	惟孝流	職事→家司	皇后宮亮	『台』保延二・一〇・一六（補家司）※1	大治五・四・一九（中）	仁平元・二・一五（台別）	48
3	**高階泰兼**	高階氏	職事→家司	皇太后宮大進	『台』康治二・三・八（家司）※2	大治五・四・一九（中）	久寿二・一・二三（兵）	12
4	**藤原実光**	日野流	家司	左中弁	『中』大治五・四・一九（補任）	大治五・四・一九（中）	大治五・四・一九（中）	1
5	**藤原行盛**	内麻呂流	家司	左衛門権佐	『中』大治五・四・一九（補任）	大治五・四・一九（中）	大治五・四・一九（中）	1
6	伴広親	伴氏	家司	前周防守	『知』長承四・二・二	長承四・二・二（知）	長承四・二・二（知）	1
7	平時信	高棟流平氏	家司	兵部権大輔	『台』保延二・一〇・一一	保延二・一〇・一一（台）	久安四・七・一一（台別）	5
8	大江維順	大江氏	家司	大学頭	『台』康治二・三・八	保延二・一〇・一一（台）	久安五・一〇・一九（兵）	9
9	藤原敦任	式家	家司	皇后宮権大進	『台』久安三・一・一三	保延二・一・五（台）	久寿二・三・一八（為）	54

10	藤原政業	内麻呂流	職事→家司	皇太后宮大進	『台』久安二・一二・一九	保延二・一一・一三(台)	久寿二・六・八(兵)	28
11	**藤原有成**	内麻呂流	家司	日向守	『台』天養二・三・一一	保延二・一二・九(台)	保元元・五・一二(兵)	58
12	藤原憲親	惟孝流	職事→家司	皇后宮権大進	『台』久安四・九・一四(家司)※3	康治元・八・五(台)	保元元・七・二七(兵)	65
13	**藤原親隆**	勧修寺流	家司、執事	尾張守、春宮亮	『台』康治元・八・一三(補家司)※4	康治元・八・一三(台)	久寿二・一二・一(台)	111
14	藤原盛憲	惟孝流	職事→家司	式部大夫	『台』久安二・一・二〇(家司)※5	康治元・八・一九(台)	保元元・七・二七(兵)	67
15	**藤原光房**	勧修寺流	家司	蔵人勘解由次官	『台』康治元・一二・二〇	康治元・一二・二〇(台)	久安四・四・一二(台)	4
16	藤原成佐(盛佐)	良世流	家司	式部権少輔	『台』久安三・二・五(補任)	康治元・一二・一三(台)	久安七・一・四(台)	12
17	**藤原頼方**	勧修寺流	家司	皇后宮大進	『台』康治二・一二・八(補任)	康治二・一二・八(台)	仁平二・八・一四(兵)	24
18	藤原遠明	式家	家司	大内記	『台』仁平二・一・一一	久安四・七・一八(台)	久寿二・一一・一六(為)	15
19	藤原敦経	式家	家司	皇后宮少進	『台』久安四・一〇・一三	久安四・一〇・一三(台)	久安四・一〇・一三(台)	1
20	清原定安	清原氏	家司	助教	『本』久安五・一・一三	康治元・三・一三(台)	久安五・一・一三(本)	3
21	中原師安	中原氏	家司	主計頭	『本』久安五・一・一三	久安五・一・一三(本)	仁平四・一・一(台)	3
22	藤原為親	勧修寺流	家司	皇太后宮権大進	『台』久安七・一・一二	久安七・一・一二(台)	久寿二・一二・一三(為)	20
23	平実重	高棟流平氏	家司	散位	『兵』仁平四・八・一二	仁平元・二・一六(台別)	仁平四・八・一二(兵)	8
24	中原広季	中原氏	家司	直講	『兵』仁平二・一・二六	仁平元・二・一六(台別)	久寿二・四・二七(台・兵)	3
25	藤原茂明	式家	家司	文章博士	『兵』仁平四・八・一二	仁平元・七・二六(宇)	久寿二・五・一〇(兵)	14
26	源時政	村上源氏	家司	散位	『台別』仁平三・九・一〇	仁平元・八・一〇(台別)	仁平三・九・一〇(台)	3
27	**中原師元**	中原氏	家司	直講	『台』『兵』仁平二・一・二六	久安七・一・四(台)	仁平四・七・三〇(台)	5
28	**高階泰盛**	高階氏	家司	出羽守	『兵』仁平三・一・三	仁平二・一・一六(兵)	久寿元・一一・一三(台・兵)	6
29	藤原忠行	南家貞嗣流	家司	前馬助	『台』仁平三・一一・一三	仁平元・八・一〇(台別)	仁平三・一一・一三(台)	4
30	**藤原長光**	式家	家司	文章博士	『台別』仁平三・九・一〇	仁平三・九・一〇(台別)	久寿二・五・三(兵)	5
31	藤原有光	式家	家司	散位	『兵』仁平四・四・一四	仁平三・一一・二六(台別)	久寿二・六・八(兵)	11
32	平知経	高棟流平氏カ	家司	散位	『台別』久寿二・四・二七	久寿二・四・二七(台別)	久寿二・一二・二二(為)	3
33	**藤原為実**	長良流	家司(師長)	前肥前守	『兵』久安五・一〇・一九	保延二・一一・一三(台)	久安六・一・一三(台別)	17
34	**藤原資憲**	日野流	家司(兼長)	前下野守	『台』仁平三・一〇・三〇	仁平三・一〇・三〇(台)	仁平三・一〇・三〇(台)	2
35	平忠正	高望流平氏	家司職事※6	前馬助	『兵』仁平二・八・一四	保延二・一一・二四(台)	保元元・七・一〇(兵)	19
36	橘清則	橘氏	家司職事	前馬助	『兵』仁平二・八・一四	久安六・一・七(台別)	久寿元・一一・一三(台)	14
37	藤原仲頼	良門流	家司職事	大舎人助	『兵』仁平二・八・一四	久安六・一・一九(台別)	保元元・五・一二(兵)	11

38	藤原範実	長良流	家司職事	蔵人	『兵』仁平二・八・一四	仁平元・二・一六(台別)	久寿二・六・八(兵)	15
39	源雅職	醍醐源氏	御随身所別当	前甲斐守	『知』『中』長承四・二・二(補任)	長承四・二・二(知・中)	天養二・一・四(台)	4
40	高階仲行	高階氏	勾当→職事	散位	『台』久安四・一〇・一二(職事)※7	長承二・二・九(中)	久寿二・一三・二八(為)	43
41	高階重範	高階氏	職事	蔵人	『台』久安四・一〇・一二	長承四・二・二(中)	久寿二・六・八(兵)	29
42	橘以長	橘氏	職事	大膳大夫	『台』仁平元・三・二四	保延二・一二・二四(台)	久寿二・六・八(兵)	56
43	源高基	醍醐源氏	職事	式部大夫	『兵』仁平二・四・一	保延二・一〇・一一(台)	久寿二・六・八(兵)	33
44	源清職	醍醐源氏	職事	大膳大夫	『台抄』保延四・一・二〇	保延二・一〇・一一(台)	久寿二・六・八(兵)	29
45	源盛邦	醍醐源氏	職事	前下野守、下総守	『台別』仁平元・二・一〇	保延二・一二・七(台)	仁平三・八・八(台別)	9
46	藤原孝能	頼宗流	職事	前能登権守	『台』天養元・七・一	保延二・三・九(台)	天養元・七・一(台)	4
47	藤原憲頼	惟孝流	勾当→職事	蔵人左衛門少尉	『台別』久寿二・四・二〇(職事)※8	永治二・一・一一(台)	久寿二・六・八(兵)	15
48	高階忠能	高階氏	職事	兵部少輔	『台』康治二・三・八	康治二・三・一三(台)	久寿二・六・八(兵)	16
49	藤原頼佐(説方)	勧修寺流	職事	阿波守	『台』康治二・三・八	康治二・三・八(台)	久寿二・六・八(兵)	4
50	藤原保説	善勝寺流	職事	肥前守	『台』久安二・三・一九	久安元・九・一(台)	久寿元・一二・二三(台)	5
51	藤原経憲	惟孝流	職事	散位	『台別』久安六・一〇・二八	久安二・九・一三(台)	保元元・七・二七(兵)	49
52	源雅亮	醍醐源氏	職事	皇后宮少進	『台』仁平三・八・二九(補任)	久安二・一二・一一(台)	久寿二・六・八(兵)	23
53	源頼憲	清和源氏	職事・勾当	散位	『台』久寿二・四・一五(職事)※9	久安二・一二・一一(台)	保元元・七・一〇(兵)	12
54	藤原顕方	勧修寺流	職事	散位	『台』久安二・三・一九	久安二・三・一九(台)	久安六・一・一九(台別)	3
55	藤原清兼	良門流	職事	蔵人	『台』久安四・一〇・一二	久安二・一二・一一(台)	仁平元・六・二六(台別)	4
56	藤原憲忠	惟孝流	職事・勾当	蔵人	『台別』仁平元・八・一〇(職事)※10	久安五・三・一九(台別)	久寿二・三・三(台)	33
57	源盛業	醍醐源氏	職事	左馬助	『台』仁平三・一二・一〇	仁平元・二・一六(台別)	久寿二・六・八(兵)	18
58	**藤原清頼**	南家貞嗣流	職事	蔵人大夫	『為』久寿二・三・一三(補任)	久寿二・四・一四(台)	保元元・七・一三(兵)	6
59	源盛頼	醍醐源氏	職事	非蔵人	『為』久寿二・三・八(補任)	仁平二・八・一四(兵)	久寿二・三・八(為)	6
60	源信実	宇多源氏カ	勾当		『台』保延二・一二・八	保延二・一〇・一一(台)	保延四・一・一九(台抄)	10
61	源有忠	清和源氏	勾当		『台』仁平二・一・一二	天養元・七・一(台)	久寿二・一二・一六(台)	16
62	藤原定隆	惟孝流カ	勾当	但馬守、加賀守	『台』久安六・一〇・一六(補任)	久安六・一〇・一六(台)	久寿元・一二・二三(台・兵)	13
63	某惟□	不明	勾当		『台別』仁平元・八・一〇	仁平元・八・一〇(台別)	仁平元・八・一〇(台別)	1
64	藤原憲重	道兼流	勾当	皇后宮権少進	『台』仁平三・閏一二・二七	仁平三・閏一二・二七(台)	久寿元・一二・二三(台)	2
65	平忠綱	高望流平氏	勾当		『兵』仁平四・四・一四	仁平四・四・一四(兵)	保元元・七・二七(兵)	6

66	平正綱	高望流平氏	勾当		『兵』保元元・七・二七	保元元・七・二七(兵)	保元元・七・二七(兵)	1
67	高階泰宗	高階氏	勾当(兼長)		『台』仁平三・閏一二・二八(補任)	仁平三・閏一二・二八(台)	久寿二・四・二〇(台別)	5
68	藤原憲保(憲康)	惟孝流	勾当(兼長)	散位	『台』仁平三・閏一二・二八(補任)	仁平三・閏一二・二八(台)	久寿二・四・二〇(台別)	6
69	源盛賢(成賢)	村上源氏ヵ	侍→勾当	左衛門尉	『台』保延二・三・九(補勾当)※11	保延二・二・五(台)	久安二・二・一一(台)	9

註　史料名は左のように略称を用いた。中＝『中右記』、台＝『台記』、台別＝『台記別記』、台抄＝『台記抄』、宇＝『宇槐記抄』、兵＝『兵範記』、知＝『知信記』、為＝『為親記』、本＝『本朝世紀』。活動所見回数は目安(誰の指示を受けた活動か明確でないものがあるため)。

※1　職事＝『中』大治五年四月十九日条(補任)。※2　職事＝『中』大治五年四月十九日条(補任)。※3　職事＝『台』久安二年正月廿日条。※4　執事＝『兵』仁平二年四月一日条。※5　職事＝『台』康治二年十二月八日条。※6　『兵』仁平二年八月十四日条に「家司職事」とあり、家司か職事のいずれかと判断される。以下同じ。※7　勾当＝『中』長承二年二月九日条。※8　勾当＝『台』永治二年正月十一日条(補任)。※9　勾当＝『台』久安三年六月八日条。※10　勾当＝『台』仁平元年八月十日条。※11　侍＝『台』保延二年十一月十六日条。

このうち高階泰兼は家政職員の長老格で、『台記』仁平二年（一一五二）正月廿六日条には「年来有二所労一籠居」とあるから、摂関家分裂の段階では事実上、第一線から退いた人物であったといっていいだろう。また、藤原長光は学者で、分裂後も頼長に対しては荷前使となったり、正月大饗の陪膳を勤めるといった奉仕が見られるのだが[6]、忠通に対しては、平信範の息子信義の「入学寮省試」について、文章博士で「家司恪勤者」でもあるので長光に沙汰をするよう命じたという記録があるのみで[7]、これだけで忠通に奉仕を行っていたとは断言しがたい。

残る藤原清頼については、確かに分裂以後も忠通・頼長双方の家政職員として確認できる。かれは久安七年正月、忠実が忠通から家記を没収した際、「大哭」して倉を開け、家記を納めた櫃を引き渡したとされる忠通側近中の側近・藤原清高の子で[8]、後述するように、清頼自身、申次を勤めるなど、忠通の側近として活動した。清頼は仁平二年八月十七日、基実の職事に任じられたが（『兵範記』同日条。以下、日記の同日条は日記名のみ記す）、一方で久寿二年（一一五五）十二月十三日には頼長の職事にも補任されており（『為親記』）、保元の乱では頼長に扈従し、官軍に捕縛されているのである[9]。

しかし、表をよく見てみると、注意すべき点がある。それは、かれが頼長に初参し、二字を献上して従うようになったのが、久寿二年四月十四日であり[10]、一方、清頼の忠通・基実に対する奉仕が確認できるのは、久寿二年正月一日が最後だということである[11]。このことからいえば、清頼は厳密には同時に忠通・頼長に仕えていたことが確認できるわけではないのである。むしろ、このことは清頼が久寿二年正月一日から四月十四日の間に、忠通の許を去って頼長に仕えるようになったことを示すものだろう。これが事実だとすれば、このことは、かえって忠通・頼長の家政職員が重複しないことを示唆するものと考えられるのである。一般に貴族社会における主従関係は、従者が複数の主人に兼参することが多かったとされるが[12]、忠通・頼長の場合、兼参は許されなかったのであり、このことは、両者の対立がそれだけ深刻な状況であったことを物語っている。

なお、表7・表8は役職が判明する者だけを一覧にしたため、この表からだけではうかがうことができないのだが、実は清頼とは反対に、頼長の家政職員だった者で、忠通側に寝返った者もいたようである。頼長の家司であった藤原政業・有光（表8—10・31）、職事であった源盛業（表8—57）、は、久寿三年二月五日、基実の任権中納言の慶賀において、前駈としていきなり現れ（『兵範記』）、保元の乱後、かれらはいずれも忠通の家政職員になっているのである（後掲表11参照）。久寿二年七月の後白河天皇即位以来、頼長は内覧に再任されず、失脚状態にあったから、かれらは機を見て頼長方から忠通方に寝返ったのであろう。家政職員たちは摂関家分裂とともに両派に分かれたが、一方でかかる事実は、こうした分裂が強固な主従関係にもとづいたものではなかったことを物語っている。家政職員と主人との関係はドライで、家政職員たちは主人が政治的な危機に陥ったと見るや、主人を見限って敵対する相手方に寝返ることもやぶさかではなかったのである（清頼の場合は、寝返った直後に頼長が失脚しており、かれの状況判断は明らかに読み間違えだったといえるだろう）。

2　頼長派・忠通派の形成

では、摂関家家政職員は、いつ頃から忠通・頼長の双方に分かれるようになったのだろう。前章で見たように、分裂以前には忠通・頼長の家政職員を兼任する者も少なくなかった。だが、こうした家政職員の分裂が、摂関家の分裂を機にいきなり起こったのかというと、どうやらそうではなかったようである。

というのも、まず第一に、先にあげた双方の家政職員を兼任する人物でも、分裂直前の時期まで兼任が確認される者は必ずしも多くはなかったからである。前節では表7・表8から、保安二年正月二十二日から保元元年七月十四日までの間、忠通・頼長の家政職員を兼任していた人物として十四名をリストアップした。だが、改めて表の「活動初見」「活動終見」欄を見てみると、中原師元・藤原親隆・藤原清頼は双方の家政職員だった時期がずれており、厳密には重複していた期間が確認できない。

また、藤原実光・藤原行盛・藤原資憲・藤原為実は、頼長が元服した大治五年の二〜三年後までしか兼任が確認できない。そうなると、分裂直前である久安年間（一一四五〜一一五一）まで兼任が確認されるのは、藤原頼方・高階泰兼・藤原光房・高階泰盛のみなのである。

そして、第二に注目したいのは、家政職員のなかでもとくに主人と近い関係にある側近のあり方である。近年、院に近侍した側近である「院近習」について分析した伊藤瑠美氏は、「院近習」が申次（伝奏）の役割を勤めたことを明らかにしているが(13)、摂関家でも申次を務めた者が「近習」などと記される事例は多く、たとえば、鎌倉時代の史料には、「新殿下（九条教実）伝奏近習」と見える(14)。

そこで、ここでも忠通・頼長の側近の指標として、申次を勤めている人物に注目してみよう。『清原重憲記』には、天養元年（一一四四）、記主の清原重憲が大外記として摂政忠通や内大臣頼長のもとに参った記事が度々見える。(15) その際の申次について、一覧にまとめたのが表9であるが、これを見ると、忠通・頼長の近習は全く重なっていないことがわかるのである。忠通の申次となったのは、醍醐源氏の源盛定・盛兼・季兼・清忠と、前述の藤原清頼であったが、頼長の申次となったのは、頼長の母方の従兄弟である盛憲が圧倒的に多く、このほか源清職・高基と橘以長、そしてのち政所執事となる藤原親隆がいた。申次が側近だとすれば、忠通・頼長の側近ははっきりと分かれていたことになるだろう。両者の家政職員は一部には重複する者もいたが、側近は忠通と頼長で明確に分かれていた。すでに分裂より五年以上前の段階で、摂関家家政職員には忠通派と頼長派の分断が生じていたことがうかがえるのである。

周知のように、頼長は忠通の異母弟であるが、長らく跡継ぎとなるべき男子に恵まれなかった忠通は、頼長を養子

表9『清原重憲記』にみえる摂関家申次（天養元年）

主人	氏名	役職	官職	門流	月日
頼長	藤原盛憲	職事	式部大夫	説孝流	（正月）四・五・六・七・一六・一七（二月）一四・一六・一八・二一・二三（三月）二三
	源　清職	職事	大膳大夫	醍醐源氏	（正月）一六（二月）二
	橘　以長	職事	大膳大夫	橘氏	（二月）三（三月）二三
	藤原親隆	家司	左衛門権佐	勧修寺流	（二月）一八
	源　高基	職事	式部大夫	醍醐源氏	（二月）二〇
忠通	源　盛定	職事	大宮少進	醍醐源氏	（正月）二（二月）三
	源　季兼	家司	豊後守	醍醐源氏	（正月）七・一七
	源　盛業	—	甲斐権守	醍醐源氏	（正月）三
	藤原清頼	勾当		南家貞嗣流	（正月）二六
	源　清忠	—	大和守	醍醐源氏ヵ	（一一月）一

註　役職は、表7・表8に従った。

表10　『山槐記』にみえる摂関家申次

主人	氏名	役職	官職	門流	年月日
忠通	藤原邦綱	家司	伊予守	良門流	(保元四)一月一八日 (永暦元)一二月二九日 (応保元)一一月一八日、一二月五・六・一二・一三・一六日
	源　長定	職事	伊賀守	醍醐源氏	(永暦元)一一月八日 (応保元)一一月四・一三日、一二月三・二六日 (応保二)三月一八日
	平　信範	家司		桓武平氏	(永暦元)一一月八日
	藤原高佐	職事		南家貞嗣流	(永暦元)一一月一〇日、一二月二・七・二九日 (永暦二)八月三日 (応保元)九月三〇日、一一月一・一〇・一六・一八日、一二月一五・二三日 (応保二)三月六・一四・二六日
	藤原資能	職事		南家貞嗣流	(永暦元)一一月一一日、一二月二三日 (応保元)一一月一九日、一二月一五日
	平　信国	—		桓武平氏	(永暦元)三月一五日
	源　季長	職事	飛驒前司	醍醐源氏	(永暦元)三月二二日 (応保元)九月一七日、一一月二〇日、一二月一二・二四日 (応保二)三月一三・一八・二四日
	藤原清高	家司	弾正弼	南家貞嗣流	(永暦二)八月九日
実	源　長定	職事	伊賀守	醍醐源氏	(保元四)二月二日
	藤原資能	職事		南家貞嗣流	(永暦元)九月二七日
	平　信範	家司		桓武平氏	(永暦元)三月二四日
	藤原高佐	職事		南家貞嗣流	(永暦二)八月六日、三月二七日
	平　信国	家司		桓武平氏	(永暦元)一一月八日、一二月二日

基				
平　信基	—	兵部少輔	桓武平氏	〔永暦二〕七月一七日 〔応保二〕三月二四日
藤原敦綱	—			〔永暦元〕三月七・二九日 〔永暦元〕三月一一日

註　役職は、表11に従っている。

として迎え、頼長は忠通の後継者として摂関家嫡流の昇進ルートに乗って昇進を果たした。つまり頼長は忠通にとって跡継ぎであったはずである。ところが、このように忠通と頼長の家政職員が重ならなかったとすれば、このことは両者の間での権力継承が円滑に進んでいないことを示しているのではないだろうか。

そもそも摂関家では、子息の元服に際して、政所が開設され、家政職員が補任されるが、通例では、子息の家政職員は父親の家政職員のなかから任じられた[16]。父子の家政は一体的な関係にあり、こうして父の権力は子へと継承されたのである。したがって、通常であれば、側近についても父の側近と子の側近は重なったはずである。実際、表10には、『山槐記』に見える大殿忠通と息子の関白基実の申次を一覧にまとめたが、これを見れば、忠通・基実父子の場合、両者の側近はほぼ重なっていることがわかるだろう。

ところが、忠通・頼長の場合、側近は重複しなかったのであり、頼長は忠通の跡継ぎとはいいながら、忠通・頼長の父子関係は、忠通・基実のそれとは明らかに異質であったといえる。従来の研究では、忠通・頼長の対立の原因について、康治二年、忠通に実子基実が誕生し、頼長への摂関継承を渋りはじめたことにあるとされているが[17]、右に見たように近習が全く重複しなかったのは、基実誕生のすぐ翌年である。ここから考えれば、そもそも両者の対立の背景には、基実誕生以前の段階で、家政組織をめぐる何らかの問題があった可能性もあるのではないだろうか。そこで、次節では、改めて分裂にともなう家政職員の去就について分析し、その背景に何があったのか、探ってみよう。

第二節　忠通派・頼長派家政職員の実態と分裂の背景

1　家政職員の一族とその展開

忠通・頼長の家政職員について見てみると、その多くは父や兄弟も家政職員を務めている。この時期、摂関家の家政は家政職員を輩出する複数の一族によって担われていたのである。そこで、ここではまず、忠通・頼長の分裂にともなって、かかる譜代の一族がどのように展開したのか、家系ごとに見ていくことにしよう。

①高棟流平氏

摂関家家政職員の一族といえば、まず想起されるのは、「日記の家」として知られる高棟流平氏の一族だろう。高棟流平氏は、範国流と行親流に分かれていたが、鳥羽院政期には行親流出身の家政職員は見られない。

一方、範国流の知信は、忠実が現任摂関であった時代以来、職事・家司として摂関家に仕えた。[18] 知信は忠通の関白就任後も、忠実・忠通・頼長の三者に家司として仕え（表7―9、表8―1）、[19] 荘園支配など家政実務を支えたが、康治三年（一一四四）二月十九日に死去する（『本朝世紀』）。その跡を継いだ子の時信は、頼長家司（表8―7）として確認できるほか、忠通御教書の奉者にもなっているので、[20] 忠通家司でもあった可能性が高い。しかし、時信が久安五年（一一四九）七月二十六日に没した後（『本朝世紀』）、子の時忠は摂関家への奉仕が確認できず、摂関家家政職員としての役割は、弟の信範に引き継がれたと見られる。周知のように、信範は忠実・忠通に家司として仕えたが（表7―19）、[21] 頼長の家政職員にはなっておらず、[22] 頼長との関係は悪かったらしい。かれは仁平三年（一一五三）、忠実が家政の実権を頼長に譲渡すると、頼長によって荘園知行を改定され、[23] 高陽院納殿・御倉町別当の地位も停止されている。[24]

このほか、頼長家司には平実重（表8―23）・知経（表8―32）がいる。知経については家系が不明だが、実重は摂関政治期、参議まで昇った親信（範国の祖父）の叔父弥材の子孫で、高棟流平氏の主流からは血縁的に離れた一族の出身であった。

②勧修寺流藤原氏

勧修寺流では、為房が師実・師通・忠実の三代に家司として仕えた。[25]子の為隆も忠実に家司・勧学院別当として仕え、[26]「関白摂政のうしろみ」[27]として家政実務を支えたが、忠実失脚にともなって勧学院別当を辞している。[28]為隆の子光房は、忠通・頼長の双方に家司として仕えたが（表7―14、表8―15）、前節で見たように久安四年四月十一日以降、頼長家司としての所見がない。かれは忠通の政所執事にも任じられており、忠通の家政実務の中枢を担ったが、仁平二年（一一五二）、鳥羽院から頼長の石清水参詣に前駈を奉仕するよう命じられた際、院より「若不㆓奉仕㆒可㆓解官㆒」といわれても頑なに固辞しており、[29]頼長には反発していたことがうかがえる。また、為隆の異母弟である朝隆も、忠実・忠通には家司として確認されるのだ

図2　高棟流平氏系図

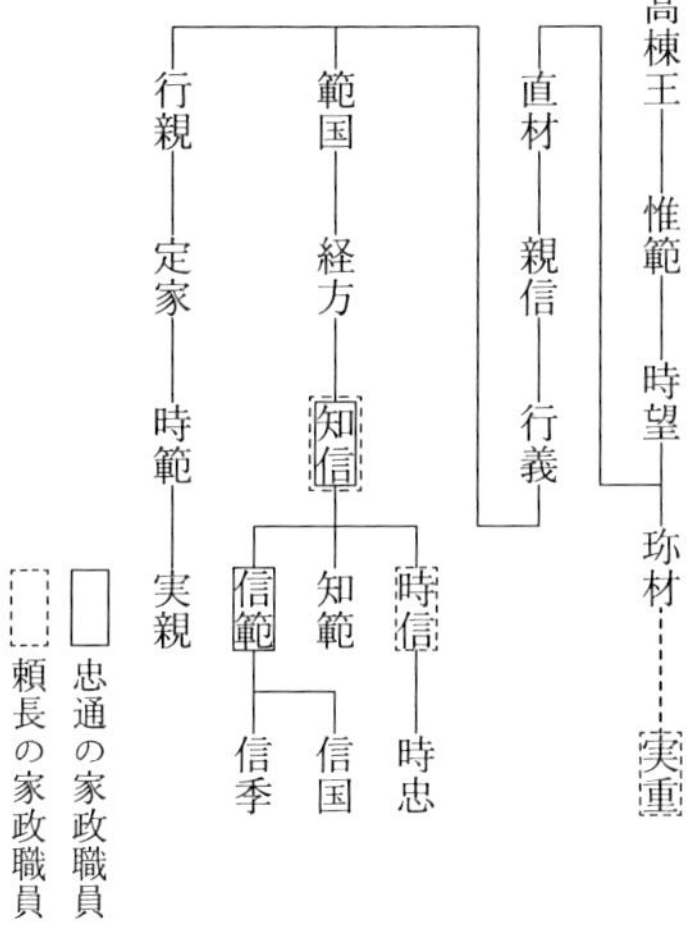

図3　勧修寺流藤原氏系図

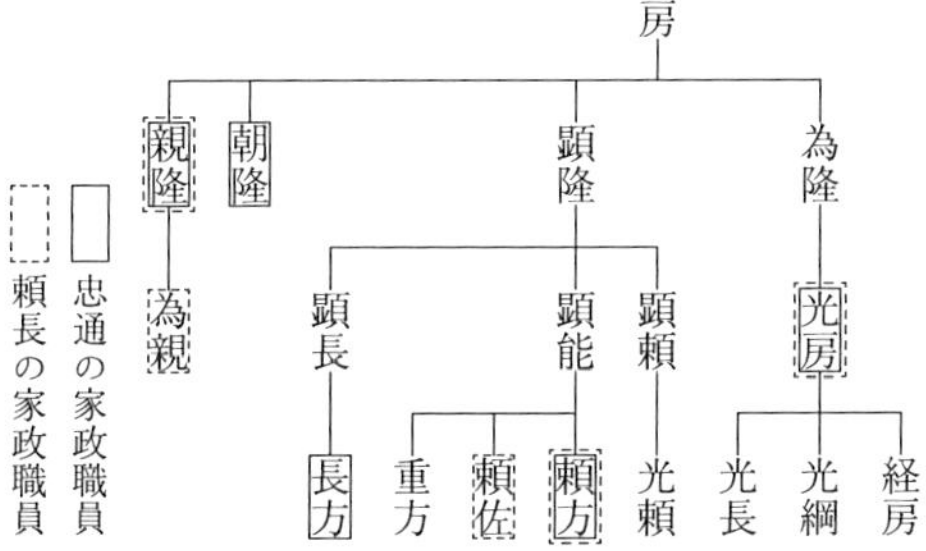

が（表7―3）[30]、頼長は『台記』久安四年十月廿一日条で、朝隆について「非二余家司職事一」と記しており、頼長には仕えていなかったことがわかる。

一方、この一族で頼長に仕えたのが、朝隆の同母弟に当たる親隆である（母親は法成寺執行隆尊女）[31]。かれも当初は忠通・頼長の双方に仕えたが（表7―54、表8―13）、光房とは反対に保安四年（一一二三）正月二十八日以降、忠通家政職員としての所見がない。親隆は頼長に重用され、表8の活動所見回数は全家政職員のなかで最も多い。そして、頼長が藤氏長者になると、かれは政所執事に登用されるのである。親隆の子為親も頼長のみに家司として仕えた（表8―22）。

このほか、為隆の同母弟顕隆は、院近臣として権中納言まで昇進し、「夜の関白」と称されて権勢を振るったことで知られる[32]。顕隆と嫡子顕頼は院司を経て権中納言まで昇進しており、摂関家家政職員としての所見はないが、顕頼の同母弟顕能の子である頼方・頼佐（説方）は頼長に家司・職事として仕え（表8―17・49）、顕頼の異母弟顕長の子である長方は忠通に勾当として仕えた（表7―58）。

③日野流藤原氏・内麻呂流藤原氏

日野流はこの時期、実綱流と実政流に分かれていたが、主流は実綱流であった。実綱の孫実光は忠実の家司であったが[33]、かれは忠通が関白になると、勧修寺流の為隆に代わって勧学院別当に任じられ[34]、初代の政所執事にも登用されるなど、忠通に重用された（表7―1）。実光は頼長家司にもなったが（表8―4）、長承三年（一一三四）、従三位に叙されて公卿となった（『公卿補任』）。実光の子は、資憲・資長の兄弟がともに摂関家の家司となったが、分裂期には忠通派・頼長派の双方に分かれている。兄の資憲は当初忠通家司であったが（表7―15）、前節で見たように忠通家司としての所見は天承二年（一一三二）二月二十八日が最後で、その後、頼長の嫡子である兼長の家司としてあらわれる（表8―34）。一方、弟の資長は忠通家司として重用され（表7―30）、久寿元年（一一五四）、政所執事であった光房が没すると、その後任に登用されているのである。

実政流では、実政の孫有成とその子政業が頼長家司となった（表8―10・11）。有成は忠通家司でもあったが、長承二年八月二十八日、忠通によって勘当されており（『長秋記』）、忠通との折り合いはよくなかったらしい。分裂後は専ら頼長に仕え、表8の活動所見回数は執事親隆、頼長の外戚である藤原盛憲・憲親に次ぐ四番目に多い。仁平二年四月一日の賀茂詣定では、執事親隆が執筆を勤めるところ、服假により有成に交替している（『兵範記』）。久寿二年四月二十七日の私請印でも、親隆の遅参によって有成が勘文を覧じており（『台記』）、かれは頼長家司のなかで、執事親隆に次ぐ地位にあったと考えられる。

このほか、日野流の祖である藤原資業の兄広業の家系では、行家の子行盛・有業が忠実・忠通の家司であった（表7―6・7）。このうち、とくに有業は忠実の乳母子として重用され[35]、その子頼業は頼長の侍として確認できる[36]。行盛の子有盛も仁平四年六月十五日には頼長の祇園幣使、八月十五日には八幡神馬使を勤めており（いずれも『台記』）、役職は不明ながら、頼長に仕えていたと考えられる。

④惟孝流藤原氏

惟孝流では、忠実の現任摂関時代、盛実が忠実に家司として仕え、忠通家司にも任じられている[37]。この盛実の娘が頼長を産んだことから、盛実の子孫たちは頼長に重用されて発展した。盛実の子で、頼長の伯父に当たる顕憲は、大治五年（一一三〇）四月十九日、頼長の元服に当たって職事に補任され（表8―2）、その後、御随身所別当・御厩別当にも

図4　日野流・内麻呂流藤原氏系図

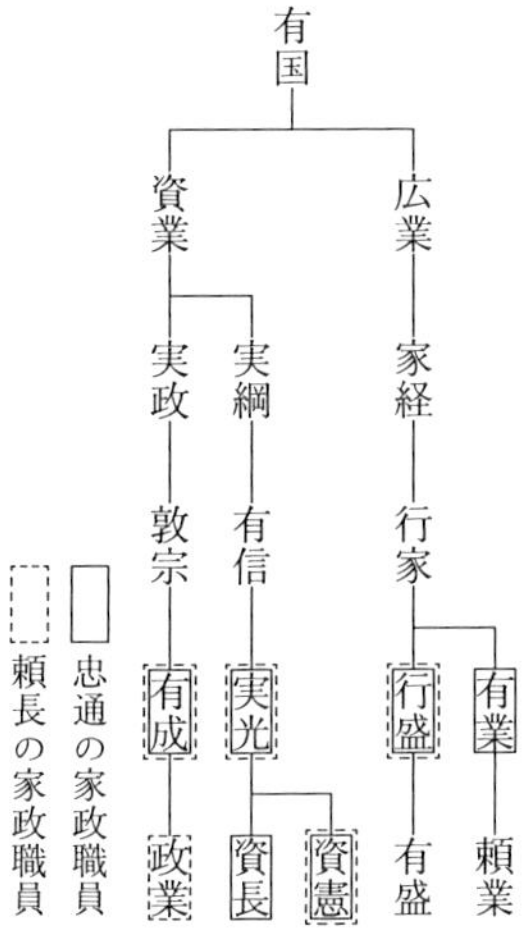

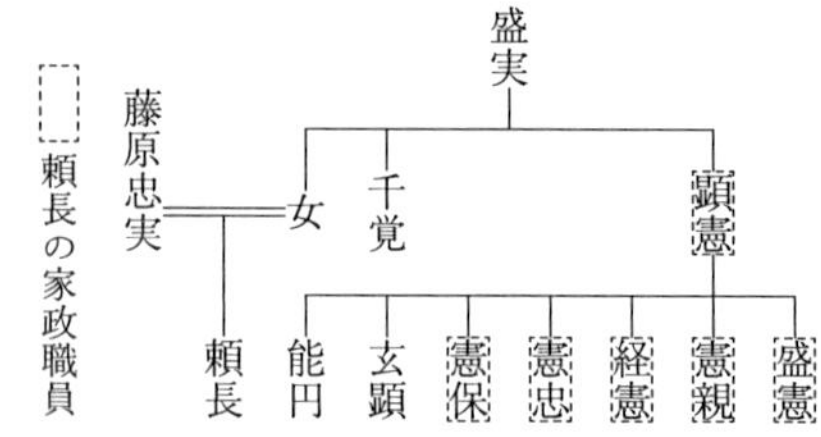

図5　惟孝流藤原氏系図

任じられた(38)。そして、顕憲の子である盛憲・憲親・経憲・憲忠・憲保はすべて頼長の家司・職事に任じられたのである（表8―12・14・51・56・68）。

頼長の家政職員のなかでも、とくに顕憲の子息たちは別格であったようで、前章でも見たように、盛憲は頼長に近侍して申次の役割を最も多くつとめていたし、憲親は父顕憲の没後、父に引き続き御厩別当に任じられている(39)。そして、経憲は「容貌美二於二兄一」とされ(40)、頼長にひときわ可愛がられていたようで、頼長はかれについて「於レ僕有レ親」とも述べている(41)。保元の乱が起こると、盛憲は左衛門庁に連行されて拷問されたほか(42)、かれらの兄弟に当たる僧玄顕は、忠通に召し出されて頼長の最期について語っている(43)。また、乱後の処理で、盛憲は佐渡、憲親は下野、経憲は隠岐に流罪となった(44)。かれらは頼長と一心同体の関係にあり、頼長と運命をともにしたのである。

⑤高階氏

高階氏は、院政期を代表する受領の一族であり、白河院政期、泰仲は家司として師実・師通・忠実の三代に仕えて経済的奉仕を行った(45)。泰仲が伊予守在任中、師実のために造営した京極殿御堂は「荘厳過差不レ可二記尽一」といわれている(46)。忠実の現任摂関時代には、泰仲の子である重仲が家司、清泰も勾当であったことが確認される(47)。とくに重仲は納殿別当に任じられるなど(48)、忠実に重用されたが、保安元年九月二十六日、死去した（『中右記』）。

重仲の没後、一族の中心となったのは、弟の泰兼であったようで、前節でも見たように、かれは摂関家分裂後も唯一忠通・頼長の家司を兼任し、大殿となった忠実にも家司として仕えていた(49)。泰兼の息子である資泰は、忠通に仕えたらしく、忠通妻宗子の職事として確認できるほか(50)、保元の乱直後には忠通の上御厩別当に補任されている（表7―

35)。一方、重仲の子泰盛も、宗子職事となっているが（表7―48）、こちらは分裂後は忠通方での活動は見えず、頼長と息子師長の家司として確認される（表8―28）。

　このほか、関白辞任後の大殿忠実に近侍していたのが、重仲・泰兼の弟に当たる仲範の家系である。仲範は忠実の現任摂関の時代には家政職員として確認できないが(51)、退任後は家司として忠実を支えた(52)。そして、その子仲行は忠実の言談録である『富家語』を筆録したように、忠実側近中の側近として知られる(53)。仲行は忠実の勾当・家司・御厩別当であったほか(54)、頼長の職事（表8―40）も務め、仲行の子泰宗も兼長の勾当（表8―67）になっている。高階氏では、ほかに頼長職事に重範・忠能（表8―41・48）、忠通家司に為基（表7―10）、同勾当に俊成（表7―59）がいるが、いずれも家系不詳である。

⑥醍醐源氏

　醍醐源氏で、摂関家家政職員を輩出したのは、有明流・高明流・盛明流である。有明流では、忠実の現任摂関時代、清実が家司・御厩別当(55)、その子雅職も職事・御厩別当として確認できるほか(56)、清実の兄高実も長治二年（一一〇五）、忠実賀茂詣の行事を勤めている(57)。忠通の関白就任後は、高実の子である実房が忠通家司となったが（表7―12）、実房の子高基が頼長職事（表8―43）となる一方、高基の子高範は忠通勾当・職事になっていて（表7―45）、父子の間でも分裂が見られる。一方、雅職の子である清職・雅亮はともに頼長職事で（表8―44・52）、この家系は完全に頼長派に属している。

　一方、高明流は、忠実の現任摂関時代、盛長が家司、その子盛家・盛季・盛経が職事として確認できる(58)。盛家・盛季は忠通関白就任以後も、引き続いて忠通の職

図6　高階氏系図

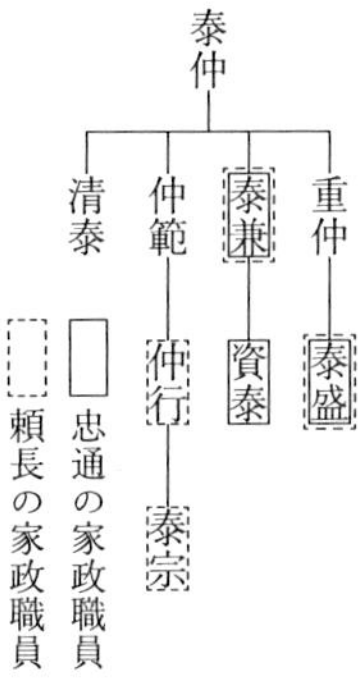

図7　醍醐源氏系図

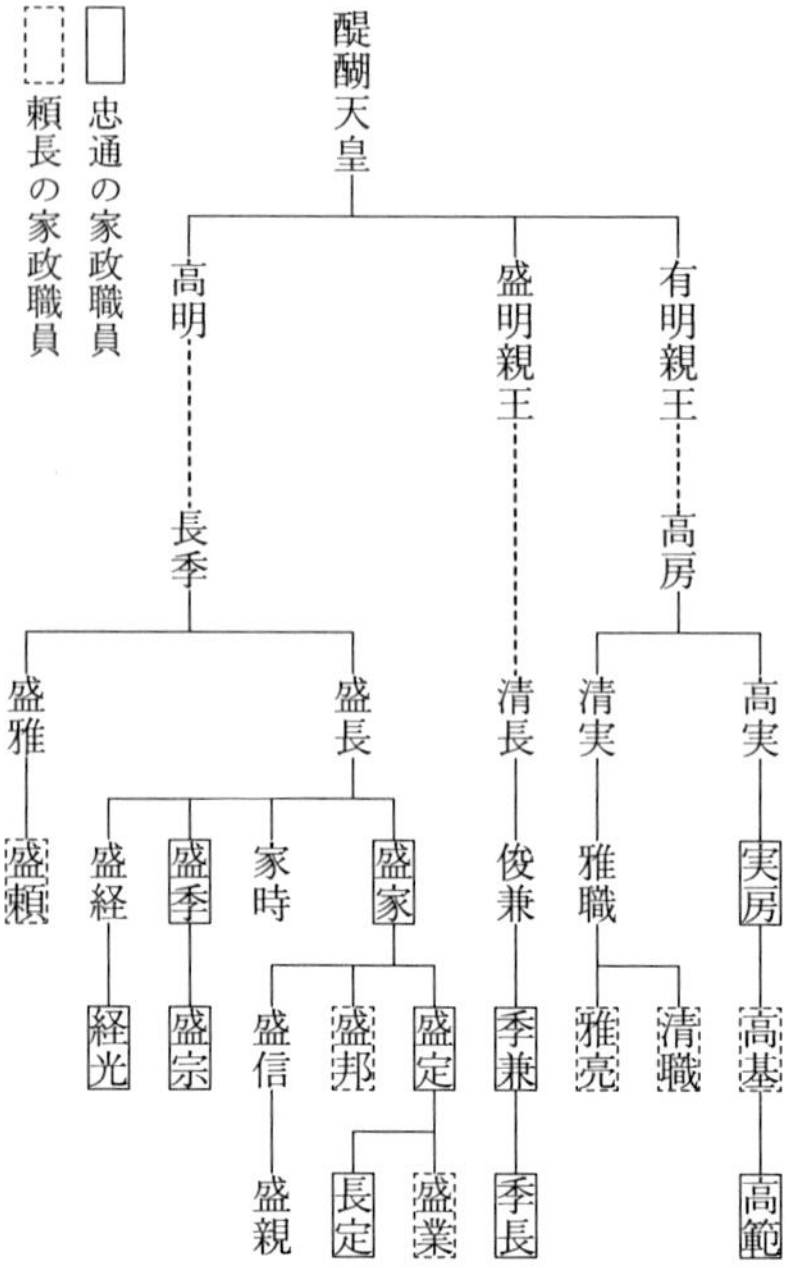

事・家司に登用されており（表7―13・37）、かれらや盛経の子孫たちも忠通に仕え、摂関家家政職員の一族として発展した。なかでも盛家の子盛定は、関白就任以前より忠通の勾当として確認できる人物で、[59] 忠通の関白就任後は職事となり（表7―40）、前述のように側近の指標となる申次も勤めた。

しかし、摂関家分裂後、盛定の弟である盛邦は頼長職事となっており（表8―45）、盛定の子も、長定は忠通の勾当となったものの（表7―57）、その兄盛業は頼長の職事となっている（表8―57）。このほか、盛季の子盛宗は職事（表7―41）、盛経の子経光は勾当（表7―56）として忠通に仕えたが、盛家らの叔父である盛雅の子盛頼は頼長職事（表8―59）となっており、ここでも一族が両派に分かれたことがうかがえる。

盛明流では、季兼が忠通家司（表7―16）となっており、子孫は代々九条流に仕える諸大夫となったことで知られるが、[60] 季兼やその父俊兼・祖父清長は忠実に仕えたことが確認できない。この家系は忠通によって新規に登用されたものと見ていいだろう。

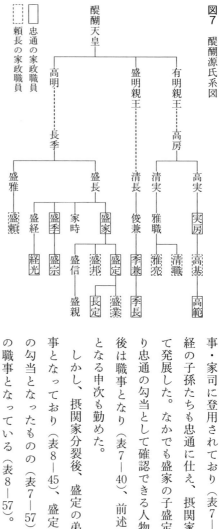

2　一族分裂の背景

以上、前項では代表的な摂関家家政職員の一族について、摂関家分裂以後の展開をまとめた。頼長の外戚である惟孝流一族を除き、かかる一族では、父子・兄弟の間でも忠通方・頼長方に分かれるなど、複雑なかたちで双方への分裂が進行していたことが明らかになったと思う。

では、かれら家政職員たちが忠通に属したり、あるいは頼長に属したりするという、去就を決めた背景には何があったのだろう。第Ⅰ部第四章で見たように、なかには政治的情勢を判断して、自分の有利な側に付こうとする者もいたようであるが、前項で見た一族ごとの展開を改めて見直すと、気付かれるのは、一族の嫡流に相当するような人物は、忠通に属している人物が目立つことである。

たとえば、前項の①〜③で取り上げた名家の諸家は、弁官として太政官実務を統括するのを家業としており、家職たる弁官への任官の有無によって嫡庶の区別が一目瞭然であるが、勧修寺流では、忠通の政所執事となった光房が権右中弁、同じく忠通の家司となった朝隆が右大弁であったのに対し、頼長の政所執事となった親隆は尾張守で、弁官の経歴を経ていない。日野流でも、忠通の政所執事となった資長が右少弁であったのに対し、兄の資憲は弁官になれなかった。実は資憲は久安六年四月二十八日、資長によって官位を超越され、嫡流の地位から転落していたのである(『台記』)[61]。ついでにいえば、頼長に重用された実政流の有成も、官職は日向守で弁官にはなっていない。

高棟流平氏では、忠通の家司となった信範は本来傍流で[62]、保元の乱以前の段階では弁官になっていないが、前述のように嫡流たる時忠は摂関家との関係が見られず、信範こそが摂関家家政職員の一族たる高棟流平氏範国流を代表する存在であった。これと比較すると、頼長に属した実重・知経は明らかに傍流なのである。

それでは、なぜかれら一族の嫡流は忠通に属することになったのだろう。まず考えられるのは、そもそも忠通が現任の摂関であったから、という理由である。前述のように、弁官は太政官を統括する要職であるから、弁官を兼任する家司は、単に家政だけではなく、天皇・院との連絡役になるなど、摂関の国政運営にも深く関与する。したがって、かれらのような存在が現任の摂関である忠通に仕えるのは、きわめて自然なことだろう。ただ、それとともに注意したいのは、前項で見たように、こうした名家の嫡流に相当する、平信範や藤原光房のような人物が、頼長に対してあからさまに奉仕を拒否したり、忌避する姿勢を示していたことである。この点から考えると、嫡流が忠通方に属したのは、ただ単に忠通が現任摂関だったからだけではあるまい。むしろ頼長の側に、かれらから忌避されるような、何らかの問題があったのではないかと思われる。

では、かかる頼長の問題とは何だったのだろう。まず、右に見たように、家政職員の一族において、嫡流は忠通方に、傍流は頼長に属する、という傾向があったのは確かだが、頼長は嫡流を登用できなかったから、仕方なく傍流を編成したのではなかったと考える。表8から明らかなように、頼長が傍流を登用したのは、忠通との対立が顕然化する以前からのことであった。藤原親隆が家司になったのは康治元年であるし、親隆を補佐した有成が登用されはじめたのは保延二年（一一三六）のことなのである。

そして、そうすると注目されるのは、次の事例である。摂津国多田庄を本拠とする多田源氏は、多田庄が摂関家領（京極殿堂領）であることもあり、代々摂関家の家政職員として仕えたが、源行国の子である頼盛・頼憲のうち、頼長に職事として登用され、重用されたのは弟の頼憲であった（表8）。これに対して兄の頼盛の方は、摂関家家政職員としての所見はないが、仁平三年七月十六日、息子の元服を忠通の邸で行っており（『兵範記』）、忠通側に属したと考えられている。こうしたなか、仁平三年、父行国が没すると、頼盛と頼憲は行国遺財をめぐって衝突したのである(63)。

この場合、頼盛についてはあまり史料が残っていないのだが、かれの方が兄であり、また忠通に仕えていたことから考えて、恐らく行国が本来後継者と考えていたのは、頼盛の方に違いない。ところが、頼憲が頼長に仕えて重用され、台頭したことで、頼盛の地位は揺らぐことになった。行国没後の財産争いとは、兄弟による嫡流をめぐる争いであり、これは頼長が傍流である頼憲を重用したことから起こったものだったと理解されるのである。

このことから考えると、信範や光房が頼長を忌避したのも、同様の背景を想定すべきなのではないだろうか。すなわち、先に見たように、頼長は当初から傍流を重用していたのであり、もし頼長が関白を継承し、名実ともに摂関家の権力を継承するようなことになれば、源頼盛のように、譜代嫡流は多くが代々継承してきた権益や、家中における役割をかれらに奪われることになりかねない。実際、前述のように、頼長の権力継承後、平信範は所職を頼長によって改定されている。すなわち、頼長は嫡流を登用できなかったから、仕方なく傍流を編成したのではなく、反対に傍流を重用したからこそ、嫡流はこれに反発して、頼長から離れていったのではないかと考えられるのである。

なお、同族の傍流のほか、譜代嫡流にとって目障りな存在としては、前項の④であげた惟孝流藤原氏・顕親父子もあげられる。前述のように、御厩別当・御随身所別当といった家政職員の重職は、顕憲父子で占められていた。しかも、表8の活動所見回数を見ると、盛憲が執事親隆に次ぐ二位であるほか、三位が憲親、七位が経憲、八位が顕憲となっていて、上位十人のうち半数までが顕憲父子で占められる。このことは、いかにかれらが頼長に重用されていたかを物語るものであり、だとすれば、頼長が摂関家の権力を継承すれば、譜代嫡流のもつ所職は没収されて、多くはかれらのような者たちに与えられたはずと思われるのである(64)。

それでは、なぜ頼長はこのような者たちを重用したのだろう。外戚家である顕憲一族についてはさておき、頼長が代々家政職員を輩出する家系の中からあえて傍流を重用した背景について、ここでは大殿忠実との関係に注目しておきたい。保延二年十月二十日、頼長は五節定を行ったが、その定文は頼長が家司である平知信に与え、知信はこれを大殿忠実のもとに持参している(『台記』)。頼長は忠通の嫡子であるが、その家政は忠実の監督下にあったのである。そうなると、家政職員の登用についても、養父忠通より、実父忠実の影響が強く反映されるのは自然な成り行きであろう。

実際、よく知られるように、康治二年、頼長に初参し、家人となった源為義は「以レ臣二于禅閤一所ニ傭具一」の者だった。(65)頼長は為義が忠実に臣従するから、これを召し遣っていたのである。また、仁平二年八月、忠実が鳥羽院五十歳の御賀儀式を白河福勝院で執り行った時、行事を勤めたのは、藤原親隆・平信範・藤原為親・高階泰兼・藤原有成・藤原頼方・源盛邦・高階泰盛・源盛業・高階仲行・高階清泰・藤原敦任・橘以長・源資経・某兼成であった。(66)これはこの時期の忠実家政職員の中心であったと見られるが、(67)表8の頼長家政職員と重ね合わせると、信範・清泰・某兼成以外、ほぼ重複することがわかる（資経も表8には見えないが、頼長の「家人」として確認される）。(68)こうしたことから考えると、頼長が傍流を登用したのも、頼長個人の意向の反映というより、忠実がかれら傍流を登用していたからだったと推察されるのである。

そうすると、なぜ忠実は傍流の人物を登用したのだろう。これについては、この時期の家政職員の継承のあり方に注目する必要があるだろう。そもそも忠実は「保安元年の政変」によって失脚し、関白職は忠通に継承された。この段階で藤原為隆のように勧学院別当を辞任した者もいるが、忠通は紛れもなく忠実の後継者であるから、忠実の家政職員の多くは忠通に継承されたものと思われる。家政職員の一族嫡流が忠通の家政職員になっていることは、まさにこのことの反映と考えられるのである。

ところが、忠実は鳥羽院政開始以降、復権する。この頃になると、忠実は高陽院領などのかたちで、荘園の開発と拡大も進めているが、すでに嫡流の家政職員は忠通によって編成されていた。しかも、忠実は保延六年、平等院で出家すると、拠点を宇治に移してしまうから、(69)京都で弁官・蔵人といった要職にある人物は、忠実に近侍することはできなかっただろう。そうすると、忠実が改めて独自に家政職員を編成しようとすれば、選択肢は限られる。嫡流はすでに忠通のもとに編成されているから、忠実は新たに傍流を編成するしかなかったと考えるのである（忠実家司には、平知信や信範、藤原朝隆といった嫡流も存在するが、かれらはいずれも忠通家司を兼任しており、忠通との連絡役を期待されたものと考えたい）。

この時期、大殿忠実の家司として頻繁に登場する高階仲範・仲行父子などは、まさにこうして編成された傍流の典型だったといっていいだろう。かれら父子は、忠実の現任摂関の時期には家政職員であったことが確認できない。しかも、受領を歴任する高階氏のなかにあって、仲範・仲行はともに受領にもなっていない。かれらは、まさに傍流であったが故に忠通には編成されず、大殿忠実に近侍することになったわけである。

ここで話を頼長に戻すと、頼長は本来忠通の後継者として元服している。したがって、頼長の家政職員は当初、これまでの慣例に従って、養父である忠通の家政職員のなかから任じられたものと思われる。実際、頼長の家政職員においても、早い段階では、藤原実光や平知信といった、譜代嫡流で忠通の家政職員を兼任する者がいたことは、こうした推測を裏付ける。

ところが、その後、頼長の家政職員では傍流が登用され、しだいに忠通の家政職員を兼任する者が少なくなっていく。傍流の多くは忠実にも奉仕する者だったのであり、このことは頼長の家政に対して、養父忠通ではなく、実父忠実の影響が強まったことを意味するものだろう。だが、忠実の頼長家政への介入は、本来あるべき忠通から頼長への円滑な権力継承の遂行を破壊するものでもあった。忠実が失脚後、新たに取り立てた家政職員たちを、摂関家の後継者たる頼長の家政職員として送り込んだことで、嫡流の家政職員と新参の傍流家政職員との間には摩擦が生まれ、このことは忠通・頼長の権力継承をめぐる対立へと発展していくのである。

第三節　保元の乱後の家政職員

久寿二年（一一五五）七月、近衛天皇が没すると、頼長は天皇への呪詛の疑いを掛けられて、内覧に再任されず、事実上失脚した。そして、翌保元元年（一一五六）七月二日、鳥羽院が没すると、忠通は摂関家の正第たる東三条殿を頼長から没官し、頼長に謀反の疑いを掛けて流罪にしようとした。こうして追い詰められた頼長は、崇徳上皇を擁立して白河北殿に立て籠もり、忠通に徹底抗戦しようとしたが、同月十一日、忠通側の先制攻撃にあって敗北した。負傷した頼長は、十三日、奈良に逃亡し、翌日、藤原顕憲の弟である千覚律師の坊で死去した(70)。

では、この後、摂関家家政職員はどのようになったのだろう。表11は、乱の翌月である保元元年八月から、忠通が関白を退任する保元三年八月までの家政職員について、一覧にしたものである。保元の乱では忠通が勝者となったのだから、当然のことではあるが、これを見ると、保元の乱後の家政職員は、表7で見た忠通の家政職員を中心とした構成になっていることがわかるだろう。ここには表7・表8に見えない人物もいるが、平信国・信季（表11―13・40）は信範の子、藤原光長・光綱（表11―15・36）は光房の子、藤原高佐・資能（表11―20・29）は清高の子、源季広（表11―35）は季兼の子、源経保（表11―41）は経光の子である。つまり、表11に掲げた四十二人中、二十六人は表7で見た忠通の家政職員とその子なのである。

だが、一方で、表11には、実はもともと頼長の家政職員だった者も見受けられる。まず、第一章で見たように、藤原有光（表11―2）・藤原政業（表11―5）・源盛業（表11―26）は、保元の乱直前、突如として頼長方から忠通方に鞍替えした人物であった。また、藤原長光（表11―3）・中原師元（表11―12）・高階泰盛（表11―33）は、もともと頼

表11　保元の乱後の摂関家家政職員

No.	氏名	門流	役職	官職(含称号)	役職典拠	活動初見	表7・8との関係
1	平信範	高棟流平氏	家司、年預	少納言・侍従	保元二・八・二六(補年預)※1	保元元・八・一六	7-19
2	藤原有光	式家	家司	散位	保元元・八・二三	保元元・八・二三	8-31
3	藤原長光	式家	家司	文章博士	保元元・八・二三	保元元・八・二三	7-33／8-30
4	藤原光盛	勧修寺流	家司	皇太后宮大進	保元元・八・二三	保元元・八・二三	7-34
5	藤原政業	内麻呂流	家司	散位	保元元・八・二三	保元元・八・二三	8-10
6	中原広季	中原氏	家司	直講	保元元・八・二三	保元元・八・二三	8-24
7	藤原邦綱	良門流	家司、下御厩別当	伊予守	保元二・二・九(家司)※2	保元元・八・二九	7-36
8	源季兼	醍醐源氏	家司、御服所別当	石見守	保元二・八・二八(補別当)※3	保元元・九・三	7-16
9	藤原資長	日野流	家司、執事	左中弁	保元二・二・三〇	保元元・九・一六	7-30
10	藤原清高	南家貞嗣流	家司	弾正弼	保元二・三・一七	保元二・五・二七	7-20
11	藤原永範	南家貞嗣流	家司	式部大輔	保元三・八・二	保元二・八・九	7-29
12	中原師元	中原氏	家司	助教・越後介	保元三・一・一五	保元三・一・一五	7-8／8-27
13	平信国	高棟流平氏	家司(基実)	散位	保元二・八・九(補任)	保元元・八・二九	
14	藤原顕方	勧修寺流	家司(基実)	皇太后宮権大進	保元二・八・二四	保元二・二・二三	
15	藤原光長	勧修寺流	家司(基実)	兵部権少輔	保元二・八・九(補任)	保元二・八・九	
16	紀頼賢	紀氏	家司(基実)	民部大夫	保元二・八・一九	保元三・八・一六	
17	中原広安	中原氏	家司(基実)	大蔵少輔	保元二・八・二四	保元二・八・二四	
18	高階為基	高階氏	家司(基房)	散位	保元元・八・二九(補任)	保元元・八・二九	7-10
19	高階資泰	高階氏	職事、上御厩別当	散位	保元元・八・一六(別当)※4	保元元・八・一六	7-35
20	藤原高佐	南家貞嗣流	職事	三河権守	保元元・九・一	保元元・八・二九	
21	源長定	醍醐源氏	職事	伊賀守	保元二・三・一(補任)	保元元・九・二五	7-57
22	橘以長	橘氏	職事	散位	保元二・一・七	保元元・九・二五	8-42
23	源季長	醍醐源氏	職事	飛騨前司	保元三・三・一三	保元元・九・二五	7-46

24	源行頼	清和源氏	職事	散位	保元元・一一・三〇	保元元・一一・三〇	
25	源盛頼	醍醐源氏	職事	散位	保元三・七・一五	保元元・三・二	8-59
26	源盛業	醍醐源氏	職事	散位	保元三・四・九	保元二・八・九	8-57
27	源高範	醍醐源氏	職事（基実）	安芸権守	保元二・三・一七	保元元・八・二九	7-45
28	源経光	醍醐源氏	職事（基実）	皇后宮権大進	保元元・一一・七	保元元・八・二九	7-56
29	藤原資能	南家貞嗣流	職事（基実）	散位	保元三・一・一	保元元・九・二五	
30	藤原憲頼	惟孝流	職事（基実）	散位	保元二・一一・七	保元元・九・二五	8-47
31	高階俊成	高階氏	職事（基実）	阿波権守	保元二・八・二四	保元二・二・一三	7-59
32	源高忠	清和源氏カ	職事（基実）	散位	保元三・一一・一三	保元元・三・一三	
33	高階泰盛	高階氏	職事（基実）	前出羽守	保元三・三・一三	保元二・八・一九	7-48／8-28
34	藤原仲頼	良門流	職事（基実）	兵部丞	保元二・一一・一三	保元二・一一・一三	8-37
35	源季広	醍醐源氏	職事（基房）	中宮少進	保元元・八・二九（補任）	保元元・八・二九	
36	藤原光綱	勧修寺流	勾当	蔵人	保元元・八・六	保元元・八・六	
37	藤原永清	長良流	勾当	左近将監	保元二・二・一三	保元二・二・一三	
38	源行綱	清和源氏	勾当	散位	保元二・八・一九	保元二・八・一九	
39	藤原長方	勧修寺流	勾当	中宮権大進	保元二・一〇・二	保元二・一〇・二	7-58
40	平信季	高棟流平氏	勾当（基実）		保元二・八・六（補任）	保元二・八・六	
41	源経保	醍醐源氏	勾当（基実）		保元二・八・六（補任）	保元二・八・六	
42	源盛保	醍醐源氏	勾当（基実）		保元二・八・一九	保元二・八・一九	

註　史料の出典はすべて『兵範記』（以下の※1〜4も『兵範記』は省略）。

※1　家司＝保元元年八月廿一日条。

※2　下御厩別当＝保元三年八月十一日条、表7も参照。

※3　家司＝保元元年十月付忠通家政所下文（『平安遺文』二五八六号）、表7も参照。

※4　職事＝保元元年九月一日条。

長・忠通の双方に仕えていた人物である。保元の乱を経て、かれらは再び忠通の家政職員として復帰したのである。

しかも、乱後、頼長家政職員から忠通の家政職員となったのは、これだけではなかった。中原広季（表11―6）は頼長家司（表8―23）、橘以長（表11―22）・源盛頼（表11―25）・藤原憲頼（表11―30）は頼長職事（表8―41・46・58）、藤原仲頼（表11―34）は師長職事（表8―36）で、かれらはいずれもこれ以前、忠通に仕えた記録がない。なかでも橘以長は、家政職員としての活動所見も多く、申次も勤めた頼長側近の一人であったが、乱後は忠通に職事として登用されているのである。ほかにも、表8には掲載していないが、紀頼賢（表11―16）は、もともと忠実の「恪勤者」（侍）で[71]、久安六年（一一五〇）、忠実が忠通を義絶したときには、東三条殿の接収のため、忠実が派遣した人物であった[72]。

また、役職が確認できないので、表11には掲載していないが、頼長家政の実務を担っていた藤原有成は、保元三年八月十五日、基実の前駈として動員されている（『兵範記』）。また、大殿忠実の側近であった高階仲行も、保元三年正月二十九日、忠通三男兼実の元服で座役を勤仕している（『兵範記』）。頼長職事であった高階重範は、保元元年十二月二日、忠通主催の御堂御八講で堂童子を勤めていた（『兵範記』）。頼長の家司か職事であった橘清則も、保元の乱後、しばしば基実の前駈を勤めている[73]。このほか、表8には掲載していないが、頼長の「家人」であった源資経[74]は、保元の乱直後の保元元年八月十六日、御厩預に補任されている（『兵範記』）。

かつて筆者は頼長家政職員から乱後、忠通の家政職員になった者は見られず、「家人の分裂は解消されなかった」と述べたことがある[75]。だが、以上から考えると、これは訂正を要するだろう。確かに頼長家政職員だった人物には、藤原顕憲の一族や藤原親隆、藤原敦任、源雅亮のように、乱後、摂関家との関わりが全く見えなくなるものも少なくない[76]。しかしながら、やはり頼長の側近だった藤原有成や橘以長、高階仲行といった人物まで、乱後、忠通に受け入れられている事実は注目に値する。忠通は頼長家政職員を全く排除したわけではなかったのである。

ただ、前節では家政職員の嫡流と傍流の対立が、忠通・頼長の対立の背景にあったことを指摘した。頼長の家政職員には、従来忠通に仕えてこなかった傍流の人物が多かったにもかかわらず、なぜ忠通はかれらを受け入れたのだろう。これについては、乱後、忠通が摂関家嫡流の地位を取り戻しただけでなく、忠実が退任後、開発・整備を続けてきた高陽院領とそれにともなう家政機構まで忠実から継承していることに注目したい。前節では、忠実が高陽院領などを開発・整備するなかで傍流の家政職員を編成したと述べたが、だとすれば、忠通はかかる所領と家政機構の継承とともに、忠実に仕えた傍流家政職員も継承したのではないかと考えるのである。(77)

頼長家政職員の中核は摂関家から離れたが、高陽院領が忠通に伝領されたことで、忠実によって編成された傍流の家政職員も忠通の下に編成され直されることになった。以上から考えれば、保元の乱後、やはり忠通は「保安元年の政変」以来の摂関家の分裂を解消し、一元化したといえるだろう。

おわりに

従来の研究では、保元の乱以前、摂関家が忠通と頼長に分かれるなかで、頼長の方が忠通の養子として摂関家の後継者の立場にあり、また摂関家の家産制権力を手中に収めたと理解されてきた。しかし、本章では、忠通・頼長の家政職員について分析し、頼長は忠通の家政職員を継承できておらず、かつ頼長の家政職員の多くは、摂関忠実に仕えた家政職員の後継者ではなかったことを明らかにした。家政職員から見る限り、摂関家の家政組織を正統に受け継いでいたのは、頼長ではなく、忠通だったのである。

また、従来の研究では、忠通・頼長が対立するようになるきっかけは、忠通に実子基実が誕生し、頼長への摂関継承を渋りはじめたことにあったと考えられてきたが、これ以前に家政職員は忠通派・頼長派に分かれており、対立の目はすでに生じていた。

近年、野口華世氏は、女院領を題材にして上位者優位といわれてきた荘園所職の構造について再検討し、荘園の相続についても「単に上位者の理論のみにおいて（女院が＝樋口註）自らの意志で女院領の処分者を選んでいたわけではなく、（中略）知行者側が安堵者として適した本家を選ぶということに規定される側面があったと考えられるのではないだろうか」と指摘している(78)。

これに従うならば、忠通が頼長への摂関継承を渋りだした背景にも、知行者＝家政職員の意志があったのではないだろうか。すなわち、頼長に摂関家の家産制権力が継承されてしまうと、忠通派の家政職員にとっては、自分の地位や権益が頼長派の家政職員にとって代わられる恐れがあった。かれらが自分の地位や権益を保全するためには、頼長への権力継承は避けられる必要があったのである。このように考えると、頼長を排除して、忠通が家産制権力を取り戻した保元の乱についても、その背景には、単に忠通のみではなく、忠通を支える家政職員たちの意図があった可能性があるだろう。すなわち、保元の乱とは、家政職員たちの争いの結果でもあったのである。

註

（1）河内祥輔『保元の乱・平治の乱』（吉川弘文館、二〇〇二年）。山田邦和「保元の乱の関白忠通」（朧谷寿・山中章編『平安京とその時代』思文閣出版、二〇一〇年）。

（2）美川圭「崇徳院生誕問題の歴史的背景」（『古代文化』五六巻一〇号、二〇〇四年）。栗山圭子「中世王家の存在形態と院政」

（『中世王家の成立と院政』吉川弘文館、二〇一二年。初出は二〇〇五年）。佐伯智広「鳥羽院政期王家と皇位継承」（『中世前期の政治構造と王家』東京大学出版会、二〇一五年。初出は二〇一二年）。

（3）　元木泰雄「摂関家家政機関の拡充」（『院政期政治史研究』思文閣出版、一九九六年。初出は一九八一・一九八四年）。井原今朝男『日本中世の国政と家政』（校倉書房、一九九五年）。佐藤健治『中世権門の成立と家政』（吉川弘文館、二〇〇〇年）。川端新「摂関家領荘園群の形成と伝領―近衛家領の成立―」（『荘園制成立史の研究』思文閣出版、二〇〇〇年。初出は一九九四年）。

（4）　上横手雅敬「院政期の源氏」（御家人制研究会編『御家人制の研究』吉川弘文館、一九八一年）。元木泰雄「院政期政治構造の展開―保元・平治の乱―」（『院政期政治史研究』思文閣出版、一九九六年。初出は一九八六年）。

（5）　たとえば、上横手雅敬氏は「摂関家では忠実が忠通を義絶し、頼長を氏長者とした。摂関家の軍事力、経済力は忠実・頼長の手中にあった」と述べている（上横手註(4)前掲論文）。

（6）『台記』仁平三年閏十二月七日条（荷前使）、『兵範記』久寿二年（一一五五）正月廿一日条（正月大饗）。

（7）『兵範記』仁平四年三月廿二日条。

（8）『台記』久安七年正月三日条。

（9）『兵範記』保元元年七月十三日条。

（10）『台記』同日条。

（11）『兵範記』同日条。

（12）野村育世「皇嘉門院の経営と九条兼実」（『早稲田大学文学研究科紀要』別冊一四集〈哲学・史学編〉、一九八七年）。

（13）伊藤瑠美「鳥羽院政期における院伝奏と武士」（『歴史学研究』八三二号、二〇〇七年）。同「院政期の王家と武士―院と武士との関係から―」（『歴史評論』七三六号、二〇一一年）。

（14）『明月記』寛喜三年（一二三一）八月八日条。

（15）『清原重憲記』は、平田俊春『私撰国史の批判的研究』（国書刊行会、一九八二年）による。なお、本書について、木本好信氏のご教示を得た。

（16）佐藤健治「平安後期の摂関家と「公的家」」（佐藤註(3)前掲書。初出は一九九七年）。

（17）元木泰雄『藤原忠実』〔人物叢書〕（吉川弘文館、二〇〇〇年）。

(18)『殿暦』嘉承二年(一一〇七)十一月七日条から忠実職事であったことが確認でき、その後、天永三年(一一一二)八月二十一日、家司に補任されている(『殿暦』)。
(19)大殿忠実家司であったことは、『知信記』大治三年(一一二八)二月廿二日条などからわかる。
(20)保延五年(一一三九)二月九日付藤原忠通御教書案(『醍醐雑事記』十三、『平安遺文』二四〇四号)。
(21)大殿忠実家司であったことは、『兵範記』仁平二年(一一五二)十一月三十日条などからわかる。
(22)『台記』仁平元年二月五日条に「非家司職事」と見える。
(23)『兵範記』仁平三年十月廿八日条。
(24)『兵範記』仁平四年六月十二日条。
(25)橋本義彦「勧修寺流藤原氏の形成とその性格」(『平安貴族社会の研究』吉川弘文館、一九七六年。初出は一九六二年)。木本好信「藤原為房—その生涯と日記『大府記』—」(『平安朝官人と記録の研究—日記逸文にあらわれたる平安公卿の世界—』おうふう、二〇〇〇年。初出は一九八七年)。
(26)『殿暦』康和四年八月十九日条(家司)、嘉承元年十二月二十九日条(勧学院別当)。
(27)『大槐秘抄』(『群書類従』巻四八九)。
(28)佐藤健治「藤原氏諸機関の成立と展開」(佐藤註(3)前掲書。初出は一九九七年)。
(29)『台記』仁平二年八月十三日条。
(30)大殿忠実家司であったことは、『兵範記』仁平二年正月九日条からわかる。
(31)『尊卑分脉』。
(32)槙道雄「夜の関白と院政」(『院近臣の研究』続群書類従完成会、二〇〇一年。初出は一九九五年)。
(33)『永昌記』嘉承元年四月十二日条。
(34)佐藤註(28)前掲論文。
(35)『殿暦』嘉承三年正月廿九日条。
(36)『台記』久安三年十月六日条。
(37)『殿暦』康和二年八月十八日条(忠実家司)、嘉承二年四月廿六日条(忠通家司)。

(38)『中右記』長承四年二月八日条（御随身所別当）、『知信記』同二月十七日条（御厩別当）。
(39)『台記別記』久寿二年四月十九日条に「厩司」と見える。
(40)『台記』久安三年六月廿二日条。
(41)『台記』仁平三年八月廿八日条。
(42)『兵範記』保元元年七月廿一日条。
(43) 註(42)に同じ。
(44)『兵範記』保元元年（一一五六）七月廿七日条。
(45) 角田文衞「高階氏二代―為家と為章―」（『王朝の明暗―平安時代史の研究―』東京堂出版、一九七七年）。
(46)『中右記』嘉承二年六月廿一日条。
(47)『殿暦』嘉承三年正月七日条（重仲）、永久二年（一一一四）六月一日条（清泰）。
(48)『殿暦』康和三年十二月廿四日条。
(49)『兵範記』仁平二年八月廿六日条。
(50)『兵範記』久安五年十一月四日条。
(51) ただし、仲範は元永元年（一一一八）、忠実が藤原清衡から献上された馬を預けられており（『殿暦』同年十二月十二日条）、忠実に仕えていたのは確実である。
(52)『台記』天養二年（一一四五）三月四日条。
(53) 池上洵一「『中外抄』『富家語』解説」（『江談抄　中外抄　富家語』〈新日本古典文学大系〉岩波書店、一九九七年）。
(54)『朝隆卿記』保延五年八月九日条（勾当。木本好信「『朝隆卿記』逸文集成稿（二）」〈『龍谷史壇』一四四号、二〇一八年〉）。『兵範記』仁平二年七月十九日条（家司）。同八月二十九日条（御厩別当）。
(55)『殿暦』康和三年十一月八日条（御厩別当）、康和五年三月三日条（家司）。
(56)『殿暦』元永元年閏九月廿八日条。
(57)『殿暦』長治二年三月十八日条。
(58)『殿暦』康和二年六月十六日条（盛長）、康和四年四月十六日条（盛家）、天仁元年（一一〇八）十月十五日条（盛季）、永久四年

正月二十五日条（盛経）。このほか、盛家らの兄弟である家時も、役職は不明ながら天承二年二月二十八日、忠通が行った法成寺御塔供養で楽行事を勤めている（『知信記』）。

(59)『中右記』元永元年十一月八日条。

(60)石田祐一「諸大夫と摂関家」（『日本歴史』三九二号、一九八一年）。

(61)資憲は崇徳上皇に近侍したが、結局それが災いして、保元の乱後、出家に追い込まれた（『尊卑分脈』）。

(62)松薗斉「平時忠と信範―「日記の家」と武門平氏―」（元木泰雄編『保元・平治の乱と平氏の栄華』〔中世の人物 京・鎌倉の時代編第一巻〕清文堂出版、二〇一四年）。

(63)『本朝世紀』仁平三年閏十二月一日条。なお、以上は元木泰雄『源満仲・頼光―殺生放逸朝家の守護―』〔ミネルヴァ日本評伝選〕（ミネルヴァ書房、二〇〇四年）一七九頁を参照。

(64)仁平四年、信範が改定された紀伊国吉仲庄の知行は、藤原親隆の子為親に与えられている（『兵範記』仁平三年十月廿八日条）。

(65)『台記』康治二年六月三十日条。

(66)『兵範記』仁平二年八月五日条。

(67)なお、親隆・信範・泰兼・有成は家司、盛邦は職事、以長は勾当であった（『兵範記』仁平三年十月十八日条〈親隆〉、同仁平二年三月三日条〈有成・盛邦〉、同仁平二年十一月三十日条〈信範〉、同仁平二年八月廿六日条〈泰兼〉、『台記』保延二年十二月九日条〈以長〉）。

(68)『台記別記』仁平三年十一月廿八日条。資経の役職は不明だが、恐らく侍であろう。

(69)拙稿「大殿忠実と宇治」（『鳳翔学叢』一一輯、二〇一五年）。

(70)『兵範記』保元元年七月廿一日条。

(71)『法性寺関白記（法性寺殿記）』元永二年（一一一九）二月三日条（『図書寮叢刊九条家記録』一）。

(72)『台記』久安六年九月廿六日条。

(73)『兵範記』保元二年正月一日条。

(74)註(68)参照。

(75)拙稿「藤原師長論」（『中世摂関家の家と権力』校倉書房、二〇一一年。初出は二〇〇五年）。

(76)　かれらのその後については、註(75)前掲拙稿を参照。

(77)　川端註(3)前掲論文。

(78)　野口華世「待賢門院領の伝領」(服藤早苗編『平安朝の女性と政治文化―宮廷・生活・ジェンダー―』明石書店、二〇一七年)。

第二章　藤氏長者宣下の再検討

はじめに

保元元年（一一五六）七月九日、崇徳上皇の決起によって勃発した保元の乱で、同月十一日、後白河天皇方は白河北殿に籠もる崇徳および前左大臣藤原頼長らの軍勢を急襲し、勝利を収めると、その日のうちに摂政藤原忠通を藤氏長者に任じる宣旨を下した。忠通は久安六年（一一五〇）九月二十六日、父忠実によって義絶されるとともに藤氏長者職を剝奪され、藤氏長者職は忠実から弟の頼長に譲りなおされていたのである。

周知のように、この忠通の藤氏長者復任は、藤氏長者宣下の最初の事例であった。忠通の家司であった平信範は、これについて日記に「此例未曽有事也、今度新儀、尤未㆓珍重㆒無㆑極云々」と記している[1]。また、のちに忠通の三男兼実は「凡古来於㆓長者㆒者、不㆑及㆓宣下㆒、所㆓譲来㆒也、而保元依㆓乱逆㆒此事出来、以㆑彼為㆑例」と記し[2]、その弟である慈円も「上ノ御サタニテカクナル事ノハジメナリ」と記す[3]。藤氏長者とは、それまでは摂関家のなかで譲られてきた、きわめて私的な性格の強い地位であった。ところが、忠通は保元の乱後、はじめて宣下というかたちで天皇の任命によって藤氏長者に再任されたのである。

摂関家や当該期政治史に関する研究のなかでも、従来、このことは大きな意義を持つ事件として評価されてきた。藤氏長者の継承法とその変化について検討した橋本義彦氏は、これを「氏長者の沿革に重要な画期をもたらした事例」と評価し、藤氏長者宣下の成立について「氏長者の地位が百年以上に亙り摂関家内の私事として譲渡相伝されて来た慣行に対する外部の干渉でもあり、摂関家にとっては大きな衝撃であったらし」いと述べている。[4] また、田中文英氏も、このことが「摂関家の凋落を示す徴表の一つ」として認識されていたとし、平安末期以降、政変ごとに藤氏長者の地位がたびたび交替する一因ともなったことを示唆している。[5] 元木泰雄氏も、忠通が宣旨によって藤氏長者となったことで「摂関家は摂関に続いて長者の自立的な決定権をも喪失し、その政治的な自立性を著しく損なうことになった」として、このことを武装解除とならぶ保元の乱後における摂関家の権門解体を示す事象の一つとして評価した。[6] このような先学の研究を踏まえた上で、筆者自身、これまでの研究では、保元の乱後、藤氏長者宣下の成立によって、摂関家は藤氏長者を自由に継承できなくなり、父子の結合が弱められることになったと理解してきた。[7]

しかしながら、かかる藤氏長者宣下の成立とは、本当に摂関家が藤氏長者の任命権を喪失し、権力としての自立性を損なったと評価されるような事態だったのだろうか。近年、保元の乱の発生と展開について詳細な検討をした河内祥輔氏は、忠通に対する藤氏長者宣下について、従来、後白河天皇が摂関家の弱体を狙って行ったと理解されてきたことに疑問を投げかけ、そもそもこの段階では譲与による長者職の継承は不可能で、天皇によって承認されるという緊急避難的な措置がとられたものであったとの見解を示している。[8]

その上、さらに重要なのは、その後の藤氏長者継承の実態である。橋本氏以来、従来の研究では、保元の乱後、忠通の藤氏長者継承は先例となり、藤氏長者は宣旨によって任じられる地位になったと理解されてきた。しかし、実例に則してみると、保元以降も実際には宣下がなされない事例が確認できるのである。具体的には本論で以下、順次検討するが、こうした例外の存在は、従来の研究に根本的な見直しの余地が残ることをうかがわせる。そこで、本章では、かかる例外的事例に着目することで、藤氏長者宣下に関する従来の評価を見直し、なぜ藤氏長者宣下が成立したか、その真相を明らかにしたい。

第一節　長者宣下のない藤氏長者継承事例

寛喜三年（一二三一）七月五日、九条道家は関白・藤氏長者を辞任し、これを長男の教実に譲った(9)。教実の藤氏長者継承について、同時期の記録類には『民経記』同日条に「今夜即朱器台盤・長者印被二渡献一云々」などと見える程度で、具体的な手続きなどを記すものがない。だが、のち嘉禎三年（一二三七）、同様に摂政・藤氏長者を辞任し、これを娘婿である近衛兼経に譲った道家は、藤氏長者継承の手続きについて、次のように記している。

藤氏長者事、保元以往無二宣下一、只所二譲来一也、又□只自二旧室一受取也、而宇治左府《頼長》、被レ奪二取法性寺殿《忠通》長者印一、依二保元坐レ事之後一、更令レ受二長者印一給之時、有二時儀一被レ下二宣旨一、其後多無二譲任一、依レ無二転変一奪取之間、毎度宣下、寛喜依二譲任議旧例一無二宣旨一、文暦予還任之時、有レ所レ思令二宣下一了、

（『玉蘂』嘉禎三年三月五日条(10)）

ここでも確かに最初の方では、道家は藤氏長者の継承について、保元以前は宣下がなく、ただ譲与されていたこと、保元の乱以後は毎度宣下されるようになったと述べている。ところが、ここで注目したいのはその後の部分である。道家は、寛喜には旧例に則って宣旨がなかったといい、文暦には思うところがあったので宣下をしたというのである。文暦とあるのは「還任」とあるように、文暦二年（一二三五）三月二十八日、教実の急死を受け、道家が関白に復任したときのことをさすから、寛喜とは寛喜三年の教実関白継承時のことと見て間違いない。「はじめに」で述べたように、従来の研究では、保元の乱以後、藤氏長者は宣旨によって任じられるようになったと考えられてきた。ところが、教実の関白・藤氏長者継承においては、藤氏長者宣下がなかった。また、文暦二年の場合も、思うところがあっ

たので宣下したというのだから、宣下を行わない可能性もあったことがわかるだろう。

ただ、右の事例は、鎌倉幕府将軍頼経の父として、また四条天皇の外祖父として朝廷の内外に強大な権力を振るった時期の道家の事例であるので、宣下が行われなかったのも、権力者故の特別な事情によるという可能性もあるだろう。そこで、ここでは次に道家の祖父である兼実の場合について見てみよう。兼実は文治二年（一一八六）三月十二日、朝廷の改革を進めようとした源頼朝の強い要請によって摂政に任じられた。兼実の場合、摂政に任じられるとともに藤氏長者宣下が行われている。したがって、かれの場合は、右に見た教実と同じというわけではない。だが、かれの日記である『玉葉』の同日条には、その藤氏長者継承について、次のような注目すべき記事がある。

早旦、頭右中弁兼忠来申二今日摂政詔書宣下之間事一、条々相含了、即院（後白河）参了、

自レ院示送云、

長者事、①或下二宣旨一、或又不レ然、申二合外記一可二沙汰一云々、

一座事、早可二宣下一、

已上院宣如レ此云々、（中略）

相次大夫史広房持二来氏長者宣旨一、有二礼帋一、余問云、理之所レ至、此宣旨可レ留レ家也、而保元故殿（忠通）被レ返レ官之由、粗以聞及了、信範入道説也、頗有二不審一、若被二返下一者、定而官底歟如何、申云、彼度所レ被レ留二御所一也、近年只被下□不レ被レ下レ官、今度被レ下二両方一之由所レ承也云云、仍余留二□旨一返二給筥一了、凡古来於二長者一者、不レ及二宣下一、所二譲来一也、而保元依二乱逆一此事出来、以レ彼為レ例、②非レ譲之時、毎度被二宣下一也、其中於二保元一者、為二最吉一、以後例皆不吉、仍今度所レ用二保元例一也者、

この史料は、実は「はじめに」でも一部引用したもので、橋本義彦氏も忠通に対して行われた長者宣下が「摂関家

にとっては大きな衝撃であったらしく、後世事ある毎にこれが先蹤として回顧されている」ことを示す一例として掲げている。(11)だが、ここで注目したいのは、橋本氏ほか、従来の研究では全く取り上げられてこなかった部分である。まず、傍線部①に注目してみよう。ここには摂政就任に当たり、兼実が院に参ったところ、院より藤氏長者について「宣下するかしないかは外記に申し合わせて沙汰すべき」という院宣が下された、と記されている。兼実の場合でも、宣下をするかしないかは自明のことではなかったのであり、院が兼実にこれについて外記と相談せよ、と述べたというのだから、兼実にはそれを選択する権利があったと見て間違いない。従来の研究では、保元の乱後、宣旨によって藤氏長者を任じられるようになったことが、天皇・院による長者任命権の接収であるかのように捉えられてきた。しかし、そうであったとすれば、院がこうしたことを兼実に選択させたというのは理解しがたい。だとすれば、このことは藤氏長者宣下とは従来理解されてきたような天皇・院権力による思惑だけでなされたものではなかったことを物語るものだろう。

そして、さらに重要なのは傍線部②である。この直前までは橋本氏も引用しているように、従来の研究でもよく知られた部分で、確かに保元の乱以降、宣下を行うのが例となったと記されるのだが、実はこのあと傍線部②には、譲与でない場合には、毎度宣下がなされる、と見えるのである。このことは逆にいえば、譲与の場合には宣下がないこともあり得る、ということになるだろう。事実、先に見た寛喜三年の道家の事例は、道家が長者職を嫡子教実に譲与した際の事例であった。思うところがあったために宣下を行ったという文暦二年の例も、教実急死を受け、父道家が復任したものであった。実際に宣下を行わなかった、または行わないことが検討されたという二つの事例は、いずれも父子間で長者職が譲与された事例だったのである。

そこで、これを踏まえ、改めて藤氏長者の継承について考えてみると、注意すべきなのは、そもそも忠通以降、藤

図8　平安末〜鎌倉時代の藤氏長者

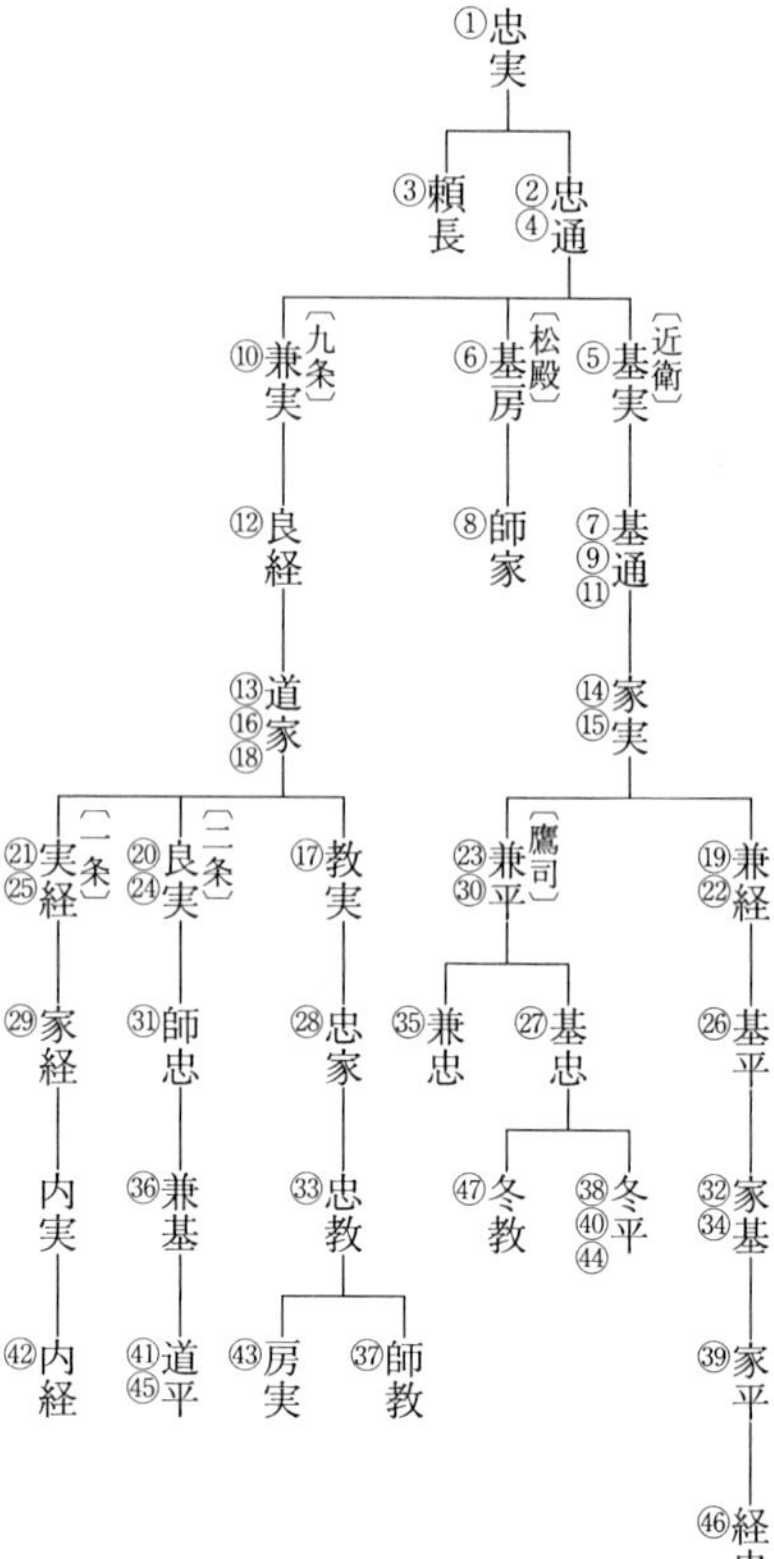

丸数字は継承の順番を表す

氏長者の父子継承自体が少なくなっていたことである。図8の系図には藤氏長者の継承順に番号を付したが、これを見ると、保元元年（一一五六）の忠通復任のあと、保元三年に忠通が基実に長者職を譲っているが、そのあと右に見た寛喜三年の教実の事例まで、父子継承自体がなくなっていたことがわかるだろう。保元以前には摂関職は摂関家のなかで嫡継承されていたから、それにともなって藤氏長者職も父から子へと譲与がなされていた。ところが、保元以後は永万二年（一一六六）、関白基実の早世により摂関職の嫡継承が断絶し、摂関職は基実の嫡子基通の家系である近衛流のほか、基実の兄弟の家系である松殿流・九条流といった複数の家系に継承されるようになる。系図に明らかなように、こうした状況においては、長者職は複数の家系を行ったり来たりするから、父から子へ譲与がなされることは滅多に見られなくなっていたのである。

実はすでに先に引用した『玉蘂』において、道家も「其後多無㆓譲任㆒、依㆑無㆓転変㆒奪取之間、毎度宣下」と述べていた。つまり道家も保元以後、藤氏長者は譲与されることがなくなり、つねに諸家による奪い合いとなったため、毎度宣下がなされるようになったと認識していたことがわかるだろう。従来の研究では、保元の乱以前まで、譲与によって継承されてきた藤氏長者職が保元の乱後、宣旨によって任じられるようになったと考えられてきた。しかし、以上から考えるとそれは誤りである。実際は保元以後においても、藤氏長者職が身内の間で譲与される場合には藤氏長者宣下を行う必要はなかったが、一方でこの時期の摂関家では、藤氏長者職を継承する家系が複数乱立し、藤氏長者職の譲与自体が行われにくい状況が生じていた。そのため、多くの場合、長者継承に当たっては宣下がなされ、藤氏長者が宣旨で任じられるのが通例であるかのようになってしまったのである。

なお、前述のように、忠通以降、教実までの間に長者の父子継承が行われた事例としては、保元三年八月十一日、忠通の譲りによって長者に就任した基実の事例があるのだが、恐らくこれについても宣下は行われていなかったものと思われる。確かに国史大系本『公卿補任』保元三年項には「詔為二関白氏長者一」とあるが、「氏長者」の部分は「前田侯爵家所蔵新写一本」による補入で、底本である「宮内省御系譜掛御本」には「氏長者」の記述はなかったと見られる。しかも、一次史料たる『兵範記』保元三年八月十一日条には、この日、大外記中原師業が東三条殿に参入し、「右府殿下為二関白一詔、又賜二兵仗勅書等一、各已被レ下了」と申したとのみ見える。関白詔と兵仗勅書については『兵範記』にも全文が載せられているが、藤氏長者宣旨については全くふれられていないのである。次節でふれるように、外記は通常、藤氏長者宣旨と関白詔・兵仗勅書を一緒に持参するから、藤氏長者宣旨がここに見えないということは、それが存在しなかったことを意味すると考えていいだろう。

このほか、仁治三年（一二四二）三月二十五日、二条良実が関白になった際も、「長者事、無二宣下一可レ宜歟之由」といわれている[12]。良実の前任者は近衛兼経であって、父子継承ではなく、このとき結局宣下はあったのであるが、このように父子継承でなくても宣下の有無が検討されているのであり、かかる事実は鎌倉中期に至っても、藤氏長者就任に際し、宣下を行うのが自明のことではなかったことを示すものといえるだろう。

第二節　藤氏長者宣下成立の背景

それでは、藤氏長者継承が、前任者の譲与によるものでなかった場合、なぜ宣下が必要だったのだろう。そこで、ここではまず藤氏長者継承の手続きについて見ておくことにしたい。

寛元四年（一二四六）正月二十八日、一条実経は関白・藤氏長者に任じられた。『葉黄記』の同日条によれば、実経の関白・藤氏長者継承の次第は次のようなものであった。

まず内々の催しにより上卿と弁・大外記・大夫史・大内記・中務輔が陣に参上する。ここに頭中将が参入し、かれは上卿に「以二左大臣（実経）一可レ為二関白一、令レ作二詔書一与」と命じる。このとき、藤氏長者および随身兵仗勅許についても同様の指示が下されている。これを受けて上卿は大内記と外記を召し、大内記に対しては任関白詔書・随身勅許勅書、外記に対しては藤氏長者宣旨の作成が命じられる。次に内記が任関白詔書の草案を確認する。上卿がこれを見た後、内記に新関白邸に持参させ、内記が戻ると上卿はこれを清書するよう命じる。清書が終わると弓場殿でこれを天皇に奏聞する。天皇から詔書を返された上卿は陣に戻り、ここで中務輔を召して詔書を下す。このあと外記が任関白詔書および藤氏長者宣旨・随身勅書を新関白邸に持参し、関白となった実経は出居においてこれを覧る。これを受けて、実経の邸には公卿や殿上人が続々と集まり、実経はかれらを従えて天皇・中宮・東宮に慶賀を奏す。これが終わって邸に戻ると、実経はここで政所執事・年預を補任し、蔵人方・官方・外記方・政所方の吉書が行われる。このあと前長者である二条良実の家司が、朱器や長者印、権衡などを持ってくる。実経はこれらを櫃のなかから取り出させ、一つ一つ確認する。そして、実経は勧学院別当を補任し、新任別当が学生名簿などの吉書を見る。ここで実経も、藤氏長者として初めての吉書を行い、殿下渡領の預所などを任じる。ここに関白・藤氏長者職の継承が完了するのである。

以上から、摂関・藤氏長者の継承については、内裏で行われる関白詔書・藤氏長者宣旨の作成に関わる儀礼と、摂関邸で行われる吉書や朱器等の器物・文書の授受の二つがあったことがわかるだろう。このうち、いうまでもなく、藤氏長者宣下とは前者の儀式に関わるものである。したがって、宣下がないというのは、藤氏長者継承が後者のみで完結することを意味している。後者の儀礼とは、基本的に前任者からの器物や文書といったモノの引き渡しが中心であり、本来的には藤氏長者に就任するとは、かかるモノを引き継ぐことにほかならなかったのである。

藤氏長者就任に際して引き渡されるモノとは、長者印や大饗に用いられる朱器台盤、馬の管理を象徴する蒭斤（権衡）、殿下渡領の券文およびその送り状である「庄牧渡文」で、いずれも長者の地位を象徴するレガリアというべき品々であった。[13]だが、藤氏長者への就任が、かかるモノを引き継ぐことであったとすれば、ここに一つ大きな問題が生じることになる。長者の地位が父から子に譲られる場合には、モノの引き継ぎはスムーズになされたに違いない。だが、政変などによって前任者を蹴落とした人物が新たに長者になったような場合、同様にスムーズな引き継ぎができただろうか。実際、次のように藤氏長者の継承では、モノの引き渡しをめぐるトラブルがあった事例がいくつか確認できるのである。

まず一例目は承保二年（一〇七五）、藤原師実の長者継承である。この年の九月二十六日、前任の長者であった関白藤原教通（師実叔父）が没したため、翌日、左大臣であった師実に関白の詔が下される予定になっていた。ところが、翌日になっても、教通遺族から薨奏がなされなかったため、この日、師実にはいったん内覧宣旨が下され、関白宣下は翌月十五日まで引き延ばされた。[14]坂本賞三氏によれば、教通は関白の地位を甥の師実ではなく、我が子である信長に継承させようとして師実と対立していたといわれており、[15]ここでも教通の遺志を継いだ信長が師実の関白就任を妨害しようとして、わざと薨奏を出さなかったらしいのである。こういったなかで長者印や朱器台盤なども教通邸に留められたまま、師実には引き渡されなかった。ようやく十月二日になって引き継ぎをしようとしたところ、教通邸が「七日物忌」ということで三日に延期され、三日も信長が衰日ということでさらに延期が取り沙汰されている(16)。これは結局、師実が「明日以後無二可レ然之日次一、縦雖二彼衰日一何有レ憚哉」と主張したため、三日に強行された。こうして師実はなんとか藤氏長者になったわけだが、前長者側の都合によって長者印・朱器などの引き渡しが引き延ばされ、長者の地位が数日間にわたり空位になっていたのは注目すべきだろう。

二例目は久安六年（一一五〇）九月二十六日、藤原頼長の長者継承である。本章冒頭でもふれたように、この日、大殿忠実は長男の関白忠通から藤氏長者職を剝奪し、頼長に与えた。このとき忠実が頼長に「摂政者天子所レ授、我不レ得レ奪レ之、氏長者我所レ譲、無レ有二勅宣一、然則取二長者官一授レ爾、何有レ所二怖憚一矣」と語ったというのはよく知られている(17)。しかし、さしもの忠実も長者職を与えると宣言しただけでは、頼長に長者職を継承させたことにはならなかった。源為義に東三条殿を接収させた上で、家司である高階仲行や侍である紀頼賢・惟宗仲賢に命じ、東三条殿の倉に納められていた長者印や殿下渡領の券文、朱器台盤・権衡を取り出させようとしたのである(18)。このとき、頼賢はこれらの納められている倉の鎰が忠通の下家司宅にあるのでどうしたらよいか、と忠実の指示を仰いだが、これを聞いた忠実は激怒し、早く錠前を破れ、と命じたという。仲行らが倉に行き、試みに倉の周辺を探ってみたところ、古い鎰が出てきた。結局はこれによって錠を破壊することなく倉を開けることができたのだが、このことを聞いた忠実は、「天授二印爾一」と喜んだというのである。ここでは最終的に忠実は長者印などを手にすることができたのだが、もし忠通がこれをどこか別の場所に移していたなら、忠実は忠通から藤氏長者職を剝奪したと宣言しても、実質的にはこれを剝奪することはできなかったのではないだろうか。忠実が長者印などの接収に神経をとがらせ、それが無事入手されると、天が授けたといって大袈裟に喜んだという事実は、藤氏長者継承にとってかかるモノの継承が重要であったことを示す一方で、このことは今回の場合でも、かかる継承がスムーズに行くかどうかがかなり微妙であったことを示すものでもあるだろう。

宣下が行われるようになった保元以降においても、かかるモノの引き渡しをめぐっては前任長者と新任長者との間にトラブルが起きていた。そのことを示すのが次の史料である。

次覧㆓朱器大盤㆒、予家司文章博士光兼朝臣相具参向、〈先自㆓鴨院倉㆒取㆓出之㆒、持㆓来予前㆒、旧跡参向也、長櫃仕丁等、政所儲㆑之〉家司経光朝臣覧㆓目録㆒、次持㆓参印櫃㆒〈兼康・兼氏昇㆑之〉、季頼〈藤氏〉次可㆑持㆓参二合櫃㆒也、役人用意相尋之処、近代不㆑被㆑渡、仍不㆓持参㆒云々、此事尤不審也、永□〔万カ〕松殿（基房）之時、不㆑被㆑渡㆑之、元暦小松殿（師家）、自㆓鴨院倉㆒求出覧㆑之、文治故禅閤（兼実）称㆓紛失㆒不㆑覧㆑之、建久普賢寺（基通）入道、自㆓家納殿㆒被㆑出覧㆑之、似㆑有㆓寄媒〔奇謀カ〕㆒、〈委㆓見光房卿記㆒〉建仁又称㆓紛失㆒、元久前関白（家実）之時又覧㆑之、予之時忽被㆑称㆓紛失㆒、是被㆑渡㆓他所㆒之時、称㆓紛失㆒不㆓取出㆒、我密々覧之、故被㆑出覧也、希代勝事也、

これは前節で引用した『玉蘂』嘉禎三年（一二三七）三月五日条の続きで、道家から兼経に朱器台盤と長者印が引き渡された事実を記す部分に当たる。ここでは新長者兼経に朱器台盤が引き渡され、兼経の政所執事となった勘解由小路経光がこの目録を確認し、引き続いて長者印の入った印櫃が持参された。そして、次に道家の政所執事であった季頼が「二合櫃」を持参するはずであった。ところが、役人にその用意を尋ねたところ、近代、これは渡されないのが例であるので、持参しなかった、と申したというのである。

では、ここに見える「二合櫃」とは何なのだろう。本節冒頭では、寛元四年正月二十八日に行われた一条実経の藤氏長者継承についてくわしく見たが、実はこれについて記した『葉黄記』同日条によく似た事実が記されている。ここでは新長者が目録を確認した後、「次諸大夫四人舁㆓立印櫃・券辛櫃等於御前簀子㆒」と記すのだが、これに「文治

以来不レ被レ渡二券辛櫃一」との注釈が付されている。つまり本来、ここでは印櫃と並び「券辛櫃〔櫃〕」という櫃が渡されるはずなのだが、文治以来、これが渡されなくなっているというのである。『葉黄記』には、これに続けて本来行われるべき行為として「次家司開二券櫃一、取二出文書一〔楠葉牧・方上・鹿田庄文書〕」と見えるから、「券辛櫃」とは、殿下渡領の券文が納められていた櫃であったことがわかる。『玉蘂』は引き渡されなかった櫃を「二合櫃」と称しているから、「券辛櫃」以外にも渡されない櫃があった可能性もあるが、「券辛櫃」が「二合櫃」の一つであったことは間違いないだろう。『信範卿記鈔出（兵範記）』治承三年（一一七九）十一月廿八日条[19]によれば、近衛基通の藤氏長者継承は「今日令下請二取長者印・地子所券一給上」と記されているから、渡領の券文を新長者が受け取ることは、長者印の引き渡しと並んで、本来長者継承儀礼の中核の一つだったと考えられる。だが、兼経の段階では、藤氏長者継承に当たっても、すでに券文は引き渡されないのが例となっていたのである。

ところで、『玉蘂』は、兼経のときの事実を記した後、平安末期以降における、この櫃の継承について歴代の事例を記している。そこで、これについてもくわしく見てみよう（『玉蘂』には「二合櫃」とあるので、券文の納められた櫃以外にも、もう一つ櫃が存在した可能性があるが、さしあたり以下では、この櫃を「券櫃」と称することにしたい[20]）。

まず「永〔万カ〕□松殿之時」というのは永万二年（一一六六）七月二十六日、摂政基実が急死し、翌日弟の左大臣基房（松殿）が摂政・藤氏長者を継承した事例だが、このとき基房には「券櫃」が渡されなかったという。基房が長者印や朱器台盤を継承したことは『愚昧記』同年八月六日条から確認できるのだが、やはり「券櫃」は見えない。また、同記によれば、このとき基房は「無二古目六一、如何」といっていたという。この「古目六」は朱器の目録をさすものと思われる[21]。周知のように、このとき、摂関家領や家産は基房ではなく基実の妻である白川殿盛子に相続されていた[22]。印櫃や「券櫃」が納められていた東三条殿の倉も盛子の支配下に入っており、この「古目六」や「券櫃」も、藤氏長者に付属すべきものとして区別されずに盛子のもとに伝領されてしまったのであろう。

次の「小松殿」は寿永二年（一一八三）十一月二十一日、摂政・藤氏長者となった松殿師家の事例である。史料には「元暦」とあるが元暦改元は翌年四月十六日なので「元暦」は「寿永」の誤りであろう。師家のときは「券櫃」は鴨院の倉から求め出し、長者となった師家の前に引き渡されたという。これもまた述べるまでもなく、師家の摂政就任は、直前の十一月十九日、木曽義仲が後白河院の法住寺殿を急襲して院を幽閉し、院に寵愛されていた摂政基通を解任させたことを受けてなされたものであった。基通は基実の嫡子で、盛子の養子として彼女の没後、摂関家の家産を相続していた。だが、法住寺合戦後、「一ノ所ノ家領文書ハ松殿皆スベテサタセラルベキ」ことになったというから(23)、その際に「券櫃」も鴨院の倉とともに師家のもとに接収されたのであろう。

「文治故禅閤」は文治二年（一一八六）三月十二日、摂政・藤氏長者となった九条兼実の事例である。『玉蘂』は、このとき、「称㆓紛失㆒不㆑覧㆑之」というのだが、このことは兼実の日記『玉葉』の同年三月十六日条からも確認できる。『玉葉』では、「券辛櫃」が引き渡されず、「仍只有㆓印櫃一合㆒、為㆓之如何㆒、非㆓力之所㆒㆑及」とあるのだが、『葉黄記』に「文治以来不㆑被㆑渡㆓券辛櫃㆒」とあったのはこれによるのだろう。兼実はこれが引き渡されない理由として、使者が「松殿之時〈今案十二摂政事歟〉紛失之由」述べたと記している。「十二摂政」とは十二歳で摂政になった師家のことであるが、師家の長者継承時については、先述の通り『玉蘂』では渡されたとされており、『吉記』寿永二年十二月一日条にも「長者印鎰櫃幷地子所御券唐櫃〈朱漆〉・大饗幷御節供朱器台盤等」が引き渡されたとあるから、「券櫃」も引き渡されていたと見ていい。師家のときに紛失したのであれば、寿永三年正月、義仲の没落を受けて師家が失脚し、基通が復任した際に失われた、ということになるのであろうか。

ところが、建久七年（一一九六）十一月二十五日、兼実が失脚し、基通が再び長者となると、基通は「家納殿」から「券櫃」を取り出して中身を見たという。道家は基通が隠し持っていたのではないかと疑っているのである。このあと、「建仁」、すなわち建仁二年（一二〇二）二月十一日、兼実の二男である良経が内覧・藤氏長者となった際には、またもや前任者の基通が紛失した、と称したため引き渡されることがなかった。しかし、「元久」、すなわち元久三年（一二〇六）三月七日に摂政良経が急死し、同月十日に基通の嫡子である家実が摂政・藤氏長者になると、家実は券文を見たという。このときのことは、『摂関詔宣下類聚』元久三年三月廿二日条に記録が残っているが、(24)それによれば、家実は実際、印櫃から印を取り出すとともに、「赤辛櫃」から「御庄券」を取り出して一覧していることが確認される。家実の長者就任では、印櫃も「券櫃」もともに引き渡されていたのである。しかし、「予之時」、つまり道家が承久三年（一二二一）四月二十日、摂政・藤氏長者になったときには、「券櫃」はまた紛失したといって券文を見ることはできなかった。

以上はあくまで道家の言い分にもとづいたもので、元号を勘違いするなど、不確かな部分もあるのだが、どうやら近衛流の長者就任では「券櫃」は引き渡されたのに、九条流の場合、紛失したと称して引き渡されていなかったことがうかがえよう（近衛流である兼経に「券櫃」が渡されなかったのは、すでに「券櫃」の引き渡し自体、行わないのが例になっていたためか）。(25)京極殿領や代々の日記・宝物がそうであったように、本来長者に付属するはずだった渡領の券文は摂関家嫡流たる近衛流の家産のなかに取り込まれてしまっていたのである。

このように、藤氏長者の継承とは、本来長者印や朱器台盤、渡領券文といったモノの継承であったが、かかるモノの継承は必ずしもスムーズにいかないことが多かったようである。ここから考えれば、なぜ譲与以外の場合、長者宣下が行われる必要があったのか、その理由は自ずと明らかだろう。岩井隆次氏は、藤氏長者宣下が行われるようになって以降、藤氏長者は事実上、宣旨によって決定されることになり、長者印や朱器台盤などのモノの継承は意味を失っていったと指摘する。[26]しかしながら、もし宣下がなかったとすればどうだろうか。藤氏長者継承が譲与による場合以外、モノの継承は困難な場合が多かったのであり、宣下があるからこそ、モノが引き渡されなくても長者職の継承を内外にアピールできたのである。宣下がなかったとしたら、天皇の詔書によって摂関には任じられたのに、藤氏長者職は継承できないという事態が続出して、国政の上でも政権の移行は進まず、混乱を極めることになったに違いない。長者宣下とは、摂関・藤氏長者職が複数の家系に争奪された平安末期以降の摂関家において、藤氏長者継承を円滑ならしめるために必要不可欠の制度だったのである。

第三節　忠通の藤氏長者宣下

以上、本章ではここまで、藤氏長者宣下が行われるのは、長者継承が前任者からの譲与でない場合の手続きであり、その目的は長者継承をスムーズに行わせることにあったことを明らかにした。しかし、だとすれば、その初例である保元の忠通の場合、なぜ宣下がなされなければならなかったのだろう。

「はじめに」でもふれたように、河内祥輔氏は忠通に対する長者宣下について、従来の研究のように、天皇が摂関家の弱体化を意図して行ったものでなく、あくまで当時の忠通の置かれた状況から、かれの藤氏長者就任のために必要とされたものだった、との見解を示している。すなわち、忠通が藤氏長者の地位を奪還するためには、その地位を奪った父忠実との闘争を経なければならないが、「子が父と争うことは、父子道徳において原則的に許され」ず、忠通が長者職を忠実から奪うことは不可能である。そこで忠通は「父子の抗争という事態を隠蔽するため」、「天皇を表に立て」、天皇の名の下に東三条殿を没官し、天皇に任じられるというかたちで藤氏長者に就任したというのである。[27]

かかる事態において父子道徳がどこまで意識されたのかなど、全く疑問がないわけではないけれども、この段階において譲与による継承が不可能であったという指摘はもっともだろう。

また、河内氏はふれていないが、これに加えて忘れてならないのが頼長の存在である。頼長は七月十一日未明の合戦で敗北はしたが、忠通に対する長者宣下が行われた時点において、かれはまだ死んだわけではなかった。しかも、周知のように頼長は挙兵に当たって興福寺大衆への動員を促しており、十一日の敗戦の後、かれ自身、奈良へと敗走していた[28]。かかる頼長の存在を念頭に置けば、忠通としてはただちに興福寺と頼長との結合を断ち切る必要があったに違いない。頼長は敗北しても長者のままであり、この段階で忠通の藤氏長者への就任がなされるとすれば、かれは興福寺に対して、頼長ではなく、自分こそが長者であることを強くアピールする必要があったはずである。そのため、かれは藤氏長者の地位が天皇という権威から任じられたというかたちをとることで、それが客観的に見ても正当なものであることを示したと考えるのである。

ただ、これらが正しいとしてもここには一つ問題が残る。『兵範記』七月十一日条によれば、長者宣下が行われた日の夜、大夫史小槻師経が長者宣旨を忠通のもとに持参したところ、忠通は師経に「以㆓吉日㆒可㆑有㆓沙汰㆒、暫可㆑留㆑官」と指示したという。実際に宣旨の受け取りがなされたのは、七月十九日のことだったのである。従来の研究では、かかる事実は、忠通が宣旨による長者任命を嫌い、受諾を引き延ばしたものとして理解されてきた。橋本義彦氏は、忠通が宣旨を受け取らなかったのは、「この宣下に忠通が全く関与していなかったことを示すばかりでなく、内心これを心よく思わなかったためであろう」と述べている[29]。

一方、これに対し、河内氏は長者宣下について、頼長から藤氏長者職を剝奪するため、忠通と後白河との合意の下で行われたものと説くのだが、忠通が宣旨受領を延期したことについては、「忠実からの譲渡という形を取ることができないかどうか、最後のわずかな期待をかけたからではなかろうか」とする。忠通は当初は宣旨による藤氏長者就任を企図したが、途中で心変わりして譲与による継承を模索しはじめた。ところが、その後、七月十七日の諸国司宛綸旨によって忠実が謀反人とされたため、忠実からの藤氏長者職の譲渡は不可能となり、十九日になって藤氏長者宣旨を受領したというのである[30]。

しかし、河内氏のいう通りなら、忠通はなぜここに来て譲与による継承を模索したのだろう。これでは忠通は宣旨による長者任命を回避したかったということになり、結局通説と変わらなくなってしまうのではなかろうか。確かに宣下は異例ではあるが、ここまで明らかにしてきた通り、忠通以後もこれが常態化して長者職の譲与ができなくなったわけではなかった。忠通の場合、譲与ができないという状況下において、藤氏長者職を継承するための非常的措置であった可能性が高いのである。さらに前述の通り、兼実の長者継承では、宣下を行うか否かが兼実の判断に委ねられており、ここで兼実が父忠通にならってわざわざ宣下を選んでいたことからも、摂関家にとって長者が宣旨で任じられることが、ことさら避けるべきことと認識されていたようには理解できない。こうしたことから考えれば、忠通の場合においても、そもそも宣下を回避しなければならない理由はないのである。

そこで、ここでは、忠通が宣旨を受け取らなかった意味について改めて考えてみたい。長者宣下以後も宣旨の受け取りまで「忠通は氏長者の地位にはないとする態度」を取っていた、と河内氏がいうように[31]、これまでの研究では、忠通が宣旨を受け取るまでは長者の交替はなかった、と考えられてきた。しかし、これは本当なのだろうか。ここで注目したいのは、忠通に対する長者宣下と同時に出された興福寺・大和国宛ての官宣旨である。ここには「前長者左大臣」に収公された興福寺権別当覚継の所領について、「宜ㇾ令＿覚継如ㇾ本領知＿」と述べられている[32]。その上、河内氏がこれにより忠実が謀反人とされたという七月十七日付の諸国司宛綸旨にも次のような記載がある[33]。

重仰、彼所領等中、当時公卿為二預所一庄々者、付二件家一不レ可レ有二改易一、於二其外一者、国司可レ致二沙汰一、抑関白被レ補二氏長者一了、於二長者所レ摂之庄園一者不レ在二此限一、但関白未レ被二知行一以前、且停二止本沙汰一、可レ待二長者之下知一也、

この綸旨は忠実・頼長所領の没官を命じたもので、引用した前半部分では公卿以外の預所を改易すべきことが命じられている。摂関家領の武装解除を命じたものとして知られてきた史料であるが[34]、ここではその後の傍線部に注目したい。長者が支配する荘園たる殿下渡領は没官から除外される旨が述べられているのだが、ここには関白（忠通）が氏長者に補任されたとあり、続いて渡領について関白がいまだ知行していないので、しばらく預所の沙汰を停止し、長者の下知を待つように、と命じられている。つまり、興福寺や摂関家領に対する乱後の諸策は、忠通が宣旨を受領するしないの如何にかかわらず、すでにかれが長者に補任されたことを前提に話が進められていたのである。このことから考えると、長者任命の宣旨は、忠通がいまだ受領していない一方で、興福寺や諸国司などには周知されていた可能性が高いのではないだろうか。対外的には長者の交替は公然の事実だったのであり、その点でいえば頼長と興福寺との結合を断ち切るという目的は、すでに宣下が下された段階で達成されていたといえるのである[35]。

それでは、なぜ忠通は宣旨の受け取りを引き延ばしたのだろう。忠通は十九日、宣旨を受け取ると、家司に命じて東三条殿の倉から「地子所文書・朱器目録等」を引き渡し、勧学院別当・御厩別当や渡領預所の補任を行っている[36]。かれは宣旨を受け取ってはじめて長者就任の儀礼を執り行ったのである。ここから考えると、十一日の時点で忠通が宣旨を受け取れなかったのは、単純にこのような儀礼を行い得ない状況であったからなのではないだろうか。十一日の時点では、忠通は合戦に勝利したとはいっても、父や弟が謀反人となり、いまだその行方さえ知れない状況で、忠実・頼長の所領や権限に対する処分も未確定であった。このような状況での長者就任儀礼が避けるべきものと認識さ

れたことは、宣旨の受け取りについて忠通が「以₂吉日₁可レ有₂沙汰₁」と指示したことにもよくあらわれている。そこで、忠通は、十四日に頼長が死去し[37]、十七日に忠実・頼長所領の処分に関する処分が発表されたのを待って、はじめて十九日に宣旨を受け取り、長者就任儀礼を執り行ったと考えるのである。長者宣下は宣下の時点で効力をもっていたのであり、宣下があったからこそ、忠通は保元の乱という政変のさなかにあっても個人的事情に関係なく、長者交替を内外にアピールできた。だとすれば、そもそも忠通に長者宣下がなされたこと自体、その最大の原因はここにあったというべきだろう。つまり忠通は頼長・忠実と肉親であるという関係から、彼らが謀反を起こしたという状況下では、ただちに長者就任儀礼を行い得なかった。一方で当時の政治状況下では頼長と興福寺の関係を断ち切るため、一刻も早く長者の交替が必要とされており、ここに正式な長者就任儀礼を行わなくても、事実上、長者交替を宣言し得る方法として、長者宣下という新たなシステムが生み出されたのである。

おわりに――保元の乱後の摂関家――

従来の研究では、権門としての摂関家は、保元の乱での忠実・頼長の敗北を受け、解体されると考えられてきた。そして、これを象徴する事態とみなされてきたのが、忠通に対する藤氏長者宣下であった。これ以後、藤氏長者の人事は摂関家の内部で自由に譲与できなくなり、摂関家は自立性を失った。そのため、のちに国政が混乱すると、政権が変動するごとに摂関家の意志とは無関係に摂関・藤氏長者が任じられ、摂関家は分立する、と考えられてきたのである。

しかし、本章では忠通以降も長者宣下がなされずに藤氏長者継承が行われていたという事実を手がかりに、以上のような通説が誤りであったことを明らかにした。藤氏長者宣下とは、藤氏長者継承が父子継承ではない場合に、それをスムーズに行うことを目的に生まれた制度であり、それによって摂関家が藤氏長者を内部で譲れなくなったとか、弱体化したというのは正しくない。忠通に対する長者宣下の場合も、本来は父や弟が謀反人とされた保元の乱という非常事態において、即座に長者継承儀礼を執り行うのが困難であったが故に、宣下というかたちを借りて長者の交替を内外に示した、苦肉の策だったのである。

保元の乱後の摂関家については、自立性を失ったというほかに、公卿以外の預所の沙汰が停止され、忠実・頼長が支配下に置いた信実ら興福寺悪僧の所領が没官されたことで、自前の武力を失ったことが指摘されてきた。しかし、前者については、保元の乱後、伊勢平氏庶流で「京武者」として活動していた平信兼が摂関家領伊勢国須可庄の下司に補任され、摂関家は信兼の軍事的テリトリーを利用して家領支配を行っていたことを川合康氏が指摘しているように[38]、摂関家領における在地の武力は保元の乱以後も失われたわけではなかった。そして、後者についても、悪僧信実は保元の乱後も解官されずに興福寺上座の地位を占め続け、頼長と結び失脚した別当尋範を見捨て、乱後別当となった忠通の息子恵信（覚継）と結んだことが知られる[39]。これらのことから考えれば、摂関家にとって保元の乱による打撃とは、従来の研究が説くように過大評価すべきでないのではあるまいか。

そもそも従来の研究では、摂関家抑圧策とされる、これらの政策を主導したのは、後白河天皇の側近である信西が中心だったと考えられてきた[40]。しかし、これについても近年、河内祥輔氏・山田邦和氏によって、あくまで保元の乱やその直後の諸策は、忠通に決定権があったとする見解が出されている[41]。これに従うなら、忠通が自分で自分の権力基盤を弱体化させることなど考えられるだろうか。もしくは信西が主導していたとしても、乱後の政権運営のパートナーとなる忠通に対し、致命的な打撃を与えることが得策であったとは考えにくいのではあるまいか。

元木泰雄氏は、保元の乱直前の摂関家について、興福寺や武士を傘下に組織した「複合権門」と理解し、保元の乱後、院・天皇権力によりそれが解体させられたと論じた(42)。ここではかかる「複合権門」論の是非まで論じる余裕はないが、以上のような事実からいえば、保元の乱を経ても摂関家の権門としての性格にそれほど大きな変化はなかったといえるだろう。実際、確かに摂関家は乱後の処分によって頼長領を没官され、忠実が幽閉されたものの、多くの所領は忠実から忠通に譲られるというかたちを取ることで、没官を免れた。そして、忠通は藤氏長者職とともに、忠実の支配下にあった摂関家領の大半や、法成寺・平等院等の一門の「氏寺」の支配権などもそのまま手に入れている。摂関家が武士を組織するというあり方についても、忠実・頼長が家産機構に編成した武士たちは保元の乱によって処分されるが、田中文英氏が論じたように、忠通・基実は乱後、平氏と結ぶことで武力組織の再構築を遂げている(43)。少々荒療治ではあったが、忠通は保元の乱によって多くの所領や権限を手に入れ、それを再編したのであり、それまで忠通・頼長の二派に分かれてきた摂関家とその家産機構は忠通のもとに一つになった。こうした点から考えると、忠通にとって保元の乱とは、その権力を弱体化させたのではなく、むしろ強化させた事件だったとさえいえる。そうであるからこそ、のちの摂関家にとっても保元の忠通の長者継承は「吉例」と認識されたのである(44)。

では、摂関家が弱体化した原因が保元の乱以外にあったとすれば、それは一体何だったのだろう。本章では第一節で、藤氏長者宣下が常態化したのは、保元の乱に原因があったのではなく、永万二年(一一六六)、基実の急死によって摂関職の嫡継承が断絶し、摂関職が複数の家系に継承されるようになったことに原因があったと論じた。複数の家系が摂関職や長者の地位を争うようになるから、父子継承が困難になるのである。長者宣下の常態化が摂関家の弱体化を示すのだとすれば、弱体化の原因もここにあったというべきなのではないだろうか。坂本賞三氏は、十一世紀、摂関家が頼通流と教通流に分裂し、摂関継承を争ったことが摂関政治の衰退につながったとしたが(45)、これに従えば十二世紀後半以降についても、内部分裂こそ、摂関家の勢力減退の大きな要因であったと理解するのはきわめて自然だろう。基実没後も、傍系も含めた複数の家系で争われたのは摂関および藤氏長者職のみで、摂関家領や家産の大半は基本的に嫡系である近衛流に父子継承されていたから(46)、摂関家がこれによって完全に自立性を失ったという評価は必ずしも適切ではないが、基実の死にともない、強大な家長権によってすべての家産を統御し、全体としての後継者を決定できる家長が存在しなくなってしまったのは事実である。この結果、摂関家の権力継承は、複数の家系によって争われるとともに、内部で決定できず、院や平氏、鎌倉幕府といった諸権力の干渉を招くことになった。こうしたなかで摂関家の家産は最終的に嫡流の「家」に付属する財産と、藤氏長者に付属する氏の財産に分けられ(47)、摂関家は権門としても分裂・解体していったのである。

そして、だとすれば、寛喜三年（一二三一）、九条道家が嫡子教実に関白・長者職を譲ることができたのは、保元三年（一一五八）、忠通が基実に関白職を譲って以来、七十三年ぶりのことであり、改めて再評価すべき事態といえるだろう。筆者は以前、道家の権力について、摂関退任以後、法成寺など御堂流一門の「氏寺」支配の権限を有していなかったことから、「摂関家内部における権限は院政期に較べて減退していた」と述べた(48)。しかし、道家は天皇の外戚、鎌倉幕府将軍の父としての卓越した権勢を以て、七十年以上も成し遂げられていなかった関白・長者職の我が子への譲与に成功した。かれは九条流という傍流の出自ながら、摂関・藤氏長者の人事権を握り、さらには近衛流の兼経を聟に迎えることで分かれていた摂関家を一体化させたのである。しかも、道家は頼経を征夷大将軍としたほか、文暦二年（一二三五）には円実を興福寺別当に、嘉禎四年（一二三八）には慈源を天台座主に、建長元年（一二四九）には法助を仁和寺寺務に任じたように、我が子を次々に宗教権門のトップに据えている(49)。前述のように、元木泰雄氏は保元の乱直前の摂関家を、武力や宗教的権威を包摂した「複合権門」として捉えたが、このような姿は道家と幕府、諸権門寺院の関係にも重なる。(50) 道家の下に本来の摂関家は復活を遂げていたのであり、筆者の以前の指摘は見直さなければならないだろう。

註

(1)『兵範記』保元元年七月十一日条。
(2)『玉葉』文治二年三月十二日条。
(3)『愚管抄』巻第四。
(4)橋本義彦「藤氏長者と渡領」(『平安貴族社会の研究』吉川弘文館、一九七六年。初出は一九七二年)。引用は同書二四五頁。
(5)田中文英「平氏政権と摂関家」(『平氏政権の研究』思文閣出版、一九九四年。初出は一九六八年)第一節註二六。
(6)元木泰雄「院政期政治構造の展開—保元・平治の乱—」(『院政期政治史研究』思文閣出版、一九九六年。初出は一九八六年)。
(7)拙稿「院政期摂関家における大殿について」(『中世摂関家の家と権力』校倉書房、二〇一一年。初出は二〇〇二年)。
(8)河内祥輔『保元の乱・平治の乱』(吉川弘文館、二〇〇二年)六三・六四頁。
(9)『公卿補任』。本章では以下、官位叙任に関する記事はすべて同書による。
(10)『玉蘂』は今川文雄校訂『玉蘂』(思文閣出版、一九八四年)をもとに『大日本史料』第五編之十一により校訂した(本章では『玉蘂』は以下すべて同じ)。
(11)橋本註(4)前掲書二四五頁。
(12)『後中記』同日条(『大日本史料』第五編之十四)。
(13)朱器台盤および蒭斤については、岩井隆次「朱器台盤考」(『古代文化』三五巻二号、一九八三年)、殿下渡領および「庄牧渡文」については橋本註(4)前掲論文を参照。
(14)いずれも『水左記』同日条。
(15)坂本賞三『藤原頼通の時代—摂関政治から院政へ—』(平凡社選書)(平凡社、一九九一年)二一八〜二二四頁。
(16)『水左記』承暦二年(一〇七八)十月二日条。

(17)『台記』同日条。
(18)増補史料大成本『台記』では、これについて「長者官渡左券、朱器、台盤、権衡等」とある。最近、高橋秀樹氏は「東三条殿の記憶—家の象徴、神楽、そして怪異—」(倉田実編『王朝文学と建築・庭園』〈平安文学と隣接諸学1〉竹林舎、二〇〇七年)で、「長者官渡左券」という部分を「長者渡庄券」と読んでいるが、これでは「官」の字が抜けている。「官」と「印」の草書は似ているから、ここでは「長者印・渡庄券」ではないかと判断した。
(19)『歴代残闕日記』所収。
(20)『兵範記』保元三年(一一五八)八月十一日条に「長者印櫃・地子所櫃」とある。
(21)『兵範記』保元三年八月十一日条に「取二庄牧渡文幷朱器目録文一」とある。
(22)拙稿「平安末期摂関家の「家」と平氏—白川殿盛子による「家」の伝領をめぐって—」(註(7)前掲拙著所収。初出は二〇〇四年)。
(23)『愚管抄』巻第五。
(24)『大日本史料』第四編之八。
(25)近衛流でも、建治元年(一二七五)十一月四日、鷹司兼平(兼経弟)が藤氏長者となったときには、「庄券近代紛失云々」といわれている(『勘仲記』同日条)。
(26)岩井註(13)論文。
(27)河内註(8)前掲書六三・六四頁。
(28)橋本註(4)前掲書一七三頁。
(29)橋本義彦『藤原頼長』(人物叢書)(吉川弘文館、一九六四年)一七九頁。
(30)河内註(8)前掲書九三・九四頁。
(31)河内註(8)前掲書九三頁。
(32)『兵範記』保元元年(一一五六)七月十一日条。覚継(恵信)は忠通の子で、頼長の藤氏長者就任以後、頼長によって抑圧されていた(鴇田泉「保元の乱と南都—頼長・尋範・恵信を中心に—」〈『日本歴史』四九二号、一九八九年〉)。
(33)『兵範記』保元元年七月十七日条。

（34）田中註（5）前掲論文、元木註（6）前掲論文。近年では川端新氏が公卿の所職が朝廷によって特別に保証されている例として注目している（「荘園所職の成立と展開」〈『荘園制成立史の研究』思文閣出版、二〇〇〇年〉）。

（35）なお、河内氏が「忠通は氏長者の地位にはないとする態度」をとっていたというのは、七月十五日に行われた法成寺盂蘭盆が、「関白殿未レ令下行二長者事一給上」という理由から寺家沙汰として行われた事実によっている（『兵範記』同日条）。だが、註（7）前掲拙稿で明らかにしたように、そもそも法成寺はこの段階では藤氏長者が支配すべき寺院ではなかった。

（36）『兵範記』同日条。

（37）『兵範記』に頼長の死亡情報が記されるのは廿一日条だが、忠通は十五日に忠実からの書状でこれを知らされていたらしい（川端註（34）前掲論文）。

（38）川合康「治承・寿永の内乱と地域社会」（『鎌倉幕府成立史の研究』校倉書房、二〇〇四年。初出は一九九九年）。なお、信兼の須可庄進出について、田中文英氏は、保元の乱後、自前の武力を失った摂関家領が、それにかわる武力として平氏武士団に依存するようになった嚆矢として論じたが（田中註（5）前掲論文）、近年では信兼は平氏主流からは独立的な存在であり、父盛兼の代から忠通に仕えていたことが明らかになっている（元木泰雄「和泉守藤原邦綱考」〈『泉佐野市史研究』三号、一九九七年〉）。

（39）上島享「福智院家に伝来した尋範・信円関係文書」（科学研究費研究成果報告書『興福寺旧蔵史料の所在調査・目録作成および研究』二〇〇二年）。なお、元木泰雄氏は保元の乱直後の保元元年七月十一日、興福寺権別当覚継の所領が官宣旨によって返還され（本章第三節参照）、別当尋範などの所領が没官されたことに注目し、「頼長時代は長者の進止下にあった興福寺僧の所領の処分に公権力が介入したことを意味する」と述べるが（元木註（6）前掲論文。引用は同前掲書二八六頁）、これも長者が正式には就任できていない段階での措置であり、長者宣下と同様、緊急的措置とみなすのが妥当である。

（40）橋本註（29）前掲書一七八頁。

（41）河内註（8）前掲書六三頁。山田邦和「保元の乱の関白忠通」（朧谷寿・山中章編『平安京とその時代』思文閣出版、二〇一〇年）。

（42）元木註（6）前掲論文。

（43）ただし、田中氏はこれによって平氏が摂関家の家産制支配の実権を壟断するようになり、摂関家が自立性を失ったとするのだが、預所になった程度で平氏が家産制支配の実権を握ったというのは理解しがたい。あくまで平氏が摂関家家政の実権を掌握できるようになったのは、基実没後、清盛の娘で基実の妻であった白川殿盛子が摂関家の家長権を継承したからであり（註（22）前掲拙稿参照）、筆者は田中氏のように、保元の乱を起因とした武力面での平氏への依存が、平氏による家領支配の実権掌握や本所権の形骸化へと直接つながったとは考えない（平氏の摂関家家政機関への進出自体、基実と盛子の結婚以降であったことは元木註(38)前掲論文に指摘がある）。なお、摂関家が荘園支配を行う家産権力である限り、荘園支配のための爪牙としての武力を保持するのは必然で、こうした性格があるからこそ、摂関家はこのあとも平氏や木曽義仲、鎌倉幕府といった武力権門と結合を繰り返すのではないだろうか（義仲については、長村祥知「木曽義仲の畿内近国支配と王朝権威」〈『古代文化』六三巻一号、二〇一一年〉が松殿基房と義仲の連携について論じ、それ以前の摂関家と平氏との関係との類似を示唆している）。

(44)　第一節で引用した『玉葉』文治二年（一一八六）三月十二日条には、「於二保元一者、為二最吉一」とある。また、治承三年（一一七九）十一月十五日、清盛のクーデターによって摂政・藤氏長者になった近衛基通も、「保元々年宇治左府（頼長）之時、法性寺入道殿（忠通）令二返受一給例、叶二今度之儀一、仍任二彼日例一被二沙汰行一也」といい、忠通にならって「長者印・地子所券」の引き渡しを行っている（『信範卿記鈔出（兵範記）』同年十一月廿八日条）。

(45)　坂本註(15)前掲書。

(46)　拙稿「鎌倉期摂関家の「家」と権門」（註(7)前掲拙著所収）。

(47)　従来の研究では、氏の財産と「家」の財産を分けることは、保元の乱以降の混乱状況のなかで、摂関家領を保全する意図からなされたと論じられてきたが（橋本註(4)前掲論文）、これが父子の結合を弱めるもので、むしろ摂関家の衰退につながるものであったことは、すでに註(7)前掲拙稿でも指摘した。

(48)　註(7)前掲拙稿。ただし、この部分は著書収録に当たり記述を削除した。

(49)　それぞれの就任年は東京大学史料編纂所ホームページの「大日本史料総合データベース」によって確認した。

(50)　もっとも元木氏は宗教権門たる興福寺の統制について、別当を介した支配より、所領給与・安堵を媒介にした大衆の統制を重視する。道家と大衆との関係については今後の課題だが、以前、明らかにしたように、天台座主を輩出する青蓮院門跡では、門跡慈源の坊官泰舜が道家に近侍していたことが確認でき、道家はかれらを介して寺院経営にまで関与することが可能であったと考えられる（拙稿「摂関家「氏寺」の中世的展開―法成寺・平等院を中心に―」〈註(7)前掲拙著所収。初出は二〇〇七年〉）。

第三章　藤原忠通と基実

——院政期摂関家のアンカー——

はじめに

明治維新まで京都の曼殊院に伝来し、現在は天皇御物として宮内庁三の丸尚蔵館に所蔵されている絵巻に『天子摂関御影』がある。この絵巻は平安末・鎌倉期の天皇・貴族を描いた肖像画集成で、天子巻、摂関巻、大臣巻の三巻からなり、名古屋の徳川美術館にもほぼ同じ構図の『天皇摂関御影』という絵巻が所蔵されているが、『天子摂関御影』『天皇摂関御影』のいずれも、摂関巻の巻頭に描かれているのは、法性寺殿こと藤原忠通である。

村井康彦氏は、これらの絵巻が「忠通からはじまるのはそれなりに意味のあること」であったと指摘している。摂関家は忠通の息子の代より、近衛流、九条流といった諸家に分立するから、忠通はこれらの諸家にとって共通の始祖となる存在だった。それ故、鎌倉時代を中心に歴代の摂関を描いたこれらの絵巻は忠通からはじまっているというのである。(1) 氏の指摘は正鵠を得たものと思われるし、鎌倉時代の摂関家にとって、忠通が共通の始祖という認識があったのも恐らく事実であろう。だが、現代の視点から、摂関家の歴史について考えた場合、忠通という人物は、鎌倉時代の摂関家へとつながるトップランナーというより、院政期摂関家のアンカーといった方がふさわしい。

院政期摂関家では、摂関の父親である前摂関が大殿と称して、摂関退任以後も摂関の人事権や家産を掌握し、絶大な権力を保持していたが、そのような摂関家全体を統括する大殿は忠通が最後であった。忠通以後も大殿は出現したが、それは分立した諸家の家長に過ぎず、大殿として摂関家の一族である御堂流全体を束ねる権限をもった人物は忠通以後、出てこなかった。(2)忠通の後、摂関家を継いだのは息子の基実だが、長寛二年（一一六四）から永万二年（一一六六）にかけて、忠通・基実の親子が相次いで亡くなると、摂関家は支柱を失い、それまで一括して継承されてきた摂関家の権限や家産は諸家に分散したのである。

忠通・基実の時期の摂関家については、これまでの研究では、権門としての自立性を失い、衰退する時期とされ、あまり高い評価を受けてこなかった。(3)だが、以上の事実から、筆者はむしろ最後に輝きを見せた時期と考えている。本章では、こうした視点から、改めて忠通・基実の権力獲得に至る過程と、その後の権力継承について検討し、かれら親子の関係を通して、当該期摂関家の実像に迫りたい。

第一節　基実の誕生

藤原基実は康治二年（一一四三）、ときの摂政藤原忠通と側室である源信子の子として誕生した。『公卿補任』を見ると、基実は「関白息」とあるのみだが、基実の異母弟である基房は二男、兼実は三男とあり、基実は長男と認識されたことがうかがえる。しかし、実際にはかれは忠通の長男ではなく、二人の腹違いの兄がいた。のちに興福寺別当となる恵信（覚継）、園城寺長吏となる覚忠である。かれらは二人とも基実出生時、すでに出家していた。では、出家した二人の兄と基実たちとを分けたのは一体何だったのだろう。

この点について興味深い話が『今鏡』にある。(4)これによれば、忠通は好色で寵愛する女性が数多あり、それぞれにたくさんの子どもを生ませていた。ところが、正妻である藤原宗子（白河院の側近藤原宗通の娘）と忠通の間には男児は生まれず、生まれたのはのちに皇嘉門院となる娘の聖子のみだった。宗子は「御腹に男君達おはしまさで、女院ばかり持ち奉り給へる」という嫉妬心から、自分以外が生んだ子女を忠通の側にも近づけさせなかった。そのため、「奈良の僧正」恵信、「三井寺の大僧正」覚忠といった宗子以外の女性が生んだ男子たちは出家を余儀なくされたようで、このことについて『今鏡』は「嫉む心なければ、御子も孫も多く出で来給ふとこそ申すなれ」と、宗子の嫉妬のために、忠通に後継者がなかなかできなかったと宗子を批判しているのである。

ただ、この話はそのままには鵜呑みできない。何故なら、『尊卑分脈』によれば、恵信は承安元年（一一七一）、五十九歳で没しているので、生年は永久元年（一一一三）となる。覚忠は治承元年（一一七七）、六十歳で没しているので、生年は元永元年（一一一八）となる。一方、忠通と宗子が結婚したのは元永元年十月二十六日であるので（『殿暦』同日条。以下、日記の同日条は日記名のみ記載）、かれらはいずれも宗子と結婚する年か、それ以前に生まれていたことになるからである。ここから考えれば、かれらが出家をしなければならなかったのは、宗子が妬んだからではなく、かれらが正式な結婚以前の子だったからだろう。むしろ記録を見る限り、忠通には基実誕生まで、宗子以外の女性との間に子どもを儲けたという事実は確認されない。宗子の嫉妬のせいで忠通に跡継ぎがなかったというのは、全くの濡れ衣なのである。

では、康治二年という時期になって、宗子ではなく源信子との間に基実が生まれ、「長男」として取り立てられたのは何故なのだろう。『今鏡』は、宗子が年をとり、「思ほし直し」たため、基実は「他腹なれど、殿の内に」置いてか

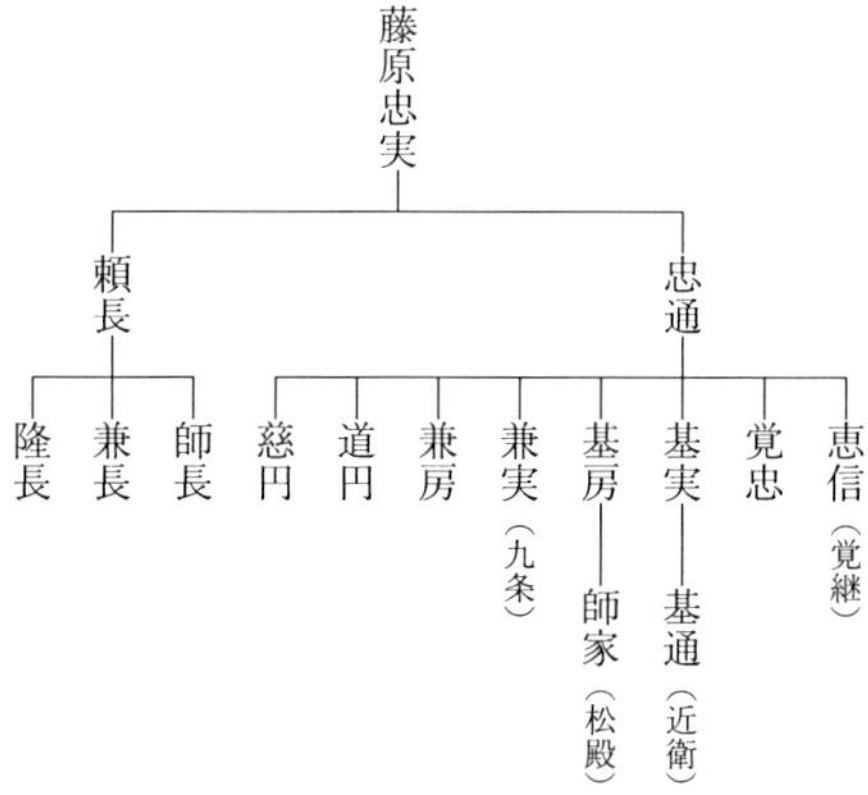

図9　藤原忠通・基実関係系図

わいがられるようになったという。だが、宗子が嫉妬深いというのが濡れ衣であるなら、これが宗子の心変わりのせいだというのもにわかには信じられない。だとすると、むしろ重要なのは、『今鏡』が心変わりの原因とする彼女の年齢の方であろう。宗子が結婚したとき、彼女は二十九歳だったので、(5)宗子は忠通より七つ年上ということになる。だが、だとすれば、康治二年ではすでに五十四歳となる。彼女は大治二年（一一二七）、三十八歳のとき、男児（同年死去）を産んだようだが、(6)この当時、五十を超えてはもはや出産はきびしい。つまり、忠通は基本的には宗子を正妻として尊重し、彼女に男児が誕生するのを待ったが、宗子が出産不可能な年齢になったため、それに代わる存在として若い信子が登場し、信子はみごと期待に応えて跡継ぎを生んだ、と考えるのである。これが正しければ、この子が「長男」とされたのも、宗子がこの子を引き取るのも、きわめて自然なことといえる。まさに基実は忠通・宗子夫妻にとって待望の男子だったのである。

それでは、基実は摂関家全体のなかではどのように位置づけられたのだろう。基実誕生以前、忠通は弟の頼長を養子に迎えていた。頼長やその子兼長は摂関家家嫡の特権的な地位である五位中将に就任しており、元木泰雄氏は、このことからこの時期、頼長の系統が嫡流に位置づけられていたと指摘している。(7)しかし、氏によれば、忠通は基実誕生後、次第に「実子への関白譲渡を優先し、養子頼長に対する譲渡に躊躇する」ようになったという。つまり本来的には頼長が嫡流であったのに、忠通は基実の誕生後、実子である基実を可愛がる余り、頼長と反目するようになったというのである。

だが、これについては若干検討の余地がある。まず、頼長が忠通の養子となり、摂関家家嫡特有の官位に就いたとはいえ、これによって摂関家嫡流がただちに忠通の系統から頼長の系統へと移ったわけではない。というのは、元木氏も指摘しているように、頼長の養子縁組は天治二年（一一二五）、忠通二十八歳、頼長六歳の時のことで、(8)「おそらく当初は実子誕生までの中継的な養子縁組だったと考えられる」からである。これ以前の摂関家では、忠通は忠実の二十歳の時の子、忠実は師通の十七歳の時の子、師通は師実の二十歳の時の子であったように、世代間の年齢差は二十歳程度であった。ところが、忠通の場合、三十直前まで跡継ぎがなかったため、頼長を中継ぎとすることで、本来的には今度生まれる忠通の子へのつなぎにしたというだけなのである。

では、頼長はいつ中継ぎから本命に変わったのだろう。元木氏は「忠通はしかるべき男子を得られず、結局頼長が事実上の後継者となるに至った」と述べているから、氏はこれを基実誕生以前と理解されているようである。だが、これについて、ここでは頼長の子兼長（菖蒲丸）が忠通の養子となった時期に注目したい。摂関の子となることは、元服と同時に正五位下に叙されるなど、官位昇進の点できわめて有利な待遇を受けることを意味した。兼長は保延四年（一一三八）の生まれであるから、基実より五歳の年長である。兼長が忠通の養子になれば、基実が生まれても、基実は確実に兼長の後塵を拝することになり、頼長の後は兼長ということになる。したがって、兼長が忠通の養子となった時期こそ、頼長が後継者の本命になった時期に当たると考えられるのである。

元木氏は、兼長が忠通の養子になったのは、基実の生まれた翌年に当たる天養元年（一一四四）十二月二十六日のこととする。だが、その根拠とする頼長の日記『台記』の同日条は、「菖蒲丸、於二殿下一有二猶子之義一、殿上間事、殿下可下令二沙汰一給上」というもので、兼長は忠通の猶子なので昇殿の沙汰を忠通が行ったとあるだけである。この段階ではすでに養子縁組は成立していると考えるのが妥当であろう。だとすれば、養子縁組の時期の上限として注目されるのは兼長の着袴である。兼長の元服は久安四年（一一四八）四月二十七日、忠通の沙汰で行われていたが、康治二年十二月八日の着袴は頼長の沙汰によって大炊御門高倉亭で行われているからである（いずれも『台記』）。ここから考えると、養子縁組は康治二年十二月八日から天養元年十二月二十六日の約一年の間に結ばれたものと見て間違いない。

そうすると、基実誕生の月日は不明であるものの、養子縁組はその直後であった可能性がきわめて高くなってくる。つまり、これだと基実は誕生の時点では摂関家の後継の本命であったが、その直後、兼長が忠通の養子となったことで、傍流へと転落したことになる。これまでの研究では、忠通が基実を無理に後継者としようとしたと考えられてきたが、実際には基実こそ本命の後継者となるはずの人物であった。兼長との養子縁組後、本命と思ってきた基実が傍流とされ、兼長が本命に差し替えられようとしたからこそ、忠通は頼長と激しく対立しだしたのである。

第二節　闘争の時代

忠通の養子となった兼長はその後、摂関家嫡として順調な官位昇進を遂げていった。『愚管抄』巻第四によれば、忠通に頼長への摂関譲与を迫った父忠実は、頼長の後は忠通の子孫に返そうと述べたというから、忠通が兼長を養子に迎え、元服を沙汰するなどしたのも、基実の地位を保証する何らかの取り決めがあったからだろう。しかし、忠実・頼長と忠通の関係は、兼長の元服直後から、この後継者問題をめぐって悪化する一方だった。久安四年（一一四八）九月、兼長は忠通の推挙により右少将に任じられるはずであったが、その補任は十月まで遅れ、忠通がわざと遅らせていると勘ぐった忠実は、忠通に書状を送りつけて非難した。忠通はこれに対し「兼長昇進事、自レ今以後不レ可レ知」と表明し(9)、同年十一月には、兼長が春日祭使の出立所として自分の邸である近衛殿を使うことを断ったのである(10)。任少将の一件の真相は不明だが、これによって忠通は兼長への関与を放棄したのであり、事実上、養子縁組は解消されたといえるだろう。

こうして亀裂が入った忠実・頼長と忠通との関係は容易にはもとに戻らなかった。前述のように、忠実は頼長を中継ぎとすることを条件に、何度も忠通に頼長への摂関譲与を求めたが、忠通はこれを拒否し続けた。久安六年になると、両者はそれぞれ自分の養女を近衛天皇の后妃として入内させようとして争い、その対立は一層激しさを増すようになった。そして同年九月二十六日、ついに忠実は忠通を義絶した。忠通は藤氏長者職や摂関家に代々伝わる日記・文書・所領などを没収されて、家嫡としての地位を追われたのである。

こうしたなか、基実は久安六年十二月二十五日、八歳で元服した。だが、基実の官位昇進は、最初から忠通義絶の影響を大きくこうむることになった。忠通はこの年八月頃から元服の準備をしていたのだが、九月に義絶の一件があったため、饗宴の諸国所課が停止され、飲食はなかったという[11]。来客の数も少なく、摂関の子は本来ならば元服と同時に正五位下に叙されるのだが、基実の場合、叙爵は同月三十日までずれこんだ(同日左少将に任じられている)。『本朝世紀』十二月廿五日条に「其間嗷々事等尤多」とあるように、元服の儀でもトラブルが相次いだらしい。基実の貴族としてのデビューはさんざんなものとなってしまったのである[12]。

基実はその後、久安七年正月六日、姉である皇嘉門院聖子の御給により従四位下、同年二月二日、同じく聖子の臨時御給によって正四位下となり、翌仁平二年三月八日、従三位に叙せられて十歳で公卿となった[13]。だが、基実の前途には、つねに兼長やその異母兄である師長が立ちふさがっていた。摂関家嫡流では五位で近衛中将に任じられるのが通例であったが、兼長が五位中将になっているのに対し、基実が中将になったのは従三位になってからである(仁平二年〈一一五二〉九月九日)。師長の場合、中将にはなったのは四位のときだが、公卿になった二年後には中納言に任じられて、摂関家家嫡を象徴する中納言中将となった。これに対し、基実は近衛天皇の没する久寿二年(一一五五)まで正三位左中将の官位に留め置かれた。頼長の日記である『台記』仁平三年十二月十一日条によれば、同じく摂関家家嫡のポストである近衛大将の人事でも、兼長を推す頼長と基実を推す忠通が衝突したが、人事権をもつ鳥羽院の軍配は兼長にあがっている。忠通は基実の昇進に熱心であったが、その敗色は誰の目にも明らかだったのである。

ところが、久寿二年七月二十三日、近衛天皇が死去すると、風向きは一変する。天皇の追号が忠通の近衛殿に由来することからも明らかなように、近衛天皇と忠通は親密な関係にあった。近衛の実母は美福門院得子だが、その家格は低く、忠通の娘である聖子が養母に、忠通は天皇の「養祖」になっていたのである(14)。したがって、近衛の死は本来忠通にとって大きな打撃となるはずであった。しかし、ここで忠通は近衛の後継者として真っ先に雅仁親王を推し、その雅仁が即位して後白河天皇になったので、かれは後白河即位後も、天皇の信頼を得て、その後見となったのである。

しかも、ここで特筆すべきは、近衛没後、頼長による先帝呪詛の噂が流れたことである。近衛が失明して亡くなったのは、愛宕山の天公像の目に釘が打たれたためとされ、これが忠実・頼長の仕業と噂された(15)。忠通や美福門院からこのことを聞かされた鳥羽院は噂を真に受け、忠実・頼長との距離を置くようになっていった。頼長は久安七年正月十日、内覧宣下を受けていたが、後白河即位以後は再宣下されず、執政としての地位を失ってしまう。失意の頼長は京都を去って宇治に籠居した。

そして、翌保元元年（一一五六）七月二日、鳥羽院が死去すると、忠通は文字通り一気に攻めに出る。最高権力者であった鳥羽の死にともなう政情の不安定化を恐れた忠通は、同月八日、頼長に謀反の疑いをかけて東三条殿を没官した。追い込まれた頼長は、同じく不満分子と目された崇徳上皇と合流して白河北殿に籠もって兵を集めた。これに対し、同月十一日の早朝、忠通や後白河は源義朝らの軍勢に命じて白河北殿を急襲し、頼長らの軍を打ち破る。頼長は運良く脱出したが、流れ矢に当たって深手を負い、十四日、逃亡先の奈良で死去した。頼長の子息たちも捕らえられ、兼長は出雲国、師長は土佐国、三男の隆長は伊豆国に流された。これまで摂関家嫡流の位置を占めてきた頼長流はこうして朝廷から一掃されたのである。

第三節　保元の乱後の忠通・基実

白河北殿の合戦の直後、忠通は剝奪されていた藤氏長者の地位に返り咲いた。しかし、このときの藤氏長者就任は異例のものであった。藤原氏の首長である藤氏長者の地位は、本来天皇が任じるような性格の地位ではなく、十世紀の藤原兼家以降、摂関職に附属して代々摂関家の内部で譲与されてきた。ところが、ここでは忠通の復任に当たって、かれを藤氏長者に任じる宣旨が出されたのである。藤氏長者就任に当たっては、これ以降、宣旨で任じられるケースが多くなるため、従来の研究では、このことは藤氏長者の任命権が天皇に奪われ、摂関家が自立性を失ったことを意味すると理解された[16]。摂関家の家長であった忠実・頼長を保元の乱で打ち破った後白河政権は、自分たちに刃向かった摂関家を抑圧し、解体させた、と考えられてきたのである。

だが、実は藤氏長者はこれ以降もすべてが宣旨によって任じられていたわけではない。保元三年（一一五八）、忠通は基実に関白・藤氏長者を譲った。このときも基実を関白に任じる詔はあったが、藤氏長者に任じる宣旨は確認されないのである。そもそも、忠通の場合、前任者は頼長であり、かれは白河北殿での敗北後、逃亡していたのであるから、藤氏長者職を譲与できるはずもなく、宣旨による藤氏長者補任とは、緊急的措置であった可能性が高い。保元の乱では藤氏長者の傘下にある興福寺が長者頼長に与同する動きを見せており、後白河政権は宣旨によって忠通を藤氏長者に任じることで、頼長と興福寺との結合を絶ちきろうとしたものと考えられるのである[17]。

このほか、従来の研究では、乱直後、摂関家領に対する公卿以外の預所の改易を命じる綸旨が出されたことも、摂関家領に対する天皇権力の介入と評価され、摂関家を弱体化する目的でなされたと考えられてきたが、基本的にここで改易された預所とは、忠実や頼長によって任じられた預所であり、忠通とは区別して考えるべきだろう。実際、忠通は保元元年七月二十三日には、「御庄園奉行人」を改定し、新たな「沙汰人」を任じている（『兵範記』）。むしろ天皇権力は忠実・頼長によって任じられた預所を綸旨によって強制的に排除することで、忠通への権力の移行をアシストしていたに過ぎないのである。

では、保元の乱後の政界における忠通・基実の位置とは、どのようなものであったのだろう。近年、山田邦和氏は、保元の乱で戦闘開始を命じるなど、戦闘の主導権を握っていたのは関白忠通であったことを指摘している(18)。保元の乱後の政務については、残存する史料が少なく、忠通や基実の活動の実態も不明な部分が少なくないが、保元元年八月二十六日、「謀叛党類」源為朝が近江国坂田で捕縛されたときには、まず忠通に報告があり、次に天皇に奏聞がなされている（『兵範記』）。ここから考えると、乱後も忠通が政務から排除されていたとは考えにくい。

それどころか、むしろ注目されるのは、基実の官位昇進である。基実は頼長失脚後の久寿三年（一一五六）正月二十七日、権中納言に任じられていたが、乱後は、同年（四月二十七日に保元と改元）九月十三日に権大納言、翌年八月九日には十五歳で右大臣、という具合に急速な官位昇進を遂げている。忠通が大臣になったのは十九歳（永久三年〈一一一五〉、内大臣）、忠実は二十三歳（康和二年〈一一〇〇〉、右大臣）である。ましてや基実は乱以前には傍流の位置にあり、昇進が遅れていたのだから、摂関家嫡流とはいえ、異常なスピードといっていい。このことは、一つには忠通・基実こそが摂関家嫡流の地位にあることを明示する意図でなされたのだと思われるが、それにしても人事権は天皇側にあるのだから、天皇側が忠通・基実を特別に優遇していることのあらわれと見るのが妥当だろう。

このようなあり方は、この時期の天皇・上皇の行幸・御幸にも見ることができる。保元二年、後白河天皇は新造内裏へ入る前に、いったん摂関家の本邸である東三条殿に入り、そこで三か月を過ごした後に、改めて新造内裏への行幸を行った[19]。翌年八月、二条天皇に譲位した後白河は十月、初の御幸として摂関家の管理する宇治への御幸を行った[20]。そして、ほぼ同時期、二条も初の行幸の行き先に東三条殿を選んでいるのである[21]。佐伯智広氏は、これらの行幸・御幸について、「院・天皇の摂関家に対する優位を誇示する」行為であったと指摘している[22]。しかし、これはこの時期の政権が摂関家を抑圧していたという従来の研究を前提としたもので、適切とは思われない。むしろ事実だけを見るならば、現代の国際政治においても、日本の首相が就任直後に訪米した場合、対米重視の姿勢を示したものと評されるように、後白河・二条の側が摂関家を重視する姿勢を示したものと評価する方が適切と思われるのである[23]。

そもそも摂政・関白とは、決して院や天皇を脅かす存在ではなく、天皇が幼少の際はこれを代行し、儀式ではつねに傍にあってこれを支える存在であった[24]。一方、異母弟近衛の急死によって突然天皇の地位に即いた後白河は、信西によって「和漢之間、少二比類一之暗主」と評されたように[25]、天皇としての正統性という点で大きな問題を抱え、白河や鳥羽のようなカリスマ性も持ち合わせていなかった[26]。後白河は、白河・鳥羽二代の院に仕え、儀式故実の面でも有職とされた忠通の拠点である宇治や東三条への行幸・御幸を重ねることで、摂関家との一体化を明示し、政権の安定化につとめようとしていたのである。

第四節　ポスト忠通の権力継承

保元の乱後も、忠通は政権の中枢にあり、摂関家は貴族社会の中でかなり特別な位置にあった。だが、本章では

「はじめに」においてこの時期を「最後に輝きを見せた時期」と述べたように、この時期以後、摂関家が弱体化していくことは事実と考えている。では、摂関家はなぜ弱体化していくのだろう。これについて、ここではポスト忠通の権力継承に注目してみていくことにしよう。

まず、忠通は保元三年（一一五八）八月十一日、関白・藤氏長者職を基実に譲った。このとき、基実はわずか十六歳であったが、頼長と長く対峙してきた忠通としては、どうしても自分の子孫に摂関家嫡流の地位を継承させたいという思いと、年を取ってから儲けた子であるだけに、六十歳を超えた忠通にはいつまでも基実の成長を待っていられないという意志が働いたのであろう。基実は若く明らかに経験不足ではあるが、前述のように、この時期の摂関家では家長としての権限は前摂関である大殿が掌握している場合が多かった。この場合も、忠通は関白退任以後も政務に関与しており[27]、大殿として基実の関白としての行為を補佐・後見しつづけていたのである。

だが、ポスト忠通の権力継承で特異なのは、基実の弟たちのあり方である。忠通は基実誕生後、源国子（基実母の妹）との間に基房、藤原仲光女との間に兼実・兼房・道円・慈円を儲けた。このうち基房は保元の乱直後の保元元年八月二十九日、十三歳で元服して正五位下に叙され、同年九月十七日には、左近衛権中将に任じられて五位中将となる。翌年八月九日には従三位に叙され公卿に昇進。同月十九日には参議を経ずに権中納言に任じられ、中納言中将となった。兼実も保元三年正月二十九日、十歳で元服して正五位下に叙され、同年四月二日には左近衛権中将に任じられて五位中将となった。永暦元年（一一六〇）二月二十八日、十二歳にして従三位に叙され、公卿となると、同年八月十一日には権中納言に任じられて中納言中将になった。この二人はともに摂関家嫡に特有の昇進ルートを歩み、基実以上に急速なスピードで昇進を遂げていたのである。

これはどのような意図の下に行われたのであろうか。まず考えられるのは、忠通の後継者は基実だけでなく、忠通は摂関家を複数に分立させる意図を持っていたのではないか、という説であろう。すでに西谷正浩氏は、摂関家を含め、この時期の貴族社会における「家」の後継者は複数存在したと論じているし[28]、飯沼賢治氏・野村育世氏は、名付や女院との関係に注目し、忠通が摂関家を基実・兼実の二つに分けて継承させようとしていたと指摘している[29]。基房や兼実の昇進は、まさにこうした説に合致するように見えるのである。

しかし、一方で、元木泰雄氏は、基房・兼実の嫡流相当の昇進について、「その後の摂関の継承に微妙な影響を与えたことは疑いない」としながらも、摂関家領の伝領について所領群ごとに分析した川端新氏の研究[30]により、忠通に分立の意図があったという点には否定的な見解を示している[31]。川端氏によれば、摂関家領のなかには年中行事の財源となる中核的な荘園群（京極殿領）があり、それは忠通以降もまとまって基実の家系に伝領されていたことが明らかになっているのである。

その上、保元の乱以前における忠通・頼長の嫡流争いから見ても、この時期の摂関家の後継者が複数存在したとは考えにくい。確かに結果から見れば、忠実の場合も、忠通と頼長という二人の後継者が存在したように見える。だが、本当に二人が後継者として並立的な関係にあるのであれば、両者が互いを蹴落としあうことはなかったはずである。この時期の摂関家では、摂関としての儀式や故実を行うために必要な父祖の日記や文書、そして年中行事の財源となる所領が重要で、これらは後継者と認められた者のみに継承された[32]。これらはそう簡単に分割できるものではないから、後継者の地位をめぐって熾烈な争いが起こったのである。

そうであれば、基房・兼実の昇進はどのように理解すればいいのだろう。忠通がやはり後継者を一人と考えていたのであれば、次に目が行くのは、基実の官歴である。先に基実の弟である基房・兼実は摂関家家嫡に特有の五位中将や中納言中将という官位に就いたと述べた。しかし、基実の場合、長く傍流の位置にあったため、こうした官位に就くことができなかったのである。なかでもかれにとって致命的なのは、かれが近衛大将になっていないことである。五位中将・中納言中将というのは官位の組み合わせに過ぎない。だが、大将になれず、大将としての経験を積んでいないということは、次の世代にそうした経験や作法を伝えることができないからである。基房や兼実はいずれも五位中将、中納言中将という嫡流のルートを踏み、基房は永暦元年八月十四日、左大将に、兼実も翌年八月十九日、右大将に任じられている。ところが、前述のように、基実は大将就任の機会を逸していた。大将を経ていないことは、基実の摂関家後継者としての正統性にも関わる問題であり、弟たちの昇進のあり方を考えると、忠通は将来的には後継者を基実ではなく、摂関家後継者としての経験を積ませた弟にする構想を持っていたのではないかと考えるのである。

そして、だとすれば、忠通が本命の後継者と考えていたのは誰かということになるが、私見では基房こそ、それにふさわしい存在であったと考える。その理由は、一つにはかれの母が基実の母である源信子の妹で、二人の父である権中納言源国信（村上源氏）の姉妹には忠通の母師子がいたように、この家系は忠通の母方の家系であったからである。兼実の母は家女房で、その父藤原仲光（南家貞嗣流）も忠実に仕える職事(33)であったので、摂関家の後継者としては母の出自が低すぎる。

そして第二に、基房は忠通から自筆の日記を伝えられており、のち兼実・基実の子孫たちも、基房から摂関家の故実・作法を習っていたことが知られる(34)。先に述べたように、摂関家では後継者には文書、所領と並んで父祖の日記が譲られていた。忠通以前の代々の日記は、このあと結果的に基実の子孫である近衛流に継承されたが、忠通の日記を基房が継承していたということは、やがてはかれが後継者となりすべての日記を継承すると予定されていたことを物語るものだろう。

しかも、さらに重要なのは、承安二年（一一七二）、基実の嫡男基通が任中将の拝賀で、基房のもとに参らなかったことについて『玉葉』同年十二月廿日条に「尚依レ存二故殿《（基実）》宿意一也」と見えることである。[35]「宿意」とは怨みのことであり、このことは関白である基実が不満に思う程、摂関家内で基房が優遇されていたことを示すものといえるだろう。実は忠通は結婚相手でも、基実と基房に差を付けている。基実は平治の乱直前、藤原忠隆の娘と結婚したことが知られるが、同じ頃、基房は藤原公教の娘と結婚していた。基実妻の兄には院側近の藤原信頼がおり、この結婚については、信頼が源義朝をはじめとする武士たちと連携していたことから、信頼と結ぶことで保元の乱で失った武力を補うことを意図していたとの指摘もあるが、[36]この家系は大国系院近臣家出身で、摂関家正妻の出自としては家格が低すぎる。これに対して、基房妻は、閑院流という摂関家に次ぐ上流貴族の出身で、父公教はこの時期の朝廷運営の実権者の一人であった。[37]婚姻関係から見ても、明らかに忠通は基房を重視していたのである。

ところが、忠通は基実に関白を譲ってから五年目の長寛二年（一一六四）二月十九日、六十八歳で没してしまう。前年六月に出家して円観と号していたが、一説によると愛妾の密通発覚に衝撃をうけ、憔悴したのが死因となったともいうから、[38]忠通自身、それほど早く死ぬとは考えていなかったのだろう。

結局、基房への権力委譲はならず、基実が名実ともに摂関家家長になったわけであるが、基房は応保元年（一一六一）九月十三日、十八歳で基実の次席に当たる右大臣に任じられており、すでに摂関をうかがうところまで到達していた。これでは基房の存在は基実を脅かすことになりかねない。実際、基実は基房に「宿意」があったというのだから、すでに確執は表面化していたと見ていいだろう。こうしたあり方こそ、基実の権力を不安定にし、ついには摂関家自体を大きく揺るがしていったと考えられるのである。そこで、最後に次項では以上を踏まえて、忠通没後の展開についてまとめ、本章を締めくくることにしよう。

おわりに——忠通・基実の死とその後——

長寛二年（一一六四）、忠通の死を受け、摂関家の家長となった基実がまず最初に行ったのは、平清盛の娘盛子との結婚だった。盛子との再婚については、保元の乱で解体した荘園の武力を立て直すものであるとか、それまで妻だった藤原忠隆女の兄信頼が平治の乱で謀反人として処刑されたことから、これをうけたものであるなどと指摘されてきた。(39) だが、忠通が没したのは長寛二年二月十九日、基実と盛子の結婚は同年四月十日である（『愚管抄』巻第五）。これに基実の立場が摂関家内部で必ずしも正統性をもつものと見なされず、不安定なものであったことを重ねてみるならば、基実は盛子との結婚を通して平氏と結び、清盛を後見人に迎えることで、摂関家内部における権力を強化しようとしたものと見るべきだろう。盛子との結婚後、基実の家政機関には、平氏一門が家司として補任されるようになる。(40) 平治の乱後、清盛は国家における軍事警察権を掌握するとともに、二条天皇の乳父として政権の中心にあり、基実はかれらと一体化することで、自分の嫡流としての地位を守ろうとしたのである。

だが、永万二年（一一六六）七月二十六日、基実は赤痢のため、わずか二十四歳という若さであっけなく没してしまう。基実には基通・忠良などの男子がいたが、いずれも幼く、ここに右大臣基房が後任の摂政となったのである。だが、このとき、摂関家領の多くや日記・文書は、藤原邦綱や清盛の働きかけによって、いったん盛子を介した上で、嫡男基通へと継承されることが決定する。基房は摂政になったものの、これによって本命である基通への中継ぎに位置づけられることになった。邦綱は忠通の「左右ナキ者」（『愚管抄』巻第五）であったが、基実にも年預別当として仕えており、忠通の構想に反して基房を摂関家継承から排除したのである。

しかしながら、ここには実は致命的な落とし穴があった。盛子や基通は摂関家を継承したとはいっても、ともにまだ未成年であり、盛子の父清盛が事実上の大殿として基通を後見し、大殿の立場によって国政運営にも深く関与することになった。[41]だが、一方で清盛は摂関家の故実・先例を知らないから、根本的なところで大殿の代わりになり得なかったのである。かれはこの問題を解消するために、基実の後、基房や師長（頼長の子）と盛子を再婚させようとしたようである。だが、これはいずれも行き詰まり、摂関家後継者としての基通の正統性は揺らいでいった。そして、治承三年（一一七九）、盛子が没し、平氏と摂関家との関係は不安定になる。この直後、基房は清盛との対立姿勢を強める後白河と結んで、嫡流の奪取に動いたが、清盛はこれを容易には認めず、基房・基通の嫡流をめぐる争いは、平氏や院を巻き込んで長期化していった。ここに政治勢力としての摂関家は事実上分裂し、摂関家の国政上における存在感は低下していったのである。

註

（1）村井康彦「列影図巻とその時代」（『新修日本絵巻物全集二六　天子摂関御影・公家列影図・中殿御会図・随身庭騎絵巻』角川書店、一九七八年）。
（2）拙稿「院政期摂関家における大殿について」（『中世摂関家の家と権力』校倉書房、二〇一一年。初出は二〇〇二年）。
（3）橋本義彦「藤氏長者と渡領」（『平安貴族社会の研究』吉川弘文館、一九七六年。初出は一九七二年）。元木泰雄「院政期政治構造の展開―保元・平治の乱―」（『院政期政治史研究』思文閣出版、一九九六年。初出は一九八六年）。
（4）「ふぢなみの中」第五「浜千鳥」。『今鏡』のテキストは日本古典全書版を使用。
（5）宮内庁書陵部所蔵『胡曹抄』。
（6）『中右記』同年四月九日条。
（7）元木泰雄『藤原忠実』（人物叢書）（吉川弘文館、二〇〇〇年）。

（8）『中右記目録』同年四月廿三日条。
（9）『台記』同年十一月十一日条。
（10）註（9）に同じ。
（11）『台記』同年十二月四日・二十四日条。
（12）このほか、佐伯智広氏によれば、基実という名前が決定されたのは元服に際してであり、このことはかれが童殿上を認められていなかったことを意味しているという（「貴族の一生―摂関家の場合・外戚の場合―」〈細川涼一編『生・成長・老い・死』〈生活と文化の歴史学7〉竹林舎、二〇一六年〉）。
（13）『公卿補任』。以下、官位の話題は同書により、出典を省略する。
（14）『兵範記』久寿二年七月二十三日条。
（15）『台記』久寿二年八月二十七日条。
（16）註（3）に同じ。
（17）拙稿「藤氏長者宣下の再検討」（本書第Ⅱ部第二章）。
（18）山田邦和「保元の乱の関白忠通」（朧谷寿・山中章編『平安京とその時代』思文閣出版、二〇一〇年）。
（19）『兵範記』同年七月六日条、十月八日条。
（20）『兵範記』保元三年十月十七日条。
（21）『兵範記』保元三年十月十四日条
（22）佐伯智広「保元三年宇治御幸の史的意義」（『中世前期の政治構造と王家』東京大学出版会、二〇一五年。初出は二〇〇八年）。
（23）佐伯智広氏は註（22）前掲論文を著書に再録するに当たり、補注を追加して本論における批判についてふれ、「樋口説は、保元の乱後の藤原基実の急激な昇進に見られるように、後白河天皇は摂関家を重視し優遇しているという、保元の乱後の摂関家の評価によっている。しかし、樋口説では、後白河天皇による摂関家抑圧として従来の通説で重視され、本書でもたびたび取り上げてきた、保元三年四月、院近臣藤原信頼との衝突により、摂関家家司藤原邦綱・信範が解官されたこと、および、同年八月、後白河院から二条天皇への譲位に際し、信西と美福門院のみによって決定が行われ、摂関家は決定に参与しなかったことについて触れておらず、その評価には従いがたい」と述べている（佐伯註（22）前掲書一五〇頁）。しかし、筆者は佐伯氏の指摘する二つの事例は、いずれも摂関家に対する抑圧には当たらないと考えている。まず、保元三年四月二十日の賀茂祭における信頼と摂関家との衝突は偶発的な事件であった。しかも、いったんは同月二十三日、天皇が激怒し、責任者の邦綱・信範が解官され、忠通は東三条殿の門を閉ざして出仕を停止したが、二十六日には邦綱・信範は免ぜられて忠通は東三条殿の門を開けている（『兵範記』）。このような対処の方法は、むしろ摂関家と天皇が衝突しないよう、天皇の側が配慮していることのあらわれと考えられるのである。次に後白河の譲位については、これが美福門院と信西との間で決定したのは確かと思われる。しかし、そもそも後白河は美福門院の養子で鳥羽院の正統な後継者である二条天皇への中継ぎとして即位した存在であり、後白河即位後、后妃として入内したのが徳大寺家の藤原忻子であったように、摂関家は後白河と密接な関係を結ぼうとしなかった。譲位に摂関家が関わらないのも密接な関係がないからであって、これをもって抑圧というのは全く当たらない。そもそも佐伯氏は信西が二条に対する後白河の優位性を示すため、宇治御幸を行って摂関家を抑圧したというのだが、二条側もいまだ摂関家との関係が結ばれていない段階において、摂関家を抑圧する理由がよくわからない。この段階で優位性を示すのだとすれば、むしろ摂関家と密接な関係を構築した方が得策なのではないだろうか。こうした点からも、やはり宇治御幸や東三条殿への行幸は、摂関家に対する抑圧というより、むしろ重視し、積極的に取り込んでいこうという姿勢のあらわれと見るのが妥当であろう。

（24）拙稿「白河院政期の王家と摂関家―王家の「自立」再考―」（本書第Ⅰ部第二章）。
（25）『玉葉』寿永三年（一一八四）三月十六日条。
（26）遠藤基郎「院政の成立と王権」（『日本史講座第3巻 中世の形成』東京大学出版会、二〇〇四年）。
（27）川合康「後白河院と朝廷」（『鎌倉幕府成立史の研究』校倉書房、二〇〇四年。初出は一九九三年）。佐々木宗雄「治天・摂関―職事枢軸体制の構造」（『平安時代国制史研究』校倉書房、二〇〇一年）。
（28）西谷正浩「平安末・鎌倉前期の家と相続制度」（『日本中世の所有構造』塙書房、二〇〇六年。初出は一九九一年）。
（29）飯沼賢司「人名小考―中世の身分・イエ・社会をめぐって―」（竹内理三先生喜寿記念論文集刊行会編『荘園制と中世社会』東京堂出版、一九八四年）。野村育世「家領の相続に見る九条家」（『家族史としての女院論』校倉書房、二〇〇六年。初出は一九八八年）。
（30）川端新「摂関家領荘園群の形成と伝領―近衛家領の成立―」（『荘園制成立史の研究』思文閣出版、二〇〇〇年、初出は一九九四年）。

(31) 元木泰雄「五位中将考」(大山喬平教授退官記念会編『日本国家の史的特質〈古代・中世〉』思文閣出版、一九九七年)。
(32) 註(2)前掲拙稿。
(33) 『殿暦』天永元年(一一一〇)十二月一日条。
(34) 細谷勘資「摂関家の儀式作法と藤原基房」(『中世宮廷儀式書成立史の研究』勉誠出版、二〇〇七年。初出は一九九四年)。松薗斉『日記の家―中世国家の記録組織―』(吉川弘文館、一九九七年)。
(35) すでに多賀宗隼氏もこのことに注目し、「基実と基房が相善くなかったことが凡そ想像せられるのである」と述べているが(「藤原兼実」〈『論集中世文化史　上　公家武家編』法蔵館、一九八五年。初出は一九六八〜六九年〉)、その背景までは論じられていない。
(36) 元木泰雄『保元・平治の乱を読みなおす』〈NHKブックス〉(日本放送出版協会、二〇〇四年)。
(37) 河内祥輔『保元の乱・平治の乱』(吉川弘文館、二〇〇二年)。
(38) 角田文衞「三人の野心家―忠通・頼長・信西―」(『平安の春』〈講談社学術文庫〉講談社、一九九九年。初出は一九七七年)。
(39) 田中文英「平氏政権と摂関家」(『平氏政権の研究』思文閣出版、一九九四年。初出は一九六八年)。元木註(36)前掲書。
(40) 元木泰雄「和泉守藤原邦綱考」(『泉佐野市史研究』三号、一九九七年)。
(41) 拙稿「平安末期摂関家の「家」と平氏―白川殿盛子による「家」の伝領をめぐって―」(註(2)前掲拙著所収。初出は二〇〇四年)。

第Ⅲ部　摂関家九条流の形成と発展

第一章　摂関家九条流の形成と女院

はじめに

永万二年（一一六六）、摂政基実の急死後、摂関家では、基実の嫡男基通だけでなく、基実の弟である基房・兼実までが摂関に就任し、基通の近衛流、基房の松殿流、兼実の九条流の三つの家系に分かれる。このうち松殿流は治承・寿永の争乱のなかで早々に没落したが、鎌倉時代になると近衛流は近衛家・鷹司家の二家に、九条流は九条家・一条家・二条家の三家に分かれ、五摂家として幕末維新まで続いていくことになる。

では、摂関家の分裂はいかにして起こったのだろう。一般に摂関家は、基実の弟である基房や兼実が摂関に就任した時点で三つの「家」に分裂したと理解されているが、上横手雅敬氏によれば、後白河院政期までは近衛・松殿・九条の各流は「交互に盛衰を繰り返し、一方が栄えると他方は衰え」る状態であったとされている(1)。治承三年（一一七九）、平清盛のクーデターによって近衛基通が関白になると、前任関白であった松殿基房は流罪となり、松殿流は没落した。反対に寿永二年（一一八三）、法住寺合戦によって後白河院政が停止され、基房の子師家が摂政になると、近衛基通はすべての家産を奪われ、近衛流は没落した。これは、保元の乱直前、忠通と頼長が摂関家嫡流の地位をめぐって争ったのと同様、一つの「家」の継承をめぐる争いであり、複数の摂関家が同時に併存していたわけではないのである。

では、複数の摂関家が同時に併存するようになるのはいつからなのだろう。これも上横手氏によれば、建仁二年

（一二〇二）の近衛基通から九条良経への摂政交替以降とされている。このとき、基通と嫡子の右大臣家実はいったん閉門を命じられたが、家実はその直後から朝廷への出仕を許されており、後鳥羽院政の下、九条家と近衛家がともに朝廷に仕える体制が確立した。ここに近衛家・九条家はともに摂関家として確定し、はじめて摂関家は二つに分立したのである。

ただ、それにしても、摂関家では、なぜ基実の後、近衛流・松殿流・九条流という三つの家系に分かれ、それぞれが「家」の継承をめぐって争うような事態に至ったのだろう。この理由については、もちろん基実が急死したことや、政治状況の混乱もあげられるが、第Ⅱ部第三章では、それ以前の問題として、忠通の後継者をめぐって子息の間に対立があったことを指摘した。忠通は長男である基実に関白職を譲ったが、一方で二男である基房も摂関家家嫡の昇進ルートをたどり、破格の昇進を遂げていた。忠通は基房を本命の後継者として、ゆくゆくはかれに摂関の地位を譲ろうと図っていたが、その前に忠通は急死し、残された基実・基房の兄弟は対立することになったのである。

だが、そこでも見たように、基実の兄弟で摂関家家嫡の昇進ルートを歩んでいたのは、基房だけではない。三男の兼実もやはりそうなのである。第Ⅱ部第三章では、兼実は母の出自が低く、摂関家の後継者とは見なされなかったと述べたが、だとすれば、かれはなぜ破格の昇進ができたのだろう。そこで、本章では、摂関家分立の前提として、兼実の破格の昇進の背景について探ってみたい。

第一節　兼実の位置に関する再検討

兼実については、確かにこれまでも、松薗斉氏のように、かれが摂関家代々の日記を持っていなかったことから、あくまで傍流の存在であったとする指摘もあるが、[2]一方で父忠通によって当初から後継者に位置づけられていたとの説も根強い。

なかでも摂関家嫡流の名前に注目した飯沼賢治氏は、摂関家では頼通以来、「実」「通」の通字を一代おきに使用していた事実から、「通」の通字をもつ忠通の子息のなかでは、「実」の通字をもつ基実・兼実が、ともに家嫡の資格を持つ存在であったとして、忠通の子息から命名原則を踏襲する二家が出現すると論じている。[3]

また、飯沼説をもとに、財産相続の面から兼実家嫡説を主張したのが野村育世氏である。[4]野村氏は、基実が叔母（忠通の妹）である高陽院泰子の養子（猶子）[5]になる一方、兼実も異母姉である皇嘉門院聖子の養子になっていたとの高群逸枝氏の指摘[6]に注目し、忠通は基実・兼実を家嫡にするとともに、両者を大量の所領を有する女院の養子にすることで「あらかじめ摂関家を二つに分けることを意図していた」と説いたのである。

しかし、以上の説はいずれも問題がある。まず、飯沼説についていえば、基房が兼房と同様の傍流とされていることである。第Ⅱ部第三章で見たように、基房も摂関家家嫡相当の昇進を果たしているのに、これではそのことが全く説明できない。

次に野村説では、女院養子＝摂関家家嫡とするのだが、果たしてこれは正しいのだろうか。ここで注意したいのは、兼実同様、女院の養子となった兄基実の位置づけである。そもそも飯沼氏や野村氏の議論は、基実が当初から家嫡であることを自明のこととしているようだが、これはそうとはいえない。というのも、第Ⅱ部第三章で見たように、康治二年（一一四三）、基実が誕生した時、父忠通は異母弟頼長を養子に迎えており、基実の位置づけは微妙であったからである。しかも、基実の誕生直後、忠通はさらに頼長の子息である兼長を養子に迎えており、基実はこの段階で家嫡ではなくなった可能性が高いのである。

このことを踏まえた上で、注目したいのは次の史料である。

於㆓高陽院㆒、予・摂政児餅戴、件児去二月四日被㆑迎㆓此院㆒、本在㆓其母中納言典侍宅㆒、殿下不㆑憂〔愛イ〕又不㆓沙汰㆒云々、去々年所㆑生也、

（『台記』天養二年〈一一四五〉正月五日条）

これは、摂政忠通の子が高陽院御所で戴餅を行ったというものであるが、「去々年」つまり康治二年の誕生であり、母親が中納言典侍（源信子）であったことから、この子は基実であったことがわかる。そして、だとすると、前年の二月四日に母である信子の邸宅から離され、「被㆑迎㆓此院㆒」とあるから、基実が高陽院の養子になったのは、生後一年という早い段階であったことがうかがえるのである。

そして、そうだとすると、問題になるのは、「殿下不㆑憂〔愛イ〕又不㆓沙汰㆒云々」という文言である。「殿下不㆑憂又不㆓沙汰㆒」では意味が通りにくいので、これは異本のように「殿下不愛」とするのが妥当かと思われるが、だとすれば、これは「忠通は基実を愛していなかった」と解釈されるのである。第Ⅱ部第三章で見たように、基実は忠通にとって待望の男子であり、忠通がこれを愛さなかったとは考えにくい。恐らく愛さなかったというのはポーズであろう。この段階では、すでに摂関家は頼長―兼長へと継承されることが固まっていた。そのなかで忠通は周囲に基実を家嫡にしようと考えているという疑念を抱かれるのを恐れ、基実を愛していないとのポーズを取った。そして、かれはそのことを示すために、基実の戴餅の儀式も沙汰しなかったのである。

ここから考えると、基実を自分のもとで育てず、高陽院の養子にして、女院の御所で育てさせたのも、同様の文脈から読み解くべきものであることに気付かれるであろう。つまり、忠通が基実を高陽院の養子にしたのは、基実を摂関家家嫡としないことを示すためのポーズであった。これが正しければ、女院の養子にすることとは、野村氏が論じたのとは反対に、摂関家の家嫡ではないことを示すものだったことになる。そして、だとすれば、兼実の場合も、摂

関家の家嫡だったから女院養子になったのではなく、むしろ家嫡ではなかったからこそ、女院の養子になったと考えられるのである。

だが、そうすると、兼実はなぜ摂関家家嫡の昇進ルートで昇進することができたのだろう。これについても、以上から理解すれば、女院の養子という立場に引きつけて理解する必要があるだろう。そこで、注目したいのが、皇嘉門院と兼実の長男良通との関係である。良通は、兼実と同様、皇嘉門院の養子になっていた。そして、かれも兼実同様、摂関家嫡並みの昇進を遂げているのである。

そこで、良通の昇進について見直してみると、次のような事例がある。治承元年（一一七七）十一月二十四日、良通は右中将への任官を果たしているが、同月十二日、兼実は皇嘉門院より「良通中将所望事」について後白河院に申し上げるよう命じられていた（『玉葉』同日条。以下、日記の同日条は書名を省略）。つまり、良通の昇進は皇嘉門院の働きかけによるものだったのである。

しかも、さらに興味深いのが、承安五年（一一七五）三月、良通の元服時の叙位である。このとき、父兼実は右大臣であり、「叙位事、一家之習、大臣嫡子叙従上定例也、仍今度同可㆑然」と考えていた。つまり、大臣の嫡子なので、「一家之習」に従い、元服に際して従五位上に除すのが適当と思っていたのである。ところが、皇嘉門院は兼実に対し、「小童自㆓襁褓之昔㆒、偏致㆓撫育之礼㆒、専為㆓我嫡子㆒、非㆓汝之子息㆒、仍欲㆑申㆘可㆑叙㆓正下㆒之由㆖」と命じた(7)。良通は生後まもなくから皇嘉門院の養子とされ、彼女によって育てられていた。そこで、良通について、皇嘉門院は「我嫡子」であって兼実の子ではないとし、したがって良通は兼実の子であるよりも一ランク上の正五位下で叙されるべきと主張したのである。通例、摂関の子は元服時、正五位下に叙されるから(8)、皇嘉門院は、自分の「嫡子」は摂関子弟並みの昇進が可能だと考えていたことになるだろう。

先に見た右中将任官についても、実は良通は中将任官によって五位中将になっていた。五位中将は摂関家家嫡を象徴する地位であるから、[9] 良通は皇嘉門院の後押しによって摂関家嫡並みの昇進ができたことになるだろう。元服時には結局良通は従五位下で叙されるのだが、その後も皇嘉門院はかれを摂関家嫡並みの昇進ルートで歩ませたのである。以上のことは、恐らく父である兼実の場合も同様であっただろう。兼実が摂関家の家嫡ではなかったにもかかわらず、家嫡並みの破格の昇進が可能だったのは、かれが女院の養子として、女院の後押しで昇進したからだったと理解されるのである。

第二節　女院と養子の関係

第一節では、兼実が皇嘉門院の養子になったことについて、従来の研究とは反対に家嫡ではないことを示すものであり、兼実の摂関家家嫡並みの破格の昇進は、摂関家家嫡ではなく、女院との関係で考えるべきものであることを指摘した。だが、そうすると、そもそも女院はなぜ養子を必要とし、それを摂関家嫡並みに昇進させたのだろう。

先述した良通の中将任官について、主体的に働きかけを行ったのは皇嘉門院なのだが、女院の命を受けて直接院と交渉を行ったのは兼実だった。このことからもうかがえるように、女院が養子を必要としたのは、一つには女院の代わりに、朝廷や有力者との交渉役をつとめさせるためだろう。ほかにも兼実は皇嘉門院の命を受けて、女院領に対する所役免除を後白河院に申請したり、[10] 女院領への乱入事件を後白河院・建春門院に訴えたりしている。[11] いうまでもなく兼実は右大臣という要職にあるのであり、右大臣という立場にあることを以て、院をはじめとする有力者と交渉した。すなわち、女院の身代わりとして交渉するためには、それなりの高い身分が必要だったのである。

しかし、女院にとってより重要だったのは、自身の没後の問題である。近年、野口華世氏は、王家における女院について、女院領を財源として、父祖の仏事を執り行う存在であったと指摘している(12)。摂関家の場合でも、兼実は「女院（謂二皇嘉門院一）中事、大小巨細莫レ不二口入一」と述べ、これに続けて女院中の雑務は「多象二仏事一」と記しているから(13)、女院の経営が仏事を中心とするものであったことは確かだろう。だが、大規模な女院領を保持する女院は、王家でも摂関家でも、実子がいない場合が多く、その後の仏事経営の受け皿が問題となった。すなわち、このことから考えれば、兼実のような養子は、何にもまして仏事経営を受け継ぐ役目を負っていたものと理解されるのである。

事実、小原仁氏がくわしく考察しているように、皇嘉門院の執り行っていた仏事は彼女の没後、兼実によって執り行われた(14)。皇嘉門院は、父忠通から法性寺の最勝金剛院を譲られており、彼女はそこで父母のために仏事を執り行っていたのだが、それらは女院の没後、兼実に伝えられて九条流の年中行事になっていくのである。

しかし、だとすると重要なのは、女院の仏事とは、ただ女院の養子になったからといって誰でも受け継げるようなものではなかったことである。女院の仏事には、財源として設定された荘園があり、院司や女房たちが預所などとして荘園を知行しながら仏事に奉仕する体制がとられていた(15)。そもそもかかる荘園は女院の権威によって立荘・保持されてきたものであるから、仏事を受け継ぐ者にも女院同等の権威が必要であったのである。実際、先述したように、女院領には、女院生前においてさえ、朝廷から免除になっているはずの所役が賦課されたり、他権門からの乱入を受けたりする場合があったのであり、一定の権威と政治的実力をもつ者に伝えなければ、女院没後もかかる荘園を維持するのは容易でなかったと考えられる。つまり、女院にとって最大の関心事は、自身が没した後も仏事が維持・継承されることにあったのであり、そのために女院は後継者たる養子を権威ある地位まで昇進させる必要があったのである(16)。

養和元年（一一八一）十二月四日、死を目前にした皇嘉門院は、後白河院が見舞に遣わした女房に対して、「大将《良通》事之外、無二思置事一」と述べている（『玉葉』）。彼女は良通のことだけが気がかりだと言ったというのであり、これについて小原氏は、「彼個人の将来に対する漠然とした不安というよりは、むしろもっと明確な最勝金剛院の経営に関わる不安感」によるものだったかと指摘している。良通は、治承四年（一一八〇）五月の皇嘉門院惣処分状において、最勝金剛院を譲られることになっていたのである[17]（なお、皇嘉門院惣処分状では、兼実の生前は兼実の沙汰を認めていた）。小原氏の指摘が正しければ、このことも女院が養子を昇進させたのが、仏事の維持・継承のためであったことを裏付けるものであろう。皇嘉門院は最勝金剛院での仏事を良通に委ねたからこそ、死を前にしながらも後継者たる良通の行く末に心を砕いていたのである。

さて、以上のような女院の養子関係については、従来の研究では摂関家の中の問題として扱われ、財産の相続のみを目的とした形式的なものとして理解されてきた。だが、ここまで見てきたように、女院の養子が摂関家の家嫡とはイコールでなく、また女院にとっての必要から養子関係が結ばれているとするのであれば、いったんこの問題は摂関家本体から切り離して論じるべきではなかろうか。

そもそも女院養子となった子息は、摂関家の中ではなく、物心つく前から女院に引き取られ、女院によって養育されることが多かった。前節で見たように、良通は皇嘉門院によって「自二襁褓之昔一、偏致二撫育之礼一」されていたし、基実も生後一年にして母のもとから高陽院御所に引き取られていた。そして、兼実の場合も、最初に皇嘉門院の養子として確認されるのは八歳のときであるが[18]、皇嘉門院の乳母である御匣殿[19]によって幼少時から奉仕されており、幼少時から皇嘉門院周辺で育った可能性が高いと考えられるのである[20]。

そして、成長後も女院と養子は密接な関係を有していた。たとえば、野村育世氏が詳細に検討しているように、兼実の家司はほとんどが皇嘉門院の院司を兼任する者であった[21]。また、兼実の邸宅は、六角東洞院第・三条万里小路第といった内裏に近い邸宅も利用しているが、本拠としていたのは皇嘉門院の九条殿に隣接した九条富小路殿であった[22]。こうした事実は、女院の養子が実家よりもむしろ女院と一体化した存在であったことを物語るものであろう[23]。女院の養子は女院のもとで成長し、女院の支えによって立身する。まさに女院と養子との関係は実体をともなった親子のような関係だったのである。

しかも、注意すべきは、摂関家の子弟を迎える女院とは、摂関家出身の女院だけとは限らなかったことである。兼実の二男良経は、鳥羽院の皇女である高松院姝子内親王の養子[24]、六男良輔も、同じく鳥羽院の皇女である八条院暲子内親王の養子になっている[25]。また、九条流以外でも松殿基房の子家房は、やはり鳥羽院の皇女上西門院統子内親王の養子になっているのである[26]。このことから考えると、兼実の破格の昇進や九条流の形成という問題は、摂関家のなかだけにとどまらない広がりをもった問題なのではないだろうか。右のうち良輔が八条院の後継者として、兼実・良通同様、仏事やその財源たる荘園を相続したことは、第Ⅲ部第二章で改めて論じるが、先に見たように、後継者を迎えて仏事を継承させせなければならないのは、摂関家だけでなく、王家も同じであった。したがって、同様のことはほかの王家出身女院でも起こりえたのではないかと考えられるのである。

そもそも十二世紀前半、大規模な女院領が形成されるのは、王家でも摂関家でも同様であった。王家・摂関家とも京都周辺に御願寺が造営されると同時に、その財源として全国各地で荘園の立荘と集積が進められ、女院が父祖の仏事とともに御願寺とその所領を継承するようになったのである。こうしたなか、王家では、女院が王家の家長たる院から自立した性格を持ち、独自に所領の処分権も保持したため、皇位を継承する主流とは別に、所領とともに追善仏事を継承する新たな権力の流れを生み出したことが指摘されているが[27]（第Ⅲ部第二章で検討する「八条院流王家」もそれに当たる）、以上から考えると、摂関家における九条流も恐らくそれと同根のものであったのだろう。ただし、十二世紀前半の女院領創出にともなう権力再編のなかで生み出された二つの新たな流れはその後、王家と摂関家で対照的な展開を遂げる。王家における「八条院流王家」が、やがては王家主流のなかに吸収されて消滅する結末を迎えたのに対し、摂関家における九条流は、治承・寿永内乱にともなう政治的混乱のなかで兼実が摂関に就任、さらにそれを子孫へ伝えていくことで、もう一つの摂関家として固定化する道を歩むのである。

おわりに

以上、本章では、摂関家分立の前提となった九条流の形成について、ただ摂関家の「家」の分裂ではなく、王家も含めた王権全体の再編成のなかで生じたものであったことを明らかにした。十二世紀前半、王家・摂関家では、大規模な女院領が形成されるとともに、かかる女院領を維持・継承する受け皿が問題になった。こうしたなか、摂関家では、女院が摂関家の子弟を幼少時から養育し、養子として女院領と仏事を相続させる形態がとられた。王家でも八条院領を保持した八条院は、同母弟である後白河院の皇子以仁王を養子に迎えているし、長講堂領を保持した宣陽門院は、近衛家実の娘長子を養子として女院領を伝えようとした(28)。王家の場合、皇位継承にともなって継承される王家主流とは別に、女院から養子に伝えられる新たな分流が形成されたのであり、ここから考えると、本来、九条流も同様に、摂関継承にともなって継承される摂関家主流とは別の新たな分流であったといえるだろう。

しかも、ここで注目すべきは、近衛家実の娘長子が宣陽門院の養子となり、兼実の息子たちが高松院や八条院の養子となったように、養子関係は王家・摂関家という垣根を越えたものだったことである。従来の研究では、摂関政治期から院政期にかけ、王家と摂関家の関係はしだいに分離するとされてきたが、このことは実際には院政期以降の段階でも王家と摂関家の境界線が必ずしも明確になっていたわけではないことを物語るものだろう。

最後に、かかる女院領の継承と摂関家家長との関係についても述べておこう。女院領は王家では最終的には家長たる治天の君の所領として吸収されていったが、摂関家でも同様に家長が女院領を吸収しようとする試みはあった。前述のように、皇嘉門院は養子である兼実とその子良通を自身の後継者とし、良通への最勝金剛院の譲与を決めていた。しかし、女院はこれについて「一の人のしられむこそよかるめれといふ人とものありしかは、いへにとりて一の人しらるへしとて、まつ殿にと申」した。(29)つまり、「一の人」＝摂関が知行した方が良いという人がいたため、彼女は摂関家にとっては摂関が知行した方がよいということで、当時摂関であった松殿基房にこれを一度は譲ろうとしていたのである。これは、皇嘉門院没後、このことを根拠に基房が最勝金剛院の知行を主張して訴えたことから、基房が主体的に自身への譲与を図ったものと考えられている。(30)しかしながら、これは結局失敗する。述べるまでもなく、最勝金剛院領は皇嘉門院没後、「一の人」が伝領する所領とはならず、兼実―良通に伝えられて九条流の家領となっていくのである。

では、なぜ摂関家では、女院領は家長の所領に吸収されなかったのだろう。皇嘉門院はいったん基房に譲ろうとした最勝金剛院を治承四年（一一八〇）、再び良通に譲り直した理由を「ゆくすえまてたれも大事に思われむことかたきためとしているが、(31)この前年の十一月、基房は治承三年の政変によって失脚している。王家においては治天の君の権力が絶大なものであったが、摂関家における家長の地位はこれ以降、不安的な時期が続いたのである。女院領が摂関家では家長のもとに回収されず、家長位継承とは別に九条流に継承されていった最大の理由はここにあろう。そういう意味では、やはり政治状況の混乱と摂関の地位の不安定性が摂関家の存在形態に大きな影響を与えたといえるのである。

註

(1) 上横手雅敬「公武関係の展開」(『日本の中世8 院政と平氏、鎌倉政権』中央公論新社、二〇〇二年)。

(2) 松薗斉『日記の家—中世国家の記録組織—』(吉川弘文館、一九九七年)。

(3) 飯沼賢司「人名小考—中世の身分・イエ・社会をめぐって—」(竹内理三先生喜寿記念論文集刊行会編『荘園制と中世社会』東京堂出版、一九八四年)。

(4) 野村育世「家領の相続に見る九条家」(『家族史としての女院論』校倉書房、二〇〇六年。初出は一九八八年)。

(5) 従来、「猶子」は、相続を目的としない養子とされ、相続を目的とする「養子」の語と分けて論じられてきたが、野村育世氏によれば、実態として中世においては、所領を相続する養子もおり、「養子」と区別されることなく用いられていたという(「中世の家族に関する言葉—二、三の考察—」『家族史としての女院論』校倉書房、二〇〇六年。初出は一九八八年)。ここでは野村氏の指摘に従い、「猶子」「養子」を同様のものと理解し、研究者によって分かれていた二つの語を「養子」の語に統一して使用する。

(6) 高群逸枝(栗原弘校訂)『平安鎌倉室町家族の研究』(国書刊行会、一九八五年)。

(7) 『玉葉』承安五年三月六日条。

(8) 高橋秀樹『日本中世の家と親族』(吉川弘文館、一九九六年)一〇九・一一〇頁。

(9) 元木泰雄「五位中将考」(大山喬平教授退官記念会編『日本国家の史的特質』思文閣出版、一九九七年)。

(10) 『玉葉』承安四年四月十一日条。

(11) 『玉葉』承安五年五月十四日、十七〜十九日条。

(12) 野口華世「中世前期の王家と安楽寿院—「女院領」と女院の本質—」(『ヒストリア』一九八号、二〇〇六年)。

(13) 『玉葉』承安五年五月十二日条。

(14) 小原仁「貴族女性の信仰生活—貴族社会における「家」の祭祀—」(西口順子編『中世を考える 仏と女』吉川弘文館、一九九七年)。以下、小原氏の見解は同論文による。

(15)　野口註(12)前掲論文。同「中世前期公家社会の変容」(『歴史学研究』八七二号、二〇一〇年)。

(16)　王家領についてではあるが、佐伯智広氏は、「荘園の本家としての権威が必要である」ため、女院は王家家長たる治天の君の皇子女を養子として荘園群を伝領させねばならず、女院の処分権は事実上制限されていたとする(「中世前期の政治構造と王家」〈『中世前期の政治構造と王家』東京大学出版会、二〇一五年。初出は二〇一〇年〉)。しかし、本章では、むしろ女院の方が主体的に相続者に対して権威付けを行うことで、佐伯氏のいうような処分権の制限は克服されていたと理解したい。

(17)　皇嘉門院惣処分状(天理図書館所蔵九条家文書、『平安遺文』三九一三号)。

(18)　『兵範記』久寿三年(一一五六)正月四日条。

(19)　御匣殿について、拙著『九条兼実―貴族が見た『平家物語』と内乱の時代―』〈戎光祥選書ソレイユ02〉(戎光祥出版、二〇一八年)では、平繁兼女に比定した。これは『玉葉』養和元年(一一八一)十二月五日条に、藤原能業が皇嘉門院の「御乳母子也」とあり、『尊卑分脈』によれば、能業の母は平繁兼であったためである。しかし、近年上横手雅敬氏によって紹介された『兵範記』承安元年(一一七一)七月廿一日条によれば、御匣殿は「無₂所生之子息₁」とあるので、能業母とは別人であった可能性が高い(上横手雅敬「兵範記と平信範」〈京都大学総合博物館図録『日記が開く歴史の扉』二〇〇三年〉)。同記によれば、彼女は藤原光長を養育していたというので、やはり勧修寺流藤原氏の縁者と見るのが妥当だろう。訂正しておきたい。

(20)　加納重文『九条兼実―社稷の志、天意神慮に答える者か―』〈ミネルヴァ日本評伝選〉(ミネルヴァ書房、二〇一六年)。

(21)　野村育世「皇嘉門院の経営と九条兼実」(『早稲田大学文学研究科紀要』別冊第一四集、一九八七年)。なお、兼実の母である加賀局(藤原仲光女)は久寿二年(一一五五)十一月三日、皇嘉門院の母である藤原宗子の没後の仏事を「女房」として勤仕しており(『兵範記』)、本来宗子に仕えた女房であったと考えられる。兼実が皇嘉門院の養子になったのは、このような関係からであろう。このことから考えても、やはり兼実は早い段階で女院養子になったと考えるのが自然である。

(22)　多賀宗隼「兼実とその周囲」(『玉葉索引―藤原兼実の研究―』吉川弘文館、一九七四年)。なお、六角東洞院第について、高群逸枝氏は兼実妻の父である藤原季行の邸とされ(高群註(6)前掲書、三四九頁)、加納重文氏は妻の養父である藤原宗能の邸とされているが(加納註(20)前掲書、三〇頁)、『兵範記』長寛二年(一一六四)閏十月十七日条(宮内庁書陵部所蔵『服者任大臣記』所引)には「件所借₂召高松院₁、為₂彼御所₁」とあり、高松院の御所であったことがわかる。

(23)　皇嘉門院と兼実が生活基盤を同じくしていたことについては、すでに多賀宗隼氏や飯倉晴武氏にも指摘がある(多賀註(22)前掲論文、飯倉晴武「九条家領の成立と道家惣処分状について」〈『日本中世の政治と史料』吉川弘文館、二〇〇三年。初出は一九七七年〉）。

(24)『玉葉』安元二年（一一七六）三月十日条。

(25)拙稿「八条院領の伝領と八条良輔」（本書第Ⅲ部第二章）。

(26)『玉葉』寿永元年（一一八二）七月三日条。なお、この事例も含め、女院と摂関家の結び付きについては、すでに多賀宗隼氏や山田彩起子氏も指摘しているが（多賀宗隼「藤原兼実」〈『論集中世文化史　上　公家武家編』法蔵館、一九八五年。初出は一九六八〜六九年〉、山田彩起子「四条宮藤原寛子の摂関家における位置―『中外抄』『富家語』の言談を糸口として―」〈『中世前期女性院宮の研究』思文閣出版、二〇一〇年。初出は二〇〇五年〉）、従来の研究はあくまで摂関家側に立って女院と結び付く利点を強調するものであり、女院の側からこれについて論じるものはなかった。

(27)近藤成一「鎌倉幕府の成立と天皇」（『鎌倉時代政治構造の研究』校倉書房、二〇一六年。初出は一九九二年）。

(28)『岡屋関白記』嘉禄元年十月七日条。

(29)註(17)に同じ。

(30)野村註(4)前掲論文。

(31)註(17)に同じ。

第二章　八条院領の伝領と八条良輔

はじめに

中世前期における王家の存在形態について、栗山圭子氏は、父院と国母を中核にして嫡系継承を志向する院の「家」である「王家」と、それを包摂する氏としての王家からなる二重構造のモデルを提示した(1)。ここで栗山氏が「王家」の存在を重視したこともあり、近年の王家研究では、かかる「王家」のあり方に注目が集まったが、それとともに「王家」の外側に位置しながら、多くの荘園を領有し、自立的な性格を持つ内親王女院などについても、その存在形態や「王家」との関係などが改めて問い直されるようになってきた(2)。

本章は、このような王家の構造について、内親王女院の代表的存在である八条院暲子内親王とその所領処分のあり方を通し、改めて考察しようとするものである。いうまでもなく八条院は鳥羽院と美福門院得子の間に生まれた皇女である。彼女が父母である鳥羽・得子の寵愛を一身に受けるとともに、安楽寿院領をはじめとする厖大な荘園を相続し、やがてそれが中世王家領の核の一つとなることついては今更贅言を要しまい。

かかる八条院の所領処分に関しては数多くの先行研究の蓄積があるが、これまでの研究で、主に相続人として注目されてきたのは、以仁王の娘である「三条宮姫宮」(3)(以下、「以仁王姫宮」と表記)と春華門院昇子内親王の二人であった。

このうちまず以仁王姫宮は、八条院が養子として養育した以仁王と、彼女の側近女房である三位局の間に生まれた娘で、「可レ被レ相二承女院御跡一之由」定められ[4]、建久七年（一一九六）正月、重病に陥った八条院が彼女への内親王宣下を要請したことで知られる。結局彼女に対する内親王宣下は認められなかったので、彼女への処分については、実際に行われたのか否かが議論となっている。伴瀬明美氏は、内親王宣下が却下されたのにもかかわらず、八条院は所領処分を強行したと見て、このことを女院が治天の君に対抗し得る自立した処分権を持っていたことを示すものと評価したが[5]、龍野加代子氏は、内親王でなければ所領経営のための家政機関が保持できず、彼女は所領相続ができなかったと否定的な見解を示している[6]。

また、春華門院昇子内親王は、九条兼実の娘である中宮藤原任子と後鳥羽天皇との間に生まれた皇女で、建久六年の誕生直後に八条院に養子として引き取られ、翌年正月、安楽寿院・歓喜光院領以下、八条院領のほとんどが彼女に処分されることが決められた。彼女については、その出自故に養子縁組や処分を誰が主導したのかという点で議論があり、外戚である九条兼実の存在を強調する遠城悦子氏[7]、父親である後鳥羽による八条院領接収の目的があったとする龍野氏、八条院にも治天の君である後鳥羽院との窓口が必要だったとする三好千春氏[8]などの見解が出されている。

一方、このような先行研究に対して、本章では、もう一人の相続人である九条兼実の六男良輔の存在に注目する。良輔も幼少時、八条院の養子となり、建久七年正月、春華門院とともに「庁分御庄々等」を「分賜」されたのである[9]。かれについては、譲られた所職が何であったかという議論はあるものの[10]、伝領した所領が一部であったこともあり、これまで八条院領の伝領に関する研究のなかでは余り注目されてこなかった。右にあげた先行研究のなかでは、遠城氏が良輔への相続について、八条院領の他家への流出を示す一事例としてとりあげているが、春華門院への所領処分が兼実によって強行されたことを示す傍証としての議論にとどまっている。遠城氏は、良輔の位置づけや性格について「九条家の人間」とされるが[11]、それ以上の分析はほとんどなされていないのである。

だが、そもそも良輔とは、本当に「九条家の人間」なのだろうか。遠城氏は、良輔は養子縁組の後、再び九条家に戻されたとするのだが、実際には良輔が八条院の邸宅である八条殿やそれに隣接した八条西殿に住み、[12]「八条左大臣」(『尊卑分脈』)と称されたことからもわかるように、良輔は八条院に養育されるとともに、成長後も八条院に近侍し、密接な関係を持っていた(そのため、本章では良輔を「八条良輔」と称す)。藤原定家の『明月記』を見ると、定家は良輔昇進の慶賀のため、八条院に参っているし、[13]しばしば八条院から良輔に供奉するように命じられているのである。[14]

こうしたことからいえば、良輔への所領処分が他家への所領流出だったのかも、再検討の必要があるように思われる。かれは春華門院や以仁王姫宮の没後も生存していたから、良輔が八条院や彼女の家産経営において、いかなる立場にあったかを明らかにすることは、八条院領をはじめとする彼女の家産や権力の継承について見直すことにもなるだろう。そこで、本章では、八条良輔という存在に注目することで、八条院による権力継承の実態について考察し、それを通して当該期王家の全体構造についても考えていきたい。良輔は摂関家の出身であるから、このことは単に当該期の王家のみならず、王家と摂関家の関係について明らかにすることにもつながるものといえるだろう。

なお、従来、女院領やそれを財源とする追善仏事を皇位継承とは別に伝えていく経営体を「皇統」として分析することが進められてきた。しかし、最近では、女院領も養子女関係の設定によって治天の君の下に統合される仕組みになっていたことが佐伯智広氏により指摘されており、[15]「王家」の枠組みのなかで捉えられることから、「皇統」の存在自体に疑問が呈されている。ただ、八条院の場合、佐伯氏も指摘するように、後白河院政期には「王家」から切り離された存在となっていたし、また、本論で論じるように、その後継者たちも「王家」から一定の自立性を保持していたと考えている。そのため、本章では、八条院および彼女と擬制的な親子関係で結ばれた集団のみを「八条院流王家」と称し、治天の君を中心とした「王家」と区別して、検討を進めることにしたい。

第一節　良輔の養子縁組

八条良輔は文治元年（一一八五）九月二十日、右大臣九条兼実の六男として誕生した（『玉葉』同日条。以下、日記の同日条は日記名のみ表記）。母は八条院女房三位局、すなわち以仁王姫宮の生母と同一人物である。彼女は八条院に仕え、八条院の養子であった以仁王との間に一男一女を儲けたが、以仁王は治承四年（一一八〇）五月に挙兵し、敗死してしまう。一方、兼実は養和元年（一一八一）十二月、養母であり、後見人であった姉の皇嘉門院聖子を失い、その後、八条院への接近を深めたとされる[16]。三位局は八条院側に立って兼実との申次役などを務めており[17]、ここに二人は関係を結んで良輔が生まれたのである。

図10　八条良輔関係系図

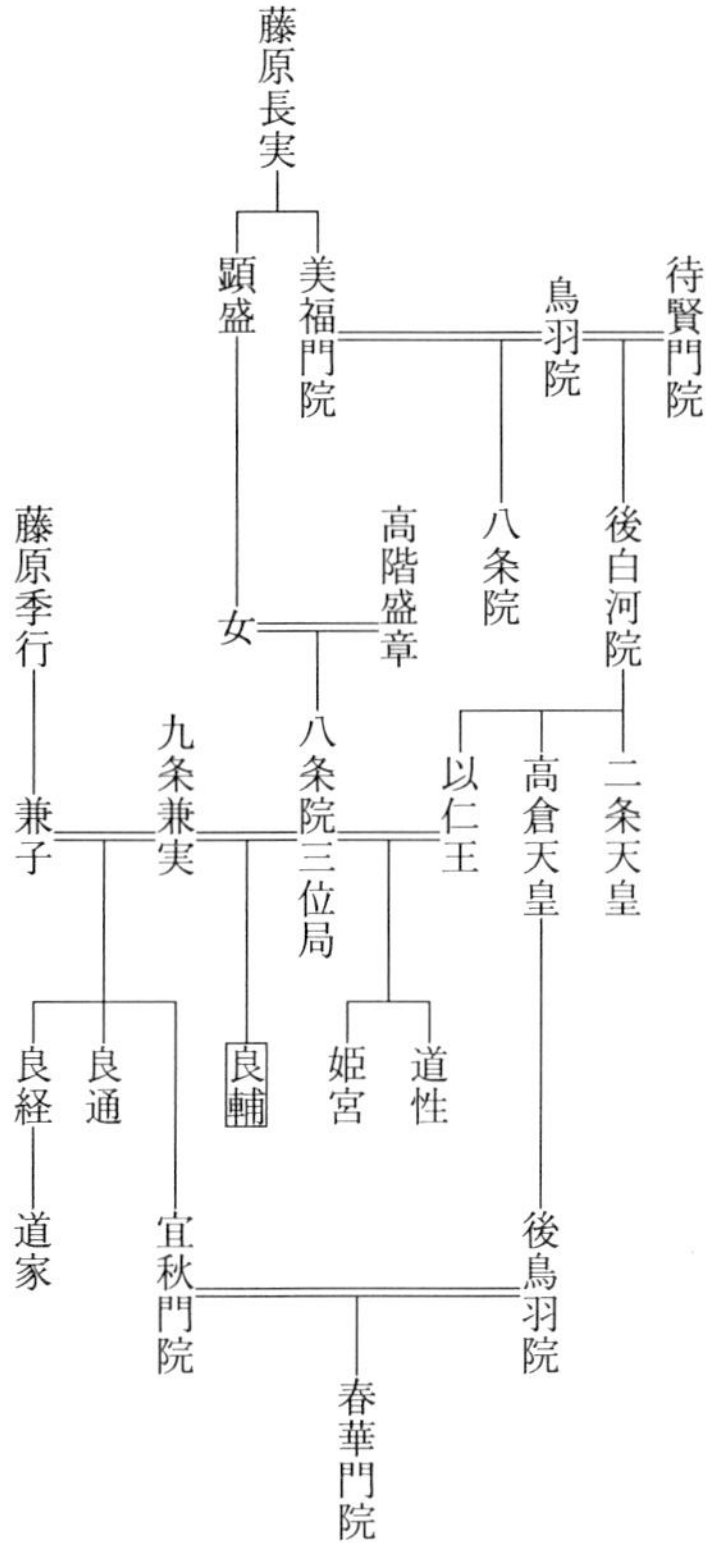

良輔が八条院の養子とされたのは、文治二年二月四日のことである（『玉葉』）。石井進氏によれば、良輔母の三位局は、父盛章が美福門院別当を務め、母の藤原顕盛女も美福門院の姪に当たるという、美福門院―八条院に縁の深い人物であったらしい[18]。彼女が以仁王との間に儲けた子どもは姫宮のほか、弟の道尊も八条院に養子として迎えられていた。中村直勝氏によれば、かれ

らと八条院は「離す事の出来ない関係」になっていたというから[19]、父が異なるとはいえ、かれらの弟に当たる良輔が八条院の養子となったのは自然な成り行きだったといってよいだろう。

ところで、かかる八条院と良輔の養子縁組について、通説では、良輔の父兼実が八条院領の伝領を目的に行ったと理解されてきた。たとえば、古く中村直勝氏は、兼実は「此御領を伝領せんと苦心惨憺」とし、三位局との間に生まれた良輔に八条院領を相続させようとしたが、良輔に譲られたのは「庁分御庄々の内僅か」のみで、「兼実の計画は見事に破られてしまつた」と述べている。その後の研究では、八条院が大半の所領を兼実の外孫である春華門院に譲っていたことが判明したので、兼実が八条院領を相続させようとした人物としては、良輔より春華門院の方が重視されるようになった。だが、金澤正大氏が「女院領の九条家への移項の道を作るべく、企図して養子になした」と指摘しているように[20]、良輔の養子縁組も八条院領伝領が目的だったという理解が根強く残っている。

一方、これに対し、遠城悦子氏は、兼実が良輔の成育儀礼を「密儀」と記していることに注目し、良輔が八条院の養子とされたのは、良輔が「自分の子として公にはできない事情があった」ためであり、兼実は自分に代わって八条院を後ろ盾とすべく、良輔を彼女に託したのだと論じている。通説のように所領相続が目的であったとすれば、なぜ兼実にとって「家」の後継者となる良経でなく、良輔であったのかよくわからないが、この指摘は良輔個人の問題を重視しており説得力がある。

しかし、兼実が良輔を公にできなかった事情として、遠城氏が母親である八条三位が「犯罪人」である以仁王の妻だったことをあげているのは疑問である。というのも、兼実は良輔誕生について記した日記『玉葉』文治元年九月廿日条で、母である八条院三位局についてもふれているが、「八条院女房三位局、盛章朝臣娘、彼院無双之寵臣也」とあるのみで、以仁王の妻とは一言もふれていないからである。彼女が以仁王妻であるために、良輔の存在を公にできないのならば、そのこともふれてしかるべきであろう。

そこで、ここでは改めて『玉葉』の良輔誕生記事に注目したい。実はここには「落胤女子甚異様事也、而生二男子一、可レ悦々々」とある。「落胤の女子は異様だが、男子なので悦ばしい」というのであり、つまり良輔は兼実にとって「落胤」という認識だったことがわかるのである。しかも、この「落胤」をめぐっては、『玉葉』承安四年（一一七四）十一月十日条に次のような記事がある。

今日、関白（基房）落胤若君加二元服一、最密儀云々、（中略）加冠即関白云々、理髪少将顕信朝臣、指燭蔵人左衛門権佐光雅、民部大輔兼定等云々、光雅指燭不二甘心一、雅頼一人候レ座云々、小童年十二云々、即被レ叙二正五位下一云々、被レ立二嫡子一者可レ然、正員之外子息等、不レ可レ叙二正下一歟如何、

これは兼実の兄基房の子である隆忠が元服を行ったという記事である。ここでは隆忠は「落胤」として扱われているのだが、重要なのは、かれの元服が「最密儀」で行われたということである。ここから考えれば、良輔の場合も、成育儀礼が「密儀」であったのは、「落胤」であったからだったことになるだろう。

ただ、それでは「落胤」とは何なのだろう。一般に「落胤」とは、「身分の高い男が正妻以外の身分の低い女性に生ませた子」のこととされている（『日本国語大辞典』第二版）。だが、良輔の父兼実の場合、正妻で良通・良経などを生んだ藤原季行女（兼子）のほか、側室として藤原頼輔女がいたことが知られるが[21]、頼輔女が生んだ良円・良平などは『玉葉』に「落胤」とは記されていない。「落胤」が正妻以外の子だとすれば、良輔だけが「落胤」とされるのは不自然であろう。

そこで、注目したいのは、頼輔女が「女房三位」などとして『玉葉』のなかに頻繁に登場するのに対し[22]、良輔母は『玉葉』にもほとんど登場していないことである。右に掲げた隆忠の事例でも、隆忠母は藤原公教女で、『尊卑分脈』

には基房の妾とされているのだが、彼女の兄弟である藤原実房の日記『愚昧記』には、同じく基房の北政所になり、家房を産んだ姉妹は登場するにもかかわらず、隆忠とその母については全く記録が見られない。(23)こうした事実は、彼女たちがそもそも妻や妾として扱われていなかったことを意味するのではないだろうか。良輔の誕生記事でも見たように、八条院三位局に関する兼実の認識はあくまで八条院に仕える「無双之寵臣」なのであり、自分の妻や妾という認識ではなかったものと思われる。つまり、母親が妻や妾として扱われる存在ではなかったために、良輔や隆忠は「落胤」として扱われたものと理解されるのである。

ここから考えると、良輔の成育儀式が「密儀」として行われたのも、恐らくこのような母親のあり方に原因があるのだろう。この当時、子どもの成育儀礼の運営には、父親だけでなく母親やその実家も深く関与した。(24)しかし、良輔の場合、母が妻妾としての扱いを受けていなかったから、母親やその実家が儀礼に関与することは難しい。そこで、表立っては成育儀礼が執り行えないから、「密儀」としてひっそりと執り行ったものと考えられるのである。そうだとすると、良輔が八条院と養子縁組したのも、やはりかれが「落胤」だったからではなかろうか。良輔が「落胤」だったとすれば、成育に当たり、表立って母親やその実家の関与ができない。それ故にこそ、兼実はそれに代わる役割を八条院に期待し、養子縁組に出したと理解するのが自然だと思われるのである。

ただ、兼実は良輔を八条院の養子とすることで、かれをどのようにしようと考えていたのだろう。多賀宗隼氏が、兼実が子息を女院の養子としたのは、「女院の持つ宮廷内部の力や、豊富な経済力」を得るためだったと論じているように、(25)従来の研究は政治的・経済的な利点ばかりが注目されてきたが、ここで注目したいのは、建久五年（一一九四）八月、殷富門院亮子内親王の猶子（養子）となった良輔弟の事例である。(26)かれの場合、のちに仁和寺宮道法法親王のもとに入室し、出家を果たしているのである。東寺長者となる良恵がこれに当たる。良恵の母親は不明だが、良輔の場合、「落胤」であったことを踏まえると、かれが八条院と養子縁組したのも、良恵と同様、将来的な出家を意図したものだったと考えるのが妥当なのではないだろうか。実は兼実の父忠通も、正妻である藤原宗子との結婚前に二人の男子を儲けていたが、二人とも出家させられている(27)。つまり当時の摂関家では婚姻関係のない相手との間に生まれた「落胤」は出家させられるというのが先例だったのであり、良輔の八条院との養子縁組も、成育儀礼を行うためであるとともに、将来的には女院の養子となることで箔を付け、権門寺院への入室を図ってのものだった蓋然性が高いと考えられるのである。

だが、結局のところ、良輔は出家しなかった。建久五年四月二十三日、かれは八条院において元服し、同日初叙された。仏道ではなく、世俗の道を歩みはじめたのである。これは一体なぜだったのだろう。そこで改めて良輔の成育儀礼を見直すと、注目されるのが、次に掲げる『玉葉』文治三年十月廿三日条である。

其後余参二八条院一、依二小児（良輔）真菜事一也、依二密々儀一、不レ引二移馬一、網代車也、前駆七八人許、共人右少将伊輔朝臣・侍従定家等也、（中略）余三箸含レ之（毎レ箸加二含鯛一如レ例）、了、余退居二其座一、（中略）〔A〕今日余須レ引二移馬一也、而存二密儀一之由、又非二他人事一、仍殊不レ及レ刷レ之由存レ之間、本所之儲已過レ礼、余参レ之体太異様、其恐後日、以二宗頼朝臣一且謝レ之且畏二申之一、〔B〕始以二内府（良通）一欲レ令レ含、而下官必可レ参之由、有二女院仰一、仍所二参入一也、

これは八条院で行われた良輔の真菜始について記した記事である。兼実もこれに出席して良輔の口に鯛の身を含ませたのだが、先述のように、兼実は「落胤」である良輔の儀式は「密儀」で執り行うべきという認識で、あまり積極的に関わろうともしていなかったようである。傍線部〔B〕を見ると、最初は自身は出席せず、長男の良通を代わりに出席させるつもりであったが、女院の仰せにより渋々参入したというのである。隆忠元服の記事で、兼実は「落胤」について「正員之外子息」と述べているから、兼実は良輔の扱いを「正員の子息」とは区別しており、重視して

いなかったと見ていいだろう。

だが、これに対して注目すべきは、八条院の態度である。八条院は兼実に対し真菜始への出席を「必可レ参」と強く要請していたほか、儀式自体も非常に盛大に執り行ったらしい。傍線部〔A〕を見ると、これを「密儀」と認識していた兼実は「殊不レ及レ刷」（特別に威儀を整えるに及ばず）に参入したのだが、行ってみると「本所之儲已過レ礼」であり、威儀を整えていない自分は浮いた存在になってしまったという。つまり、兼実と八条院では、良輔に対する扱いは全く異なっていた。八条院は良輔を自分の子として非常に大事に扱っていたのである。こうした事実は養子縁組自体についても、恐らく兼実より八条院の方が積極的に進めていたことを示すものだろう。真菜始にしても恐らく八条院は盛大に成育儀礼を行うことで、社会的にも自分の子としてアピールしたいという意識があったのだと思われる。そして、その延長上に、良輔は元服し、貴族としてのスタートを歩むことになったと考えられるのである。(28)

第二節　八条院の権力継承構想

前節では、兼実が良輔を「落胤」という扱いで、成育儀礼も「密儀」として済ましてしまおうという認識であったのに、養子に迎えた八条院は、成育儀礼を盛大に執り行い、自分の子として社会に認知させようとしていたことを明らかにした。では、八条院は良輔を養子に迎えることで、何をしようと考えていたのだろう。

そこで、目を向けたいのが、「はじめに」でも紹介した、八条院と春華門院との養子縁組に関する三好千春氏の研究である。これまでの研究では、八条院と春華門院との養子縁組は、主に春華門院の外戚である兼実や、父親である後鳥羽院が八条院領を彼女に伝領させることを意図して行ったと理解されてきた。ところが、三好氏は、八条院の側にも荘園支配や家政機関を維持するために「治天の君との直接的窓口」が必要であり、「家政機関維持に有益な養子をそのまま後継者に据えれば、摩擦が少ない」ことを念頭に、後鳥羽の皇女である春華門院を養子に迎えたというのである。

かかる成果に学ぶなら、良輔との養子縁組についても、八条院にとって同様の政治的な意味があったのではないだろうか。そもそも良輔は八条院の養子とはいえ、王家の一員ではなく貴族の一人として扱われた。八条院や春華門院では、政務や議定の場に出席することは不可能だが、良輔の場合、それが可能である。つまり、良輔のような存在を得ることは、八条院にとって自身の代弁者を得ることを意味していたと考えるのである。

そして、だとすると、気付かれるのは、この時期、これによく似た女院と貴族との関係が、八条院以外でも確認できることである。元久元年（一二〇四）四月、良輔の父兼実は処分状を作成し、所領の大半を娘の宜秋門院任子に譲った。だが、一方でかれは荘園支配について「当時雖レ為二女院御沙汰一、庄薗訴訟・預所不当如レ此等之成敗、更不レ存二各別之儀一、摂政偏可二申沙汰一也」、「女院又万事仰二合摂政一、可レ有二御進退一也」と述べている(29)。兼実は、荘園訴訟や預所の成敗などについては、摂政良経が実務を執り行うべきといい、万事女院が良経と相談しながら支配するよう指示していたのである。また、のち九条道家は惣処分状で、一門の寺院の所領について同寺長老の管領とする一方、「於二此地一者不レ可レ充二催大嘗会・造内裏役夫工以下勅事一、家之長者奏二請公家一、早令二免除一」「後司若成レ妨者、家長者相計、可レ補二其闕一歟、有二便宜一者、可レ令二庄号一」と述べている(30)。道家の例は、あくまで寺院についての事例ではあるが、兼実が良経に申沙汰を命じたのも、良経が天皇に奏聞して諸役を停止させたり、立荘を行うことができる地位にあったからと見ていいだろう。つまり、九条家では、摂関がその地位を以て女院の荘園経営を支えたのである。

このことを併せて考えると、八条院は自分の後、後継者となった以仁王姫宮あるいは春華門院の経営を良輔がサポートするという九条家と同様の権力継承を意図したのではあるまいか。そもそも後継者が以仁王姫宮であれば、良輔は彼女の異父弟であるから、良輔が以仁王姫宮を支えるというあり方は、形式的にも皇嘉門院―兼実や宜秋門院―良経と同じなのである。また、本来八条院は鳥羽院の嫡女、二条天皇の准母として「王家」を構成する存在であったが、二条の死とともに、後白河院を中心とする新たな「王家」が形成され、栗山圭子氏のいうように、「新たな「王家」には回収されない旧「王家」の残滓ともいえる存在」になり果ててしまっていた。彼女については、伴瀬明美氏の研究などによって自立的な性格が強調されるが、以仁王姫君への内親王宣下が却下された件からしても、発言力の低下は明らかだろう。こうした状況に鑑みれば、彼女が没後の家産経営に危機感を持ったとしても不思議ではあるまい。

もちろん、三好氏が指摘するように、後鳥羽の娘である春華門院との養子縁組や所領相続も、こうした状況への打開策だった可能性が高い。だが、春華門院が後継者となった場合、後鳥羽の存在を背景に彼女の所領は守られるが、その一方で、後鳥羽の影響力が強くなるリスクも高まるだろう。野口華世氏によれば、「女院は父祖の菩提を弔う仏事主催者であり、そしてその周辺には仏事に奉仕する女院司が存在して、いわば女院を中心に追善を行う仏事集団を構成していた」とされるが[31]、春華門院が後継者となった場合も、かかる仏事集団がそのまま維持されるとは限るまい（実際、後鳥羽は御願寺領の知行者を改替するなど、八条院時代の御願寺運営の枠組みを崩そうとした[32]）。だとすれば、良輔の存在は単に女院の経営を支えるだけでなく、八条院没後も政権中枢に対して彼女や院司たちの意志を代弁する役割も期待されたはずである。八条院は春華門院と良輔という二段構えで、彼女を中心とする集団と仏事経営を守ろうとしたと考えるのである。

さて、ここまではあくまで仮説に過ぎないのだが、かかる仮説を裏付けるものと思われるのが、良輔の昇進の特異性である。前節でふれたように、承安四年（一一七四）、関白基房の「落胤」である隆忠が元服し、正五位下に叙されたことについて、兼実は「正員之外子息等、不レ可レ叙二正下一歟如何」と述べている。通常、現任摂関の子が元服するときは、同時に正五位下に叙されるのが通例である。(33) ところが、兼実はこれが適用されるのは「正員の子息」のみであり、「落胤」には適応されるべきではないと主張していたのである。だが、建久五年（一一九四）四月二十三日、良輔は「落胤」であったにもかかわらず、元服と同時に正五位下に叙されている。兼実は隆忠の場合は非難しながら、自分の子については正五位下で初叙させていたのであり、その言動には矛盾があることになる。

また、良輔の官位については、その後の昇進も興味深い。表12の年譜には、『公卿補任』から良輔の官位昇進をまとめたが、元服の翌年、建久六年には右中将に任官して五位中将となり、建仁三年（一二〇三）には権中納言に任官して中納言中将となっている。五位中将・中納言中将とは摂関家家嫡を象徴する地位である。(34) 摂関家家嫡の昇進ルートにはこのほか、近衛大将もあるが、後述するように、これも本来任じられる予定であったらしい。つまり、良輔は摂関家家嫡に並ぶ昇進をしていたのである。

良輔が元服したとき、兼実にはすでに正妻との間に生まれた嫡子良経がいた（長男良通は文治四年〈一一八八〉死去）。しかも、良輔は「落胤」であり、その昇進は「正員の子息」に劣ると認識されていた。こうしたなかでの良輔のかかる昇進は明らかに異常であり、八条院との関係を抜きには説明できまい。女院の養子となった貴族の昇進について考える場合、参考になるのが、良輔の長兄良通の事例である。よく知られるように、良通は兼実の嫡子であるとともに皇嘉門院の養子になっていたのである。良通は承安五年三月七日、皇嘉門院御所で元服したが、その前日、皇嘉門院は兼実に「小童自二襁褓之昔一、偏致二撫育之礼一、専為二我嫡子一、非二汝之子息一」と述べ、「可レ叙二正下一」と命じている（『玉葉』）。このとき兼実は右大臣だったので、その子は元服時、従五位上に叙されるのが通例である。ところが、皇嘉門院は良通を「我嫡子」として現任摂関の子息と同等の正五位下にしようとしたのである。結局、良通は

表12　八条良輔年譜

年齢	年号	西暦	月	日	事項	位階	官職	出典
一	文治元	一一八五	九	二〇	誕生			玉葉
二	文治二	一一八六	二	四	八条院の養子となる			玉葉
三	文治三	一一八七	一〇	二三	八条院御所で真菜始			玉葉
六	建久元	一一九〇	三	一七	八条院御所で着袴			玉葉
一〇	建久五	一一九四	四	二三	元服、叙正五位下、禁色勅許	正五位下		公卿補任
			六	二三	任侍従		侍従	公卿補任
			一〇	三〇	任右少将		右少将	公卿補任
一一	建久六	一一九五	一	一四	八条院領の処分に預かる			玉葉
			六	二三	任近江権介(少将労)・右中将		右中将・近江権介	公卿補任
一二	建久七	一一九六	一	六	叙従四位下	従四位下		公卿補任
一六	正治二	一二〇〇	一	五	叙従四位上	従四位上		公卿補任
			四	一	従正四位下	正四位下		公卿補任
			一〇	二六	叙従三位	従三位		公卿補任
一七	正治三	一二〇一	一	二九	任播磨権守		右中将・播磨権守	公卿補任
	建仁元	一二〇一	八	一九	叙正三位	正三位		公卿補任
一八	建仁二	一二〇二	三	二	坊門信清女と結婚			明月記
			一〇	一九	叙従二位	従二位		公卿補任
一九	建仁三	一二〇三	一	一三	任権中納言		権中納言	公卿補任
二一	元久二	一二〇五	三	九	任権大納言		権大納言	公卿補任
			四	三	叙正二位	正二位		公卿補任
二三	建永二	一二〇七	一	一	正月節会内弁を勤仕			公卿補任
二四	承元二	一二〇八	七	九	任内大臣		内大臣	公卿補任
二五	承元三	一二〇九	四	一〇	任右大臣		右大臣	公卿補任

二七	承元五	一二一一	一〇	四	任左大臣		左大臣	公卿補任
三三	建保五	一二一七	一	六	叙従一位（大臣労）	従一位		公卿補任
三四	建保六	一二一八	二	二	死去			公卿補任

従五位上で初叙されるのだが、このことは女院の「嫡子」の昇進が現任摂関の子息に準じられるという認識があったことを示すものだろう。良輔が正五位下で初叙したのも、同様に八条院の「嫡子」だったからだと考えるのである。

しかも、実際に八条院が良輔の官位昇進に関わっていることがわかる史料がある。次に掲げるのは、『明月記』承元二年（一二〇八）五月三十日条である。

午時許、八条院女房消息、大納言（良輔）殿任大臣事勅許之由、前大納言（坊門信清）承レ仰被二伝申一、南山還御以後、可レ有二大饗一云々、即馳二参彼殿一、終日見参、入夜帰廬、

去年、右大将（徳大寺公継）依二御遭喪之隙一、俄遂二其望一之後、自二女院一重被レ申二子細一、勅答云、至二于明年一除服出仕時、必可レ被レ任二大臣一、不レ可レ有二鬱憤一者、而已一周過了除服、無二其御沙汰一之間、大納言殿又無二出仕之御沙汰一、日来彼是不便之間、今非分闕出来、又無二其変改一、実是冥助歟、

この日、記主の藤原定家は八条院女房より良輔の任大臣が勅許されたとの報告を受け、八条院に馳せ参じている。傍線部にはその事情がくわしく書かれているのだが、これによれば、この前年、良輔が喪に服している間に、徳大寺公継が「其望」を遂げたという。良輔が喪に服したのは前年四月五日、兼実が没したためだが、『公卿補任』によれば、公継は直後の四月十日、右大将に任じられおり、「遂二其望一」とはこのことをさすものと思われる。その上で注目したいのは、その次の「自二女院一重被レ申二子細一」という記述である。女院、すなわち八条院は、公継の任右大将を受け、これについて何度も異議を申し立てていたのである。これに対して後鳥羽院は、「明年服が明けて出仕する

とき、必ず大臣に任じるので、鬱憤あるべきでない」と答えたという。つまりここからは、良輔が本来は任大将を狙っていたのだが、後鳥羽の意向で大将ではなく、大臣にされたこと、そして、任大臣が八条院の強い抗議によって実現したことがわかるだろう。ここから考えれば、良輔が摂関家嫡並みの昇進を遂げることができたのも、八条院の存在が背景にあったからと見て間違いない。彼女は良輔の養母として、良輔の昇進を直接後押ししていたのである。

ところで、良輔は最終的に建保六年（一二一八）、三十四歳のときに従一位左大臣で死去してしまうのだが、そのまま健在であれば、かれの昇進は左大臣では終わらなかった可能性さえある。というのも、実は良輔の甥に当たる道家は、建暦元年（一二一一）五月二日、日記『玉蘂』に次のように記しているからである。

或人云、右府（良輔）常参二春日社一云々、家例大臣祭上卿以前密々参二春日一、為二不吉例一、法住寺太政大臣（藤原為光）先有二此例一、時人為レ吉、始終無二指事一、仍以二彼例一処二不吉一也、見二承安二年十二月八日故禅閤（兼実）御記一、向二此人一連々参入□也、定難レ遂二先途一歟、混合為二先々例一、無二不審一、摂政関白之思絶了、□自二御堂（道長）入道殿一以来至二法性寺（忠通）殿一、皆令レ勤二仕上卿一給、給（之カ）例又不レ及二沙汰一、一条（伊尹）摂政・松殿（基房）・故禅閤□□仕、仍一度も無二御参詣一也、莫レ言々々、

ここで道家は、良輔が春日社に参詣しているが、摂関家の家例では、祭上卿を勤める以前に大臣が春日社に参るのは不吉とされていると述べている。[35]これがなぜ不吉かというと、摂関政治期、藤原為光がこれを行ったが、「始終無二指事一」だったためで、要するに祭上卿以前に春日参詣を行うと、大臣以上に昇進して「難レ遂二先途一」（摂関になれない）と考えられたからであった。そして、このことから道家は、良輔もまた春日社に参詣したので、これで良輔の「摂政関白之思」は絶たれたというのである。良輔本人が摂関への路が絶たれたと認識していたかどうかは不明だが、このことから、かれが摂関への思いを持ち、いずれ摂関に就任すると周囲から認識されていたことは明らかだろう。

以上が正しければ、八条院は良輔を摂関家嫡並みの昇進ルートに乗せて昇進させ、いずれは摂関に就任させる予

定であったと推察される。こうなると先に示した仮説はかなり具体性を帯びてくることになるだろう。八条院は自身の没後の八条院流王家やその所領経営を見据えて、自身や後継者たちを支える自前の摂関家を創出しようとしたのである。

ただ、それでは、良輔と九条家の関係はどのようだったのだろう。従来の研究は良輔について、九条家の一員として八条院領を伝領させようとしたと理解されてきた。確かに良輔の朝廷儀式での作法についていえば、良輔は実父兼実から教示を受けており[36]、九条家と全く関係なしとはいいがたい。しかしながら、一方で気になるのは、先に見たように、道家が良輔の春日社参詣について、冷ややかな見方を示していることである。しかも、道家は『玉蘂』のなかで、しばしば良輔の作法などについても厳しく批判している。たとえば、建暦元年十月二十九日には、良輔が左大臣として初めて除目の執筆を勤めたが、道家は「家例必自二春秋除目一候二執筆一、此人已不レ然如何、凡人多如レ此歟」といい、良輔が摂関家の例に叶っていないと述べている（『玉蘂』）。道家は良輔のやることは「凡人」に同じだというのであり、暗に摂関になるべき器でないと批判していたのである。

それでは、なぜ道家はこのように良輔を厳しく批判したのか。建暦元年十月、道家は任大臣が期待されていたにもかかわらず、大臣就任を逃した。このことは道家にとってきわめてショッキングな出来事であったらしく、当時、九条家とライバル関係にあった近衛家の関白家実までが「此事非二左大将（道家）一身愁一、一門之悲也」と語ったという[37]。ところが、ここで内大臣になったのは、良輔の妻の父である坊門信清であり、このとき良輔も右大臣から左大臣への昇進を果たしていた。ここから考えれば、道家が良輔を冷ややかに見ていたのは、九条家嫡流の道家から見ると、良輔とは叔父ながら自身の昇進を邪魔する目障りな存在だったからではなかろうか。良輔は摂関家家嫡並みの昇進ルートを経ているから、道家にとっては自分の昇進を良輔が塞ぐことになりかねないと考えられたのである。

だとすると、かかる事実は、良輔の昇進についても、やはり九条家の意志とは全く関係なく、八条院の意志によって行われたことを示すものといえるだろう。良輔は兼実の「落胤」ではなく、八条院の「嫡子」として昇進した。良輔がそのまま摂関になっていたとすれば、それは従来の摂関家とは別に、八条院流王家を支える新たな摂関家が誕生することを意味していたのである。

第三節　八条院没後の八条院流王家と良輔

1　春華門院と良輔

建暦元年（一二一一）六月二十六日、八条院は没した。それでは、その後、八条院流王家は、どうなったのだろう。まず、『仲資王記』同年六月廿六日条に「御跡大方被㆑譲㆓進春華門院㆒」とあることから、八条院の財産のほとんどは春華門院に相続されたことが知られる。また、八月四日、春華門院は八条殿に御幸し、八条院の追善仏事を執行している（『明月記』）。こうしたことから、八条院流王家は春華門院に継承され、春華門院を主体として八条院の追善仏事などが行われたと見ていいだろう。

一方、それでは春華門院と良輔の関係はどのようになっていたのだろう。春華門院は八条院が没した後、わずか四か月余りで亡くなってしまうので、その関係がわかる史料は限られているが、それがうかがえるものとして、ここでは春華門院の死の前後の状況に注目したい。建暦元年十一月七日、病が重篤化し、絶命しそうになった春華門院は、父後鳥羽院の命で輿に乗せられ、同居していた院御所高陽院殿から他所に移されることになった。ここでまず注目されるのは、春華門院が移された先とは、「左大臣殿当時御坐隆衡卿四条匣宅」（『明月記』）であり、すなわち当時、良輔が住んでいた邸宅だったことである。この日、良輔は高陽院殿に参上したところ、後鳥羽の側近女房である卿二位局から「相構可レ奉二移他所一」との命を受け（『玉蘂』）、自宅を春華門院臨終の場として明け渡したのである。

しかも、良輔はただ春華門院を自分の邸宅に引き取っただけでない。春華門院は結局十一月八日に亡くなるのだが、その翌日、藤原定家が良輔邸を訪れたところ、良輔から「彼女院御没後事等」について指示があったという。同月十二日には、入棺役が不足であるとして、定家の嫡男為家を入棺役に申請すべきだという久我通光・藤原長房の意見が良輔に伝えられたが、翌十三日、良輔は定家に対して、入棺役には藤原光家を催したので、為家は免じる旨を語っている（いずれも『明月記』）。こうした事実は、春華門院の葬儀や仏事全般についても、良輔が取り仕切っていたことを示している。

春華門院が死の間際に高陽院殿の外に移されたことについて、従来の研究では、後鳥羽の春華門院に対する非情な措置として理解されてきた(38)。確かに『明月記』十一月十二日条によれば、春華門院を高陽院殿の外に出すよう指示を受けた良輔は、卿二位を以て「如二当時御有様一者、争被レ奉レ出哉」と後鳥羽に訴えたが、返事がなかったと述べており、かれ自身、院の措置には不満を持っていたらしい。ただ、高陽院殿の外に出された後、春華門院が身を寄せたのが、ほかならぬ良輔の邸であり、かれが葬儀など没後沙汰まで執り行い続けたことから考えると、このことはただ後鳥羽の非情な措置だったのではなく、後鳥羽が春華門院を良輔に任せたことを意味するものだったのではないだろうか。良輔は八条院流王家を後見する存在であり、周囲からもそのような存在として認識されていた。だからこそ、後鳥羽も春華門院の死の間際になって彼女を良輔に託したものと考えられるのである。

2　良輔の八条院流王家継承

それでは、春華門院没後、良輔と八条院流王家はどのようになったのだろう。通説では、八条院領は春華門院の後、すべて後鳥羽院あるいは順徳天皇に伝領されたものと理解されてきた(39)。これでは、八条院流王家自体、後鳥羽を中心とする「王家」のなかに解消されてしまうことになるだろう。

だが、良輔の存在に注目すると、通説とは異なる実態が見えてくる。まず春華門院が没した後、仏事など没後沙汰が良輔によって執り行われていたことは前述した通りだが、実は春華門院の仏事には、その後も良輔が深く関わり続けていた。たとえば、建暦二年二月十八日、春華門院の没後百ヶ日追善供養は、彼女の臨終の場所となった良輔の四条殿で執り行われた。『玉蘂』同日条によれば、この仏事では経巻の持参が遅れたため、女房が良輔に「被二始行一歟」と問い合わせており、これを受け、良輔は導師の聖覚と相談している。以上から、この仏事は良輔を中心に運営されていたと見ていいだろう。

同様に月忌以下の仏事でも良輔の関与がうかがえる。まず、建暦元年十二月八日及び翌年正月八日の月忌が行われたのは、良輔の四条殿であった(『明月記』)。また、建暦二年九月二十七日、定家は良輔邸に参り、「春花門院用途不足事等」を申し上げている。恐らくこの「用途」も仏事に関わるものと思われるが、良輔が「用途不足」について報告を受ける立場にあったということは、かれが用途を宛て課し、仏事を運営する主体であったことを物語る。春華門院の仏事を行っていたのは、父である後鳥羽ではなく良輔だったのである。

しかも、このように良輔が主体となって運営していた仏事とは、春華門院の仏事だけでなかった。『明月記』建暦二年五月廿日条には、次のように記されている。

参二左大臣殿（良輔）一、見参移レ漏、
本女院御法事、六月廿日於二常磐殿御塔一可レ被レ修二曼陀羅供一、成宝僧正、
御塔構二仮庇一可レ為レ座、
御正日、八条殿、束帯、
其後為二我願一可修二八講一、廿八・九日、後年毎年可レ用二御忌日一、二日八講如二法性寺殿一、
後女院御遺跡雑事、忽無足闕如云々、

これは記主である藤原定家が良輔に対して「本女院」の追善仏事について語ったものである。ここでは良輔が「我願」として二十八・九日に八講を修し、のちには毎年忌日に八講を二日間行うと述べているが、八条院の忌日は六月二十六日であり、この「本女院」とは八条院のことと見て間違いない。良輔は八条院の追善仏事の開催方法について、定家に指示していたのである。

また、この仏事については、『明月記』六月廿八日条にも、「左大臣殿今明於二蓮華心院一令レ修二八講一給、奉二為故女院一也、今年吉日、有二明年御忌日一、毎年於二八条殿一可レ被レ修云々」とあり、実際、良輔によって行われたことがわかるが、その上で重要と思われるのは、これがこの年は蓮華心院、明年からは八条殿で行うとされていることである。蓮華心院は八条院の御願寺、八条殿は八条院の邸宅である。前述のように、春華門院の生前は彼女が八条殿で八条院の追善仏事を行っていたのであるから、良輔がこのような場所において追善仏事を行ったということは、単に養子として仏事を行ったのではなく、かれが春華門院の立場を引き継いでいることを示すものと思われるのである。

そして、だとすれば、前掲した『明月記』五月廿日条の末尾に「後女院御遺跡雑事忽無足闕如」とあるのも注目される。「後女院」とは「本女院」に対する呼称で、春華門院をさすものと思われるが、だとすれば、「後女院御遺跡雑

事」とは、春華門院の遺領に対して、雑事を賦課したという意味に解釈できる。これは恐らく、八条院の追善仏事の運営に当たり、良輔が春華門院遺領に雑事を賦課したが、足りなかったということであろう。これが正しければ、このことは春華門院没後、良輔が春華門院領における本家の立場を継承していたことを示している。春華門院没後、彼女の所領は良輔に伝わったのであり、ただちに後鳥羽や順徳に伝領されたわけではなかったのである。

このほか、八条院の仏事の会場となった蓮華心院についても、春華門院の没後は良輔の管領下に置かれていたようである。『明月記』建暦二年二月十二日条には、蓮華心院修二月について、次のような記事がある。

午時許、参二八条旧院一、今日解脱房説法云々、事始後参入、聴聞、事訖、左大臣殿（良輔）見参、有二申事等一、

一、蓮華心院修二月、今年式日可レ被レ修云々、成菩提院・安楽寿院、年来無二修二月一、案レ之、若御墓所無二修二月一歟、但彼両院、御墓以前有二修二月一、以後被レ止者勿論、自レ始無二修二月一者、此院儀尤不審、但依二年来之儀一後年雖レ有レ之、於二今年一者、被レ止可レ宜哉、此条有二御沙汰一歟、将只無二子細一被レ行歟、又被レ行者音楽如何、

仰云、此条尤可レ然、但日来只止二音楽一可レ行之由所二沙汰一也、彼両院之儀、尤可二尋問一、（以下略）

ここで定家は、「成菩提院・安楽寿院では、年来修二月が行われておらず、不審なので、蓮華心院修二月は、今年は止めた方がいいのではないか」などと良輔に提案した。これに対し、良輔は「もっともであるが、日頃は音楽を止めて行うよう沙汰している。成菩提院・安楽寿院の例について尋ねておくように」と答えている。このようなやりとりは、蓮華心院修二月を停止したり、実行したりする決定権を良輔が保持していたと見なければ成立しないだろう。八条院・春華門院の死去をうけ、良輔のもとで蓮華心院の仏事の運営方法について見直しが進められていたのである。

以上のように、春華門院の没後、八条院流王家の仏事や寺院は、良輔によって運営されるようになっていた。この

ことから考えると、春華門院の没後、八条院流王家は「王家」のなかに吸収されてしまったわけではなく、良輔を主体として存続していたことになるだろう。実は春華門院没後半年余り経った建暦二年七月八日、良輔は八条西殿から「故女院御所」に転居している（『明月記』）。石井進氏によれば、八条殿の周辺には、八条院御所・政所・御倉を中心として、「美福門院・八条院と因縁浅からぬ貴族の邸宅が周囲に立ち並んでいた」とされている(40)。その中枢施設たる女院御所に良輔が移ったとすれば、それはまさに良輔が八条院の地位を受け継ぐことを示す行為だったに違いない。春華門院没後の良輔は八条院流王家の後見人というよりも、かれ自身が八条院の地位を継承し、八条院流王家を経営する主体的存在になっていたと考えられるのである。

第四節　後鳥羽院と八条院流王家

春華門院没後、八条院流王家の主体となったのは良輔だった。では、かかる八条院流王家と後鳥羽院を中心とした「王家」の関係はどのようになっていたのだろう。

そこで、見ておきたいのが王家御願寺における仏事である。前節では、春華門院没後、良輔が八条院の御願寺である蓮華心院で八条院の追善仏事を行ったり、自邸である四条殿で春華門院の仏事を行っていた事実を明らかにしたが、一方、すでに遠藤基郎氏も指摘しているように(41)、後鳥羽院も同様に八条院の追善仏事を行っていた。『明月記』建暦二年（一二一二）六月廿八日条は、良輔による蓮華心院八講開催について記した後、「後聞、今日為㆓上皇御沙汰㆒、於㆓安楽寿院㆒、奉㆓為八条院㆒、有㆓一日八講㆒、可㆑為㆓毎年之儀㆒云々、雅親・家衡卿参」と書き加えている。良輔が蓮華心院で八条院の追善八講を執り行った同じ日に、後鳥羽は安楽寿院で同様の仏事を執り行っていた。しかも、「可レ為二毎年之儀一」とあるので、毎年これを開催することになったことがわかるのである。いうまでもなく、安楽寿院は鳥羽院が墓所として建立した御願寺であり、美福門院を経て、八条院に伝えられたものであり、八条院の後は春華門院によって継承されている。[42]だが、遠藤氏も示唆するように、このことは後鳥羽が春華門院没後、安楽寿院やその所領を支配下に収めたことを意味しよう。

しかも、このように春華門院没後、春華門院から良輔に伝えられず、後鳥羽に伝えられることになったのは、安楽寿院だけではなかった。前節では、蓮華心院修二月の運営方法について、良輔のもとで見直しが進められていたことを示す史料として、『明月記』建暦二年二月十二日条を掲げたが、実はその続きには次のような記事がある。

夕退出、参二歓喜光院修二月一、昨日宗行朝臣催也、其状云、依二御気色一上啓如レ件、是院御教書歟、参入見之、参殿上人、大略八条院旧臣也、各云、為二行長奉行一被レ催云々、又奉行人不レ見、首尾相違、雖二小事一尤可レ有二沙汰一事也、

歓喜光院は美福門院の御願寺で、安楽寿院と同様、八条院を経て春華門院に継承されている。だが、建暦元年、春華門院が亡くなると、翌年の修二月は「院御教書」によって参入催促がなされたらしいのである。定家が「是院御教書歟」と記していることから考えると、これが院によって行われるのには、多少の戸惑いがあったことがうかがえる。とはいえ、これが院によって行われていたとすれば、このことは歓喜光院についても春華門院没後、後鳥羽が管領権を収めたことを物語ると考えられるのである。

なお、このことを踏まえると、歓喜光院については、改めて次の史料も注目される。

午時許法印来談、大殿（道家）御消息被レ進レ宮、隆清卿女所領等譲二三位中将（一条実経）一、可レ有二御存知一由云々、御返事可レ申二高野宮一由、又同事被レ申二高野御方一云々、早速御消息、尤今世之符合歟、三位中将仁和寺宮御領預所、尤得分之至要

也、故八条左府（良輔）歓喜光院庄預所見苦之由、厭却給、不レ叶二時儀一事歟、

（『明月記』天福二年〈一二三四〉八月十八日条）

ここでは九条道家の三男実経が藤原隆清女の所領を譲られて仁和寺宮領の預所になったことに関連して、傍線部のように良輔が歓喜光院領の預所になることを見苦しいといって断ったエピソードが紹介されている。この史料は、摂関家が預所として所領を知行することを不相応と認識していたことを示す史料として知られるものだが[43]、良輔が八条院流王家の主体であり、歓喜光院領が春華門院まで八条院流王家に伝えられてきたとすれば、このような解釈は見直されねばなるまい。本来ならば、良輔は歓喜光院領の本家の所職を継承する存在であった。だが、春華門院没後、歓喜光院は後鳥羽に伝えられ、良輔はこれを継承することができなかった。かれは単純に家格故に預所になることを拒否したのではなく、本来本家となるべき存在だったが故にこれを拒否したと考えられるのである。

さて、このように、良輔は春華門院没後、八条院流王家の主体となり、蓮華心院の仏事などについては沙汰を行っていたのだが、一方で安楽寿院や歓喜光院については沙汰できず、これらの沙汰は後鳥羽院が行っていた。歓喜光院領に見たように、寺院の支配と寺領庄園の支配は連動していたとみられるから、これまでの研究では全く論じられていないが、ここで八条院領も双方に分裂したと見ていいだろう。八条院領は、安楽寿院領・歓喜光院領が後鳥羽院に、蓮華心院領や庁分領が良輔に分裂したと考えるのである。

では、なぜ後鳥羽は安楽寿院領や歓喜光院領を支配下に収めることができたのだろう。従来の研究では、これについて専らかれが春華門院の父親に当たるためと理解されてきたが、蓮華心院領が良輔に残されたことから考えれば、そうではあるまい。むしろ重要なのは、それぞれの御願寺の性格の違いであろう。後鳥羽が沙汰することになった安楽寿院は鳥羽院という後鳥羽にとっても先祖に当たる人物の御願寺であり、歓喜光院も鳥羽の寵后である美福門院の

御願寺であった。一方、良輔が沙汰を行った蓮華心院は八条院の御願寺である。ここから考えると、後鳥羽が安楽寿院領や歓喜光院領を支配できたのは、かれが治天の君であり、これらが「王家」に付属する財産と認識されたためではないだろうか。[44]蓮華心院は八条院個人の財産であり、それ故八条院の後継者である良輔によって支配されることになったと考えるのである。

ところで、このような所領の再編といえば、連想されるのが平安末期の摂関家領をめぐる相論である。平安末期、摂関家では所領相論が激化し、相伝所領が摂関・藤氏長者に付属すべき「氏の財産」と、分立した各「家」に付属すべき「家の財産」に分けられたのである。[45]これにならうなら、春華門院没後の八条院領の再編とは、王家領における「氏の財産」と「家の財産」の区分確定だったのではないか。そもそも佐伯智広氏によれば、安楽寿院領などは八条院の後、本来は二条天皇に伝領されて、皇位とともに継承されるはずだったという。後鳥羽は春華門院の没後、こうした所領群を改めて「氏の財産」として支配下に置き、八条院流王家に継承される「家の財産」と区分したのである。

後鳥羽が春華門院の臨終に際し、彼女の面倒を良輔に任せたことから理解すると、良輔が八条院流王家を支え、継承していくことについて、後鳥羽は当初は認めていたものと考えていいだろう。だが、建暦三年以降になると、後鳥羽は姿勢を変え、八条院流王家の支配にも積極的に介入するようになっていく。[46]建暦三年五月十八日、良輔は藤原光家に尾張国山田庄の知行を給付した。ところが、同月二十二日、光家は山田庄を後鳥羽によって召し上げられたのである（以上、『明月記』）。これについて、遠城悦子氏は、良輔に流出した八条院領を後鳥羽が王家領として回収したものと論じているが、[47]良輔が八条院流王家の主体であったことから考えると、王家内部の所領再編に関わるものと見るべきだろう。そもそも山田庄は庁分領であり、[48]春華門院が八条院領を支配していた建暦元年九月八日にも、良輔が久我通光に政所下文を与えて知行を給付していたことが知られるから（『明月記』）、建久七年（一一九六）正月十四日、良輔が八条院から処分された「庁分御庄々」のなかに含まれていたものと思われる。後鳥羽は治天の君として支配する「氏の財産」に加え、「家の財産」まで手を付けはじめたのである。

しかも、仏事についても興味深い動きがある。先述したように、後鳥羽は建暦二年、安楽寿院で八条院の追善仏事を行ったのであるが、実は翌建暦三年の八条院命日である六月二十六日、後鳥羽は蓮華心院で忌日仏事を催したのである（『明月記』）。前節で見たように、良輔は前年の追善仏事は蓮華心院で行ったのだが、翌年からは八条殿でこれを行うとしていたので、後鳥羽の動きはこれに対応したものと考えられる。とはいえ、八条院の御願寺である蓮華心院で八条院の忌日仏事を主催するということは、後鳥羽も自分が八条院の後継者であるとアピールする狙いがあった可能性が高い。こうなると良輔は安楽寿院・歓喜光院を失うだけでなく、八条院流王家における地位さえ危ういものになってしまう。

ところが、後鳥羽による八条院流王家接収の試みは、簡単にはいかなかったようである。『明月記』によれば、問題の忌日仏事は院司の平親長が奉行として執り行ったが、手長を勤める者がなく、親長は「無二其人一」といって催しもしなかったという。定家は親長に「手長役、左大臣(良輔)殿有二御参一云々、其御方諸大夫定祠(祇)候歟、何不レ被二借渡一乎、如何」といい、良輔に祇候する諸大夫を借りるよう勧めている。これに対して親長は「難二申請一」と及び腰で、定家が良輔の宿所に参って良輔と話し合っている。結局のところ、後鳥羽は仏事運営に際して、良輔を頼みにしなければならなかったのである。

ここで後鳥羽が良輔を頼りにしなければ仏事運営ができなかったのは、最近、野口華世氏が指摘しているように、八条院の仏事とは本来、八条院旧臣が奉仕して行われるものだったためであろう[49]。定家も、この記事の中で「於二此御堂一者本願御沙汰殊丁寧、旧臣・女房等大略参入、猶以如レ在之礼」と語っている。仏事の参加者もほとんどが八条院の旧臣・女房で、女院生前と同じだというのである。一方で野口氏によれば、後鳥羽は接収した歓喜光院などにおいて、自分の側近に所領を与え、仏事にも奉仕させたというが、蓮華心院追善仏事では、この方法が全く機能しなかったことを示している。八条院流王家では、春華門院没後もなお良輔が存在し、仏事を主催するなど主体的な役割を果たし続けていた。後鳥羽も良輔の協力がなければ、八条院の仏事を動かすことができなかったのであり、このことは良輔がいまだ求心力を持った存在であることを再確認することになったといえるだろう。八条院は良輔を養子に迎え、貴族として昇進させることで、八条院流王家を支える存在にしようとしたと考えられるが、以上の事実は、まさに良輔の存在によって八条院流王家が辛うじて存立を維持し得たことを物語ると思われるのである。

おわりに

八条院は、養子として養育した以仁王が挙兵し、敗死すると、かれの忘れ形見である以仁王姫宮や、後鳥羽院の皇女である春華門院を後継者として養育した。だが、彼女はそれとともに後継者たちを支え、家産経営を維持するために、九条兼実の六男良輔を養子に迎え、公卿として育成した。九条家では、女院が多くの家産を処分されるとともに、近親の摂関が家産経営を補佐するという体制がとられていたが、良輔は以仁王姫宮には異父弟、春華門院には叔父に当たる。八条院は九条家と同様に後継者の近親に当たる良輔に家産経営を補佐させることで、自分の没後も御願寺仏事やそれを運営する院司集団がそのまま維持されることを図ったのである。

結局、八条院が後継者とした以仁王姫宮や春華門院はほどなく没し、良輔が八条院流王家の後継者の地位に収まるわけだが、九条家でも女院の家産は最終的には摂関に伝領され、女院の仏事や経営は九条家のなかに回収されている。

これに良輔が新たに摂関家を創出する可能性があったことを併せて考えれば、八条院の権力継承構想では、春華門院から良輔本人への権力継承は想定外であったにしろ、良輔の子孫に権力が伝えられていくことは既定路線だったのではなかろうか。その場合、八条院流王家は、摂関家「八条家」に変化することになる。未婚内親王の家産継承について佐伯智広氏は、「荘園の本家としての権威が必要である以上、伝領者と王家家長との親疎にかかわらず、現実的には王家家長の皇子女を養子とせざるをえ」ず、「将来の伝領者の選定権は事実上王家家長の影響下にあったと評価するべきである」と論じているが、八条院の権力継承の方法は、佐伯氏が論じるのとは別のもう一つの選択肢があったことを示唆するように思われる。すなわち、八条院は自身の家産経営を良輔の「家」に一体化させることで、治天の君（王家家長）の影響下に置かれずとも、永続的に継承させる道をとったと考えるのである。

最後に良輔と八条院流王家のその後についてもふれておこう。八条良輔は建保六年（一二一八）、三十六歳で急死した。『尊卑分脉』を見ると、良輔には良瑜・道宝という二人の男子がいたが、いずれも僧籍に入っている。このうち、道宝は弘安四年（一二八一）、六十八歳で没しており、(50)逆算すると建保二年の生まれとわかる。だとすれば、良輔が没した時点では、まだ五歳に過ぎず、出家することになったのは、良輔の死によって後ろ盾を失ってしまったからだろう。良輔の没後、「八条家」を継ぐ跡継ぎは存在しなかったのである。

では、その後、八条院流王家はどのようになったのだろう。結局のところ、良輔が支配していた蓮華心院領や庁分領まで含めて、八条院領は良輔没後、後鳥羽院によって一括して接収されたようである。そして、承久の乱後は、後高倉院に伝領され、その後、その娘である安嘉門院邦子内親王がこれを相続したのだが、よく知られるように、安嘉門院は八条院領を相続するとともに、安楽寿院での仏事も継承した。野口華世氏の研究によれば、安嘉門院と八条院には系譜上のつながりはなかったが、彼女たちに仕える女院司たちには系譜的つながりがあって、かれらが女院の仏事を支え続けたという。[51] これに従えば、八条院流王家は、後鳥羽や安嘉門院に継承されたといえるかもしれない。

だが一方、ここでは次のような事実にも注目しておきたい。良輔の死から七年経った嘉禄元年（一二二五）十一月十一日、良輔の遠忌に八条殿を訪れた藤原定家は『明月記』に次のように記している。

今日故左相局（府）御遠忌也、依二懐旧之思一、参二八条旧跡一之間、鏁レ門無二人跡一、八条院御所東、已為二民家一、築垣之内、武（或）麦隴、武（或）少屋、南山古松僅残、窮老之病眼、哀慟之思難レ禁、

定家が八条を訪れたところ、旧邸は門を閉ざし、人の姿も見えなかった。八条院御所の東側はすでに民家となっており、築垣のなかは麦畑や小屋があったというのである。これは主が不在となった八条院流王家の末路を物語るものなのではないだろうか。確かに安楽寿院は後高倉を経て、この頃には安嘉門院に伝わっていたと考えられるが、本来、八条院流王家の中核施設だった八条院御所がこの惨状なのである。八条院流王家の「家の財産」のうち、庁分領や蓮華心院領は安楽寿院領などと同様に安嘉門院に伝えられたと考えられるが、八条院から良輔に処分された所領のうち、半分は青蓮院に寄進され、[52] もう半分は良輔妻（坊門信清女）八条禅尼を経て九条家の最勝金剛院に寄進されていた。[53] 主を失った八条院流王家はいったん解体され、その家産は諸権門に振り分けられたというのが実態だろう。

註

（1）　栗山圭子「中世王家の存在形態と院政」（『中世王家の成立と院政』吉川弘文館、二〇一二年。初出は二〇〇五年）。以下、栗山氏の見解は同論文による。

（2）　曾我部愛「後高倉王家の政治的位置―後堀河親政期における北白河院の動向を中心に―」（『ヒストリア』二一七号、二〇〇九年）。同「書評・栗山圭子著『中世王家の成立と院政』」（『ヒストリア』二四一号、二〇一三年）。佐伯智広「（書評と紹介）栗山圭子著『中世王家の成立と院政』」（『日本歴史』七八八号、二〇一四年）。

（3）『玉葉』建久七年（一一九六）正月十二日条の表記による。同十四日条は「故三条宮御娘」とする。
（4）『玉葉』建久七年正月十四日条。
（5）伴瀬明美「院政期〜鎌倉期における女院領について―中世前期の王家の在り方とその変化―」（『日本史研究』三七四号、一九九三年）。以下、伴瀬氏の見解は同論文による。
（6）龍野加代子「八条院領の伝領課程をめぐって」（『法政史学』四九号、一九九七年）。
（7）遠城悦子「春華門院昇子内親王の八条院領伝領についての一考察」（『法政史学』四八号、一九九六年。以下A論文とする）、『玉葉』建久七年正月十四日の解釈について―八条院領処分の再考察―」（『ソーシアル・リサーチ』二七号、二〇〇二年。以下B論文とする）、「八条院領の伝領に見る後鳥羽院と春華門院昇子内親王」（『ソーシアル・リサーチ』三八号、二〇一三年。以下C論文とする）。
（8）三好千春「後鳥羽院政における春華門院昇子内親王の位置」（『女性歴史文化研究所紀要』一八号、二〇一〇年）。以下、三好氏の見解は同論文による。
（9）註(4)に同じ。
（10）外岡慎一郎「中世気比社領の基礎的考察―「建暦社領注文」とその周辺―」（『福井県史研究』一一号、一九九三年）、川端新「荘園所職の成立と展開」（『荘園制成立史の研究』思文閣出版、二〇〇〇年）、西谷正浩「平安末・鎌倉前期の家と相続制度」（『日本中世の所有構造』塙書房、二〇〇六年。初出は一九九一年）。
（11）遠城註(7)前掲B論文。なお、本書では、原則として摂関家の家格が定着する前の兼実の家系を「九条流」と表記しているが、本章では先行研究にならって「九条家」の表記を用いたい。
（12）八条西殿は良輔妻の父・坊門信清の邸宅だが、八条殿（東殿）からは「向殿」と称され、一体的な関係にあった。良輔は結婚以前は八条殿で八条院と同居し、結婚以後もしばらくは八条殿から西殿に通っていたらしい（朧谷寿「平安京左京八条三坊周辺の様相」〈『平安貴族と邸第』吉川弘文館、二〇〇〇年〉）。
（13）『明月記』正治二年（一二〇〇）正月六日条。
（14）『明月記』正治二年二月四日条、建仁三年（一二〇三）三月五日条など。
（15）佐伯智広「中世前期の政治構造と王家」（『中世前期の政治構造と王家』東京大学出版会、二〇一五年。初出は二〇一〇年）。以下、佐伯氏の見解は同論文による。
(16) 五味文彦「八条院をめぐる諸権門」（小川信先生の古稀記念論集を刊行する会編『日本中世政治社会の研究』続群書類従刊行会、一九九二年）。
(17) 同右。『玉葉』養和二年六月廿五日条。
(18) 石井進「源平争乱期の八条院周辺」（『石井進著作集第七巻　中世史料論の現在』岩波書店、二〇〇五年。初出は一九八八年）。
(19) 中村直勝「以仁王の擧兵と八條女院領」（『歴史と地理』第七―五号、一九二一年）。
(20) 金澤正大「八條女院と九條兼實外孫昇子内親王」（『政治経済史学』二三二号、一九八五年）。
(21) 小池桃子「『玉葉』にみたる九条兼実の後室構造に関する一考察」（『政治経済史学』二二二号、一九八五年）。宮崎康充「九条兼実室「兼子」について」（小原仁編『『玉葉』を読む―九条兼実とその時代―』勉誠出版、二〇一三年）。
(22) 多賀宗隼「兼実とその周囲」（『玉葉索引―藤原兼実の研究―』吉川弘文館、一九七四年）。
(23) 拙稿「『愚昧記』から見た平安末期貴族の家族と親族」（『龍谷史壇』一四五号、二〇一八年）。この部分、初出論文では、隆忠母は基房の正妻であったが、隆忠元服の段階では離婚されていたため、結婚の実態を失っていたと論じていたが、栗山圭子氏より、正妻であったのは家房母であり、隆忠母とは別人であるとの指摘を頂戴した。『尊卑分脈』にも両者は分けられて記されているように、栗山氏の指摘は適切であり、本書収録にあたり訂正した。
(24) 小池註(21)前掲論文。
(25) 多賀宗隼「九条家の業績―保元より承久における―」（『論集中世文化史　上　公家武家篇』法蔵館、一九八五年。初出は一九七〇年）。
(26) 『玉葉』建久五年八月廿八日条。
(27) 拙稿「藤原忠通と基実―院政期摂関家のアンカー―」（本書第Ⅱ部第三章）。
(28) なお、「はじめに」でふれたように、遠城悦子氏は、「良輔は、文治二年（一一八六）に八条院の猶子となったが、建久五年（一一九四）に生家の九条家に戻っている」と述べ、良輔が建久五年に養子縁組を解消され、九条家に戻されたと指摘しているが（遠城註(7)前掲B論文）、これは適切ではない。遠城氏がこの根拠としているのは、『玉葉』建久五年四月十九日条に「迎二大将（良経）小児於余許一、可レ養之故也」とある部分で、遠城氏は「迎二大将小児於余許一」を「良輔は異母兄良経に伴われ、九条家に戻っている」

と解釈するのだが、これは「大将小児を余の許に迎ふ」であり、良経の子を自分のもとに迎えたとしか読めないのである。良経には前年の六月二十八日に長男道家が誕生しており（井上幸治「九条道家―院政を布いた大殿―」〈平雅行編『公武権力の変容と仏教界』〈中世の人物 京・鎌倉の時代編第三巻〉清文堂出版、二〇一四年〉）、すでに多賀宗隼『玉葉索引』（註(22)前掲）や『図書寮叢刊九条家文書』の傍註が比定するように、「小児」は孫の道家と考えるのが適切であろう。

(29) 天理大学付属天理図書館所蔵九条家文書（『鎌倉遺文』一四四八号）。

(30) 九条道家初度惣処分状（『九条家文書』五―一号）。

(31) 野口華世「中世前期の王家と安楽寿院―「女院領」と女院の本質―」（『ヒストリア』一九八号、二〇〇六年）。

(32) 野口華世「中世前期公家社会の変容」（『歴史学研究』八七二号、二〇一〇年）。

(33) 高橋秀樹「貴族層における中世的「家」の成立と展開」（『日本中世の家と親族』吉川弘文館、一九九六年。初出は一九九一年）。

(34) 元木泰雄「五位中将考」（大山喬平教授退官記念会編『日本国家の史的特質（古代・中世）』思文閣出版、一九九七年）。

(35) 史料中、道家は「承安二年十二月八日故禅閤《(兼実)》御記」を引用しているが、同様の記述は『玉葉』承安二年十月八日条に確認できる（『玉蘂』の日付は誤り）。ただ、『玉葉』には「大臣参宮以前密々参二春日一、為二不吉之例一」とあり、『玉蘂』が「祭上卿以前」とする部分が「大臣参宮以前」となっている。「祭上卿」とは春日祭上卿のことと考えられるが、この時期、春日祭上卿は摂関家子弟によって独占され、上卿儀礼は「摂関家の地位を誇示する場として機能した」（渡部史之「春日祭と摂関家」『九州史学』一五六号、二〇一〇年）という。道家は意図的に「大臣参宮以前」を「祭上卿以前」と書き換えることで、良輔が春日社上卿を勤めておらず、摂関になる資格がないことを強調したのであろう。

(36) 『玉蘂』建暦二年二月十八日条。

(37) 『玉蘂』建暦元年十月十六日条。

(38) 遠城註(7)前掲B論文。

(39) 中村直勝「安楽寿院の研究」（『中村直勝著作集』三、淡交社、一九七八年。初出は一九二七年）、野村育世「不婚内親王の准母立后と女院領の伝領」（『家族史としての女院論』校倉書房、二〇〇六年。初出は一九八九年）など。

(40) 石井註(18)前掲論文。

(41) 遠藤基郎『中世王権と王朝儀礼』（東京大学出版会、二〇〇八年）二八六頁。

(42)『玉葉』建久七年（一一九六）正月十四日条。
(43)たとえば、川端註(10)前掲論文。
(44)ただし、美福門院と後鳥羽には血縁上のつながりはなく、後鳥羽院が「王家」の財産として、歓喜光院領を接収したのは半ば強引なものであったと思われる。良輔が歓喜光院領の預所になることを渋ったのも、前述のようにかれが歓喜光院を継承する存在だったからだとすれば、後鳥羽の歓喜光院領接収に無理があったことを物語るものといえよう。
(45)川端新「摂関家領荘園群の形成と伝領―近衛家領の成立―」(川端註(10)前掲書所収。初出は一九九四年)。
(46)この頃、後鳥羽が従来からの御願寺領の枠組みに介入しはじめたことは、野口華世氏も指摘している。氏はその背景として、後鳥羽は当時、公家政権として積極的な政策をとろうとしており、自らの権力を強化するため、「所領を確保し、それに側近を配置しておく経済的な必要性があった」と述べている（野口註(32)前掲論文）。
(47)遠城註(7)前掲C論文。
(48)後宇多上皇所領目録案（竹内文平氏所蔵文書。『兵庫県史』史料編中世八）。
(49)野口註(32)前掲論文。
(50)『東寺長者補任』(『群書類従』巻五八)。
(51)野口華世「安嘉門院と女院領荘園―平安末・鎌倉期の女院領の特質―」(『日本史研究』四五六号、二〇〇〇年)。同註(31)前掲論文。
(52)左大臣（良輔）家遺領目録（『門葉記』雑決一。『鎌倉遺文』二四〇九号）。
(53)九条道家初度惣処分状（『九条家文書』五―一号）。

〈付記〉

本章の初出論文発表後、遠城悦子氏は「『健寿御前日記』にみえる八条院と九条兼実」(『ソーシアル・リサーチ』四一号、二〇一六年）を発表した。このなかで、本章の議論に対して、①『健寿御前日記』に見える八条院の姿は「権力を操る器とは程遠」く、筆者がいうように「王家外の人物を相続人に迎えて「八条院流王家」の創設を構想する人物とは到底考えられない」、②筆者は八条院の相続人を以仁王王女（以仁王姫宮）・昇子・良輔の三人とするが、『明月記』建仁二年（一二〇二）八月廿二日条には、以仁王王女が所領処分をめぐり昇子・良輔・良輔妻を呪詛していたとの記事があり、良輔妻も八条院領の相続人に想定されていた、③筆者は良輔について九条家の人間ではなく、八条院の嫡子として「八条院流王家」を継承したとするが、「九条家重書目録」の中には八条院領の目録があり、九条家は良輔を介して八条院領に介入していた、などと批判を加えている。

しかし、氏の批判は、次のような理由から受け入れられない。まず、①については、筆者は八条院が良輔のような王家外の存在を養子に迎えたのは、あくまで女院が行う父祖の菩提を弔う仏事とそれに奉仕する仏事集団を維持・継承していくためであり、とくに「権力を操る器」などと理解しているわけではない。

②については、まず筆者は、以仁王姫宮・昇子・良輔を同等の相続人とみなしているわけではない。以仁王姫宮については、龍野加代子氏が論じたように、内親王宣下を却下されたことから、家政機関をもつことができず、八条院領を相続できなかったと考えられるのである（龍野註(6)前掲論文）。その上で、内親王である昇子や八条院の嫡子として摂関家嫡並みの昇進を遂げた良輔と、中流貴族である坊門信清の娘にすぎない良輔妻についても、同列に論じることができないと考えられる。昇子・良輔は荘園の本家として八条院領を維持することが可能だが、良輔妻は本家の下で領家職をもつことは可能であったとしても、本家にはなり得ないのである。そもそも右に述べたように、女院が養子女を迎えて所領を譲るのは、仏事や仏事集団の維持のためである。良輔には昇子の荘園経営を補佐するという役割があったが、良輔妻に所領が伝領されたとして、彼女が何の役に立ったか全くわからない。仏事維持のためには、本家が分裂するような事態はかえってマイナスの効果をもたらすのではないだろうか。

③についても、八条院が父祖から伝えられた安楽寿院・歓喜光院などでの仏事や、八条院自身の蓮華心院での仏事について、九条家が関与しているという事実は確認されず、「九条家重書目録」の中に八条院領の目録があるからといって、このことから九条家が八条院領を領有することを主張できたとは思えない。本章の最後に見たように、良輔が伝領した八条院領の一部は、良輔没後、良輔妻によって九条家の最勝金剛院に寄進された。これは、右に見たように、良輔妻は本家になることができなかったから、最勝金剛院を本家に仰いだものと理解される。八条院領の目録が九条家に入ったのも、恐らくこのときのことであろう。

補論　藤原忠実の追善仏事と怨霊

1　九条道家による忠実追善仏事

寛喜三年（一二三一）、関白九条道家は、自身の邸宅である一条殿において、知足院関白・藤原忠実を追善する法華八講を執り行った。忠実は道家の四代前の先祖で、応保二年（一一六二）、八十五歳で没している。道家はその忌日に当たる六月十九日（実際の忌日は十八日か）(1)を結願日として、十八日から二日間、聖覚を経供養の導師として、忠実の菩提を弔ったのである(2)。

中世の摂関家では、代々の家長の忌日に邸宅やゆかりの寺院で追善供養が行われることが多かった。だが、この仏事の場合、特異なのは、道家の長男である右大臣教実が「自㆓今年㆒被㆓始置㆒、可㆑為㆓殿中恒例御経営㆒也」と記すように(3)、これまで毎年継続して行われてきたのでなく、ここで初めて執り行われた仏事だったことである(4)。しかも、このとき、道家は季御読経奉行であった左中弁藤原為経に対し、あえて季御読経奉行を辞めさせてまで追善仏事を勤めさせている(5)。このことは道家がこの仏事をかなり重視していたことを物語るものだろう。

教実が「殿中恒例御経営」としたように、道家はこのあと毎年、この追善仏事を執り行いつづけた。三年目の天福元年（一二三三）には、開催場所が一条殿から月輪殿に変更されており、『明月記』同年六月十九日条はこれが仏事の「陵遅」につながるかと案じている。だが、『平戸記』仁治三年（一二四二）六月十七日条によれば、この年の追善仏事は「恒例御八講」として東山芬陀利華院で行われている。開催場所は転々としているが、すでに恒例仏事として広く認識されるようになっていたといえるだろう。

ところで、忠実といえば、白河院政期、摂関家領を集積し、家政機関を拡充して、院政成立以降、凋落した摂関家を立て直した立役者として知られる。(6)だが、一方で、保元元年（一一五六）七月に起こった保元の乱では、二男の頼長とともに謀反人とされており、当時の摂関家にとっては負の面も大きかった人物である。だとすれば、道家は、ここに至ってなぜ、突然このような忠実の追善仏事を始め、これを恒例仏事としたのだろう。

この仏事については、摂関家追善仏事について分析した佐藤健治氏がすでに言及されている。(7)だが、氏の研究は、仏事の経営方式に主眼を置いたもので、これまでのところ、道家がなぜこうした仏事を行ったのかについては明らかになっていない。しかしながら、このことは、道家の政治的な位置や、その先祖意識を理解する上でも、鎌倉期摂関家における忠実の位置を知る上でも、興味深い問題と思われる。そこで、小論では以下、この問題について考えてみようと思う。

2 忠実の怨霊

平安・鎌倉期の貴族社会における追善仏事については、佐藤氏をはじめ、家族史研究の立場から多くの成果が出されているが、その一方、王家研究でも、近年、追善仏事の執行やその継承は、権力継承と密接に関係するものとして注目されている。その成果によれば、中世前期の王家では、歴代の院・天皇の追善仏事は、代々つねに治天の君へと継承されて、その主催によって行われるわけではなく、所領の伝領を通して、妻后や娘である女院に継承されることが多かったという。(8)こうした追善仏事の継承は、皇位の継承とは関係なく行われており、この時期には皇位を継承する皇統とは別に、追善仏事を継承する皇統がいくつも分立していたというのである。しかし、一方で治天の君の側もこうした追善仏事の執行に無関心なわけではなかった。治天の君は自分の治天の君としての正統性を確立し、地位を安定化させるため、しだいにかかる追善仏事を積極的に継承して、分立する皇統を吸収していったというのである(9)。

こうした研究に学ぶなら、道家の忠実追善八講も、忠実という先祖の菩提を弔うことで、自分が忠実の後継者であることをアピールし、それによって自分の正統性を確保する手段であったといえるかもしれない。そもそも第Ⅲ部第一章で明らかにしたように、九条流は本来女院の仏事経営を継承するものとして形成された「家」であり、摂関家嫡流として日記・文書をはじめとする代々の家産を継承する近衛流に対して、摂関家としての正統性を示し得ず、長らく摂関家としての家格の維持さえ覚束ない、不安定な状況に立たされていた(10)。道家にとっては、やはり摂関家としての何らかの正統性を確保する必要があったのであり、その一つが忠実という先祖の追善仏事であった可能性も否定はできまい。

だが、ここでは、これとは別に次のような事実にも目を向けたい。まず、道家は関白になる以前、承久二年（一二二〇）正月一日、日記『玉蘂』に次のように記していた。

卯刻著二束帯一、四方拝事、（南庭設レ座、無二随身一、依レ辞二兵仗一也、）先向レ北称二属星名号一再拝、次□呪、其詞如レ恒、又再二拝天一、（乾、）次地、坤、次四方、（起東到北、）次大将軍、（北、）次王相、（東、春三ヶ月如此、）次天一、（良〔艮〕、）次太白、（東、定事也、）已上各再拝、次諸廟、（知足禅閣、北政所、先考先妣已上在所、）次諸神、（伊巽、石坤、賀北、春南、原西、日良、吉良、梅西、祇巽、北々、惣社南等也、）已上各両段再拝、次帰昇、依二天曙一不二就寝一、官位左大臣正二位兼行皇太子傅、生年廿八也、千秋万歳、幸甚々々已〔也〕、

これは元旦に道家が行った行事を記したものだが、注目したいのは、ここで道家が拝礼を行った「諸廟」のなかに、自身の父母（先考先妣）などと並んで「知足禅閣」の名前が見えることである。実は九条流では道家が関白になるよりも以前から、忠実の廟を儲けるなどしており、忠実を特別な存在として祀っていたのである。

しかも、道家の祖父である兼実も忠実のための供養を行っていた。兼実の日記『玉葉』の文治二年（一一八六）二

月十八日条には、次のような記事がある。

此日、奉二為故知足院殿一、於レ堂供二養仏経一、導師仏厳聖人、無二請僧一、仏一鋪（割書略）、経一部、布施絹一疋、紙三十帖也、

近日天下之乱、偏保元怨霊所為之由、有二夢想等一、仍且為レ鎮二天下一、且為レ訪二冥途一、殊所レ修二此仏事一也、

この日は忠実の忌日ではなかったが、兼実は忠実の菩提を弔うため、仏厳房聖覚を導師として経供養を行っていた。九条流では、すでに兼実の段階から忠実を特別な存在として意識していたことがわかるだろう。そして、ここで重要なのは、この仏事を行った理由として、「保元怨霊」の仕業によって天下の乱が起こっているという夢想があったと明記されていることである。兼実は同時代の戦乱について、忠実の怨霊によるものと理解し、世の中の乱れを鎮めるために忠実の冥福を祈ったというのである。

それでは、道家による忠実の追善仏事も、やはりこれと同様の目的で行われたのだろうか。そこで次に問題にしたいのは、兼実が記す忠実の怨霊である。実は忠実の怨霊は、このあと、再び九条流にとっての重要な局面で登場する。次に紹介するのは、『愚管抄』巻第六の一部である。

大方故内大臣良通、コノ摂政、カヽル死ドモセラレヌル事ハ、猶法性寺殿ノスヱニカヽリケルコトノ人ノイデクルヲ、知足院殿ノ悪霊ノシツルゾトコソハ人ハ思ヘリケレ。法性寺殿ヨリコノ摂政マデ七人ニ成リヌルニコソ。其霊ノ後世菩提マメヤカニタスケトブラフ心シタル人ダニアラバ、今ハカウホドノ事ハヨモアラジカシ。

元久三年（一二〇六）三月七日、兼実の二男で道家の父に当たる摂政良経は就寝中、三十八歳の若さで突然死した。右の文章は、これについて記したもので、『愚管抄』の作者で兼実の異母弟でもある慈円は、良経の兄である内大臣良通も二十二歳の若さで突然死していたこともあり、人々には良経の死が忠実の悪霊の仕業として受け止められてい

たと述べている。法性寺殿忠通の子孫は忠実の悪霊によって祟られており、そのために良通といい良経といい、忠通の子孫たちはこのように次々と突然死する人が出ているのだというのである。

先に見た『玉葉』の記事から、兼実が忠実の怨霊について、執政の立場から意識をしていたことは間違いあるまい。だが、右の『愚管抄』を踏まえると、その後の九条流では怨霊への意識は大きく変化している。文治二年の段階では、忠実の怨霊とは天下を乱す存在として認識されるのみであった。だが、翌文治三年の良通の死、元久三年の良経の死を経て、九条流では、忠実の怨霊は一家を祟り殺す「悪霊」として畏怖の対象となっていたのである。

だとすれば、道家が摂関就任以前から、忠実を父母と並ぶ特別な存在として祀っていたのも、恐らくはこのためだろう。周知のように慈円は九条流と密接な関係にあったから、道家が忠実の存在を特別意識するに至ったのには、右のように九条流に相次ぐ不幸を忠実怨霊の仕業と見なす慈円の影響があった可能性が指摘できる[11]。道家にとって、忠実仏事を行うことは、自分の正統性を誇示するという以上に、自らの一家に祟りをなす悪霊を祓うという重要な意味をもっていたのである。

ただ、それでは、道家はなぜ寛喜三年になって忠実の忌日仏事をはじめ、これを恒例仏事としたのだろう。右に見た事実から考えると、注目すべきは、道家がこの直後の七月五日になって長男教実に対し、関白職を譲与していることである。道家はこの前年には娘の竴子を後堀河天皇の中宮としており、その権勢は上り調子であった。だが、子孫のことを考えると、自分の一家が怨霊に祟られているという不安はなお解消しきれなかったに違いない。だからこそ、道家は自分の子に関白職を伝えるというこの段階で、改めて忠実忌日仏事を恒例仏事として整備することで、自身の子孫に災厄をもたらす忠実の霊を祓い、子孫の永続と発展を願ったのであろう[12]。

3　忠実怨霊化の背景

以上のように、道家が寛喜三年、忠実の追善仏事を行ったのは、先祖の菩提を弔うことで、自分の正統性をアピールするというよりも、直接的には、一家に祟る忠実の怨霊を祓うという目的によるものであった。道家の父良経が忠実の怨霊によって祟り殺されたと信じられたことから、九条流では忠実の存在が特別視されていたのである。

ただ、忠実は保元の乱の敗者ではあったが、乱において、非業の死を遂げたのは、忠実ではなく、その二男頼長の方であった。よく知られるように、瀕死の重傷を負った頼長は、南都にいた忠実のもとを訪ね、最後の対面を果たそうとした。だが、忠実は頼長の最後の頼みをすげなく断り、むしろ忠通に書状を遣わして摂関家領の保全を図ろうとした。その後、忠実は一応知足院に幽閉されたものの、乱後の処理でも罪人となることを免れているし[13]、基実がかれのもとを訪れて故実を問うているように[14]、晩年も孤立した存在とはなっていなかった。不遇の死を遂げた頼長と比べると、かれの晩年は穏やかで、忠通一家との交流ももつなど、怨霊となって忠通子孫に祟る理由を見出しにくい。

では、慈円や兼実、道家は、なぜ忠実が怨霊となって忠通子孫に祟っていると考えたのだろう。そこで、問題にしたいのが、そもそも忠実の仏事が道家によって整備されるまで、長らく行われていなかったという事実である。寛喜三年の追善仏事が道家によって新たに始められたものであることは前述したが、実は追善仏事は忠実の没した直後においても、すでに行われていなかったらしい。このことをうかがい知れるのが、次の史料である。

知足院殿御時、大炊允某営㆓御仏事㆒、件御喪家事、法性寺殿無㆓沙汰㆒、仍有㆓自由事等㆒歟之由、被㆑仰㆑之、

（『三長記』元久三年四月七日条）

右は九条良経の中陰仏事の運営に関わって、良経の父である兼実が家司藤原長兼に対して語った内容の一部で、中

陰仏事の先例として忠実の事例が持ち出されているのだが、これによると忠実の中陰仏事は「大炊允某」なる人物が執り行っており、忠通は沙汰をしなかったことがわかる。「大炊允某」については不明だが、保元の乱以前には、忠実に侍として仕えた大炊允惟宗信賢の存在が確認できる。(15) この「某」が信賢と同一人物であるかどうかは決め手に欠けるが、信賢同様、忠実に仕える人物であった可能性は高いように思われる。いずれにしても、忠実の中陰仏事は、親族以外の人物によって執り行われていたのであり、摂関家主催の仏事としては執り行われていなかったのである。

忌日仏事についても、道家がはじめるまで記録に確認することができないが、(16) 中陰仏事に関する忠通の態度から考えると、それは単に記録が残っていないだけでなく、当初から意識的に行っていなかったものと思われる。道家による追善仏事供養は、忠実没後七十年近く経ってから、全くはじめて執り行われたものだったのである。

このように考えると、改めて見直されるのが、先に引用した『愚管抄』の「其霊ノ後世菩提マメヤカニタスケトブラフ心シタル人ダニアラバ、今ハカウホドノ事ハヨモアラジカシ」という部分であろう。慈円は忠実の菩提を弔う人があったなら、怨霊に祟り殺されるようなことはなかったと述べているのであり、保元の乱の敗者として怨霊化したというよりも、忠実の菩提を供養していないことこそ、怨霊化の原因とみていたのである。

摂関家にとって忠実は先祖の一人であるが、にもかかわらず、摂関家が主体となって忠実の菩提を弔うことは、執政としての立場で怨霊の鎮魂を図った兼実の場合を除き、全くなかった。だが、こうしたなかで、兼実の跡継ぎが続けて異常な死を遂げる。このとき、先祖でありながら、これまでまともに追善仏事を行っていなかった忠実の存在に目が向くのは、慈円ならずとも自然な成り行きであろう。慈円・兼実をはじめとする九条流の人々は跡継ぎの死を、忠通以来、忠実仏事を放置してきたことに対する忠実の怒りが化現したものと考え、忠実の怨霊を畏怖するようになった。そして、それは道家に至って忌日仏事を恒例仏事化して、手厚く菩提を弔うことによって、本格的に慰撫されることになったのである。

では、そもそもなぜ忠実の仏事は長く行われなかったのだろう。これについては、忠実が保元の乱で謀反人とされたということがまず想起されるが、保元の乱で謀反人とされ、非業の死を遂げた頼長には、治承元年（一一七七）八月、贈位贈官が行われ、墳墓に堂舎を建立して法華三昧を修することが検討されている[17]。頼長が挙兵した張本人であるのに対し、忠実が挙兵に関わっていなかったことから考えれば、かれの仏事が行われなかったのは、単に謀反人であったからではないだろう。筆者はここに忠通の父に対する強い憎しみがあったと理解したい。忠実は忠通の嫡男基実を摂関家の跡継ぎと認めず、弟頼長への摂関譲与を渋る忠通を義絶して、藤氏長者職を剝奪した。乱後、忠実は忠通を頼って流罪を免れており、一見両者は和解したようにも見える。だが、忠実没後の仏事に対する忠通の態度は、両者の亀裂が予想以上に深く長く続いていたことを示しているのではないだろうか。

註

（1）『公卿補任』保延六年（一一四〇）項によれば、忠実の没したのは応保二年（一一六二）六月十八日であるが、『洞院摂政記』寛喜三年六月十八日条（『図書寮叢刊九条家歴世記録』一）は「明日依レ相二当彼御忌日一、所レ被レ結二願於其日一也」としている。『民経記』も十九日を八講の結願としているから、六月十九日が結願日であったのは間違いない。とすると、忠実の忌日自体が十九日である可能性も出てくるが、十八日が結願日となっている事例も確認できるので（『平戸記』仁治三年（一二四二）六月十八日条）、今後改めて検討が必要だろう。

（2）『洞院摂政記』寛喜三年六月十八日条。

（3）註(2)に同じ。

（4）佐藤健治氏は、この「殿中恒例御経営」を、「一代限りの家の行事」の運営形態をさしているとするが（「摂関家行事の成立―葬送と追善仏事を中心に―」〈『中世権門の成立と家政』吉川弘文館、二〇〇〇年〉）、後述するように忠実追善仏事はこれ以前には行われておらず、単に恒例の仏事として以後毎年執り行うことにしたという以上の意味はないと思われる。

（5）『民経記』寛喜三年六月十七日・十八日条。
（6）元木泰雄『藤原忠実』〔人物叢書〕（吉川弘文館、二〇〇〇年）。
（7）佐藤註（4）前掲論文。
（8）近藤成一「鎌倉幕府の成立と天皇」（『鎌倉時代政治構造の研究』校倉書房、二〇一六年。初出は一九九二年）。
（9）長田郁子「鎌倉期における皇統の変化と菩提を弔う行事―仁治三年正月の後嵯峨天皇の登位を中心に―」（明治大学大学院文学研究科『文学研究論集（文学・史学・地理学）』一五号、二〇〇一年）。白根陽子「承久の乱後の王家と後鳥羽追善仏事」（『女院領の中世的展開』同成社、二〇一八年。初出は二〇〇五年）。
（10）拙稿「鎌倉期摂関家の「家」と権門」（『中世摂関家の家と権力』校倉書房、二〇一一年）。
（11）慈円は建永元年（一二〇六）の「大懺法院条々起請事」（『門葉記』巻九十一）でも、大懺法院建立の目的として「崇徳院聖霊・知足院怨霊」をはじめとする保元以往の怨霊亡卒の追善をあげており、これについては、すでに清水眞澄氏も良経の死にともなう「九条家内部の怨霊に対する畏怖」を反映したものだったと指摘している（「慈円の軌跡―九条家における仏法興隆をめぐって―」〈『聖徳大学言語文化研究所論叢』一四号、二〇〇六年〉）。
（12）なお、怨霊鎮魂のために、追善仏事が行われた例としては、忠実と同じく保元の乱で敗者となった崇徳上皇と頼長の事例が知られる。崇徳に対しては治承元年（一一七七）八月、成勝寺で法華八講が行われ、頼長についても同年、墳墓に堂舎を建立して法華三昧を修することが検討された（山田雄司「崇徳院怨霊の胎動」〈『崇徳院怨霊の研究』思文閣出版、二〇〇一年〉）。
（13）元木註（6）前掲書一六六〜一六八頁。
（14）『富家語』第一八九条（新日本古典文学大系本）。
（15）『兵範記』久安五年（一一四九）十月十九日条。
（16）たとえば、孫である兼実の日記『玉葉』には忠実の忌日仏事の記事はない。
（17）註（12）参照。

第三章　摂関家九条流における「家門管領寺院」の継承と相論

はじめに

九条家文書には、東福寺や光明峯寺といった摂関家九条流の「家門管領寺院[1]」をめぐる相論の関係文書が収められている。これらの寺院について九条道家は第二度惣処分状で、道家の後は四男実経が管領し、実経の後は早世した長男教実の息子忠家が管領して、その後は二人の子孫にこれを継がせるとした[2]。だが、その後、この継承をめぐって、二人の子孫である一条家と九条家はしばしば対立し、戦国期に至るまで、断続的に両家の間で相論が繰り返されたのである（九条流の家系は図11を参照）。

かかる寺院の継承や相論については、家族史研究の立場から平山敏治郎氏・高橋秀樹氏・西谷正浩氏などが言及しているが[3]、現在のところ、最もまとまっているのは高橋氏の研究であろう。氏によれば、九条流一門の寺院は一門の長である「家長者」に管領されたとされ、その継承方法は嫡継承ではなく、「道家の子孫中の最高官位者による氏的な継承原理が採用されていた」という。そして、この後の相論でも、争点は嫡相承の正統性になっているが、結局「一門上首」に管領権を認める裁定が下されていたとして、中世後期に至っても九条流一門では最高官位者を「家長者」とする「氏的継承」が続いたと結論づけた。氏はこれによって、嫡継承される中世的な「家」は、祖先祭祀を紐帯とする一門からは生まれず、二つの継承原理が併存する状況にあったという自説を再確認したのである。

だが、高橋氏を含め、従来の研究で問題なのは、検討されているのが道家惣処分状の記述や相論ばかりで、寺院継承の実態がほとんど明らかにされていないという点である。筆者は前稿で、これについて一部検討を加え、高橋氏のいう「氏的継承」とは異なる事例があったことを指摘した。(4)ただ、だとすれば、九条流における寺院継承のルールとはどのようになっていたのだろう。前稿はあくまで先行研究の問題点を指摘するにとどまったので、本章では改めて鎌倉期から戦国期にいたる寺院継承の実態を復元し、九条流一門の構造と展開について明らかにしたい。

なお、前稿を含め、従来の研究では「家門管領寺院」ではなく、「家長者」の継承を問題にしてきた。だが、そもそも「家長者」とは従来の研究がいうように一門の長者を意味する語なのであろうか。実は九条家文書では、道家惣処分状の後、同処分状の引用を除いて、ほとんど「家長者」という語が出てこない。相論や安堵の対象となっているのも、「家長者」ではなく、あくまで「家門管領寺院」なのである。本章で「家長者」ではなく、「家門管領寺院」管領権の継承について論じるのはこのためであり、以下、あえて「家門管領寺院」を統括する地位をさす場合には、寺院側から見た表現である「檀越」の語を用いることにする。そして、考察の糸口として、「家長者」とは何なのか、という点についても再検討を試みたい。

第一節　「家門管領寺院」と檀越

本題に入る前に、ここではまず九条流一門が檀越として管領する「家門管領寺院」の概要についておさえておこう。室町時代、一条兼良が著した『桃華蘂葉』には「家門管領寺院」として、報恩院・光明峯寺・東福寺・普門寺・成恩寺・円明寺・宝積寺があげられている。(5)このうち成恩寺以下の三寺は一条家の家長により建立された寺院なので、九条流一門が管領する寺院とは報恩院・光明峯寺・東福寺・普門寺の四寺ということになる。

この四寺のうち、まず報恩院は法性寺にあった寺院で、九条流の初代兼実が自邸の月輪殿を寺院としたものと考えられている。(6)『桃華蘂葉』によれば、兼良の時代にはすでに廃絶していたようで、その場所自体不明になっていたが、依然として念仏僧六口が檀越によって補任され、丹波国賀舎庄から供米が納められることになっていたという。

光明峯寺は道家が「可ㇾ終ㇾ老地」(7)として東山に建立した密教寺院で、高野山を模して創建された。道家初度惣処分状によれば、東寺真言の寺僧中より推挙された器量の者を檀越が供僧に補任し、そのなかの一人を別当として寺中のことを掌理させることになっていた。南北朝期、檀越であった九条経教は寺務を随心院門跡に与えたため、(8)これ以後、供僧は随心院によって任じられるようになるが、堂舎の修造や寺領である山城国小塩庄の経営には戦国期まで檀越が関与しつづけた。(9)

東福寺は嘉禎二年(一二三六)、道家が建立を発願し、暦仁元年(一二三八)から法性寺の地に造営が進められた禅顕密併置の寺院で、道家没後の建長七年(一二五五)、落慶した。道家は、東福寺に円爾を長老として迎え、「凡一寺之事、長老掌行」としたが(初度惣処分状)、円爾は長老職について、弘安三年(一二八〇)に記した東福寺規式で、「円爾門徒中、計ㇾ器量人ㇾ、代々可ㇾ譲与ㇾ也」と記している。(10)だが、一方で『桃華蘂葉』によれば、長老の入寺に際しては「家門御教書」が発給され、その「潤筆料」として二百疋が進上されることになっていたという。

普門寺(院)はもともと覚縁が法性寺に建立した堂で、覚縁の没後、道家から円爾に与えられて東福寺の別院となった。『桃華蘂葉』によれば、普門寺の住寺職の補任についても、本寺である東福寺と同様、檀越が御教書を発給することになっていた。

このほか、『桃華蘂葉』には記載されていないが、東福寺境内には山門系の天台寺院であり、忠通の忌日に法華八講が行われる最勝金剛院もあった。(11)これは久安四年(一一四八)、忠通の正妻藤原宗子によって建立された寺院で、(12)

久安六年には近衛天皇の祈願所とされた。(13)道家初度惣処分状には東福寺の阿弥陀堂として記載されているが、東福寺本体の寺領がわずか三か所であったのに対し、最勝金剛院は十五か所の院領を有し、検校一人・供僧三人・三綱三人が置かれていた。初度惣処分状には道家の子慈源が検校と記されており、道家は光明峯寺について「雖二本寺検校・長老一不レ可二相混一」と述べているから、最勝金剛院の検校は東福寺の長老と並ぶ存在であったことがわかる。このことは最勝金剛院が東福寺創建後も東福寺本体と並立する別格の寺院であったことを示している。

これらの寺院は、宗教的には禅・天台・真言を兼ねそろえた未曽有の寺院群で、道家の宗教構想をかたちにしたものであったことが原田正俊氏によって指摘されている。(14)だが、『桃華蘂葉』では、これらが家領と並んで記載されており、九条流一門にとっては経済的基盤としての意味も大きかったことが想像される。道家初度惣処分状は東福寺領について「唯可レ在二長老之管領一」とするなど、檀越の経営への介入を認めていないが、斎藤夏来氏によれば、檀越は東福寺住持を選定する権限をもっていたとされ、中世後期には檀越が各地方に所在する末寺から東福寺住持候補を招聘する行為を通して、地方の支配層を系列化する可能性もあったと指摘している。(15)これが正しければ、東福寺などの「家門管領寺院」を檀越として統括することは、単に九条流一門にとって宗教的な意味だけでなく、世俗的にも重要な意味をもっていたといえるだろう。

第二節　「家長者」の再検討

前節で見た東福寺などの「家門管領寺院」は、これまで、「家長者」によって管理されたと考えられてきた。それは、第二度惣処分状で、道家が東福寺などの寺院について「為二家之長者一人、可レ令二管領一」などと述べていることにもとづいている。このほか、初度惣処分状では、東福寺において問題が生じた場合、長老が「長者」に諮ってその処分を請うべきことや、その修造についても「為二家長一人」が長老に仰せ合わせて「漸々可レ被レ励二土木一」こと、寺領が国司によって退転させられた場合、「家長者」が計らって欠を補うべきことなどが記されている。道家は寺院経営に関わる様々な問題に対して、「家長者」が檀越としてサポートすべきことを命じていたのである。

また、九条忠家は、道家惣処分状で実経が「家長者」として一門の寺院の沙汰を行うべきとされたことについて、「彼時者、依レ有二摂政之号一為二家長者一」と述べている。[16] すでに先行研究でも指摘されている通り、道家第二度惣処分状では、一門の寺院は実経・忠家の子孫に継がせることとしつつも「不レ経二大位一、令レ混二凡俗人一者、非二沙汰之限一」とされた。道家の段階で、「家長者」が摂関の地位と密接な関係をもつものとして規定されていたのは間違いない。

だが、「家長者」とは、氏長者のように代々継承されたり、譲与されたりする制度的な地位だったのだろうか。実はそのような制度的な地位として理解すると、違和感を感じる事例も少なくない。たとえば、道家第二度惣処分状では、前に見た「已上寺院者、為二家之長者一人、可レ令二管領一」という部分に続けて、「仍当時可レ為二前摂政《実経》沙汰一、其次右大臣《忠家》可レ沙二汰之一」とある。これを素直に読めば、道家はここで実経を「家長者」に任じているのではない。これ以前から実経は「家長者」であり、「家長者」であるが故に寺院管領を命じられていることがうかがえるのである。

また、貞治四年（一三六五）、一条房経と九条経教の相論を裁定した後光厳天皇綸旨案には「東福寺以下寺院事、為二家長者一人可二管領一之由、光明峯寺入道《道家》関白建長置文無二異論一歟、而後一条摂政《実経》子孫可二相承一之旨、一条大納言《房経》雖レ申二子細一、任二諸家傍例一、就二一門上首一可レ有二御管領一者」とある。[17] これも素直に読めば、「家長者」が管領すべきと道家置文（惣処分状）にはあったのに、房経は寺院が実経子孫に相承されるべきといって訴えたと読める。ここで争われていたのは「家長者」の地位ではなく、「家門管領寺院」が「家長者」に継承されるのか、それとも実経子孫に継承されるのか、だったのである。だとすれば実経子孫として管領を主張する房経に対し、道家置文に則って管領を認められた経教は相論以前から「家長者」と認識される存在だったことになるだろう。

従来の研究では「家長者」こそが一門の長であり、「家門管領寺院」の管領権をもつ存在と理解されてきた。だが、このように見てくると、実経や経教はかかる寺院の管領権を得る以前から、「家長者」だったのであり、「家長者」＝一門の長は自明でなくなる。では、そうすると、改めて「家長者」とはいかなるものだったのであろう。そこで、その手がかりとして取り上げたいのが、元亨四年（一三二四）、一条内経と九条忠教の相論を裁定した後醍醐天皇綸旨案である[18]。先述のように、道家は東福寺以下の寺院について「為二家之長者一人、可レ令二管領一」と規定していた。ところが、この綸旨案には、「東福寺已下寺院事、勅裁已了、任二（道家）光明峯寺禅閤建長四年惣処分状一、就二一門上首一、可レ有二御管領一者」とある。この綸旨案では道家第二度処分状を引用しつつも、「家之長者」とあるところが「一門上首」とされていたのである。

実はこのことは貞治四年の相論でも話題になっていたようで、九条経教陳状案に引用された一条房経の訴状には「元亨四年　綸旨云、任二建長惣処分状一、就二一門之上首一、可レ有二御管領一者云々、如二彼処分状文一者、就二一門之上首一、可二管領一之文章無レ之由」と見える[19]。房経は道家惣処分状には「一門上首」が管領するなどとは書かれていなかった、と主張していたのである。

だが、これに対して経教は「此条、彼処分状、為二家之長者一人可二管領一云々、家与一門其意不二相替一者也、不レ能二疑難一者歟」と反論している。経教は、道家惣処分状には「家長者」が管領すると書いてあったが、「家」と「一門」は意味が変わらないので、疑うには当たらないというのである。そもそも「長者」の語は、一族の首長などの意味以外に、「目上の人、身分の高い人」という意味で用いられる場合がある（『日本国語大辞典』第二版）。「長者」の語については経教が問題にすらしていないことから見ても、「長者」が「上首」というのは明白な事実だったのであろう。このことからやはり「家長者」とは「一門上首」と同義語として理解されていたことがわかるのである。だとすると、「はじめに」で述べたように、「家長者」が安堵の対象とならなかったのも、これが与えられる地位ではなく、官位の上下によってすでに判然としていたからだろう。従来の研究は「家門管領寺院」の継承を「家長者」の継承として論じてきたが、そもそも「家長者」とは継承されるような性格のものでも、争奪の対象となるものでもなかったのである。

第三節　鎌倉時代の「家門管領寺院」継承

九条流一門における「家長者」とは「一門上首」を意味する語に過ぎず、それ自体、継承されたり、争奪されるようなものではなかった。「家長者」とは「家門管領寺院」を継承するための条件の一つに過ぎず、道家が実経・忠家とその子孫に継承を認め、両者の間で相論が起こったのは、あくまで「家門管領寺院」だったのである。だが、だとすれば、かかる寺院とはどのように継承されるものだったのだろう。高橋秀樹氏は「家長者」とは「一門上首」によって継承されていたと論じている。継承されたのは「家長者」ではないものの、寺院が「家長者」によって管領すべきと認識されていたことは確かなのだから、結局のところ、これが「一門上首」によって継承される、という点については誤りでない。むしろ道家初度惣処分状に見える「家長者」が「一門上首」のことであるとすれば、道家の段階から「一門上首」による継承がはっきりと明文化されていたとさえいえるだろう。

だが、問題は「一門上首」とは何か、という点である。高橋氏はこれを一門成員中における最高官位者のこととし、

図11　中世九条流系図

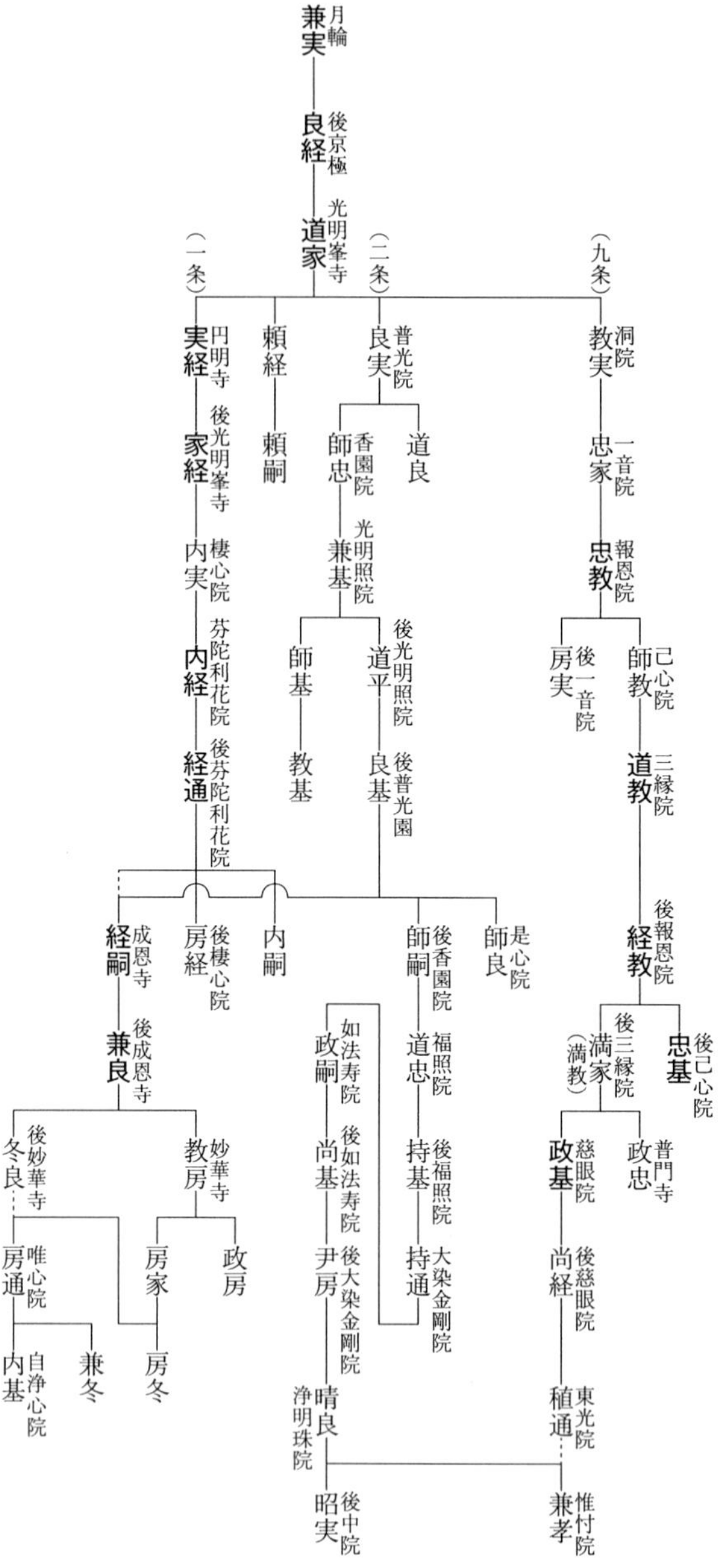

ゴチックは「東福寺維那寮月中行事須知簿」に忌日が記載される人物

九条流一門は首長位が最高官位者によって継承される古代以来の氏的継承原理をもっていたと断じている。だが、高橋氏は「上首」という語の意味から最高官位者と判断したに過ぎず、具体的な分析まで行っているわけではない。そこで、ここでは改めて「家門管領寺院」継承の実態から、この点について考えてみよう。

これまでほとんど検討されていないが、鎌倉期における九条流の「家門管領寺院」継承については、貞治四年（一三六五）の相論に際して作成された九条経教陳状案のなかに、次のような記述が見られる。

後一条関白者（一条実経）、管領十余年之後、被レ譲二一音院摂政（九条忠家）一之条、小塩庄収公事驚申之時、被二勘付一之状幷弘長元年二月廿九日則長奉書等如レ此、然而不二許諾一先立薨去畢、後光明峯寺摂政者（一条家経）、管領多年之後、永仁元年十月十六日被レ譲二報恩院禅閤（九条忠教）畢、同十二月十一日薨去、其間纔四十余日歟、芬陀利花院関白者（一条内経）、元応二年奪二報恩院禅閤管領一之間、依レ申二披所存一、如レ元被二返付一之条、元亨両度勅裁炳焉也、

これは一条家による嫡流相承を主張する一条房経に対し、経教が実経以降忠教までの継承次第を示して反論したものである。ここからこの間の継承を復元すると以下のようになる。

まず、前述のように実経は建長四年（一二五二）、父道家から一門の寺院管領を命じられた。その際道家は実経の後は忠家が継ぐようにと命じていたが、これによると結局忠家は譲りを受けることなく没していたことがわかる。忠家は「家門事可二譲与一之由」訴えており、(20) 弘長元年（一二六一）、実経はこれに応じて忠家に譲与する旨の奉書を書いていた。そして、文永十年（一二七三）、忠家は待望の関白への就任を果たしていたのだが、建治元年（一二七五）六月、実経の許諾を得ないままに亡くなってしまったのである。

実経の後、最終的に一門の寺院を継承することになったのは、かれの嫡子の家経であった。家経の管領は多年に及んだが、永仁元年（一二九三）、かれは死去の直前になって忠家の嫡子である忠教にこれを譲与した。この後、元応二年（一三二〇）になって家経の孫に当たる内経が忠教から管領権を奪うが、忠教は元亨の勅裁によってこれを返付されたのである。

以上の経緯から注目したいのは、寺院の継承が必ずしも摂関継承とは一致していないことである。忠家は文永十年、

関白になったものの、一門の寺院を譲り受けることは叶わなかった。忠教も正応四年（一二九一）には関白になっていたが、寺院を譲られるのはその二年後だったのである。「家門管領寺院」を管領するのが「一門上首」であるとすれば、それは現任に限られなかったということになるだろう。先のように高橋氏は、これを氏的継承原理をもつ親族組織としたのだが、たとえば藤原氏では中世以降も藤氏長者の地位はつねに最高官位である摂関職に付属し、摂関の交替ごとに継承されるのであり、最高官位である摂関の継承と「家門管領寺院」継承が一致しないという事実は、九条流一門の性格が氏の場合とは異質なものだったことを示していると考えられるのである。

ただ、前稿でこの点について、同様の指摘をしたところ、栗山圭子氏から「高橋秀樹氏も勧修寺流藤原氏吉田経房処分状から、家長者（一門長）の継承方法について、その一族にとって顕要の官（勧修寺流にとっては蔵人・弁官、摂関家にとっての「大位」とは摂関職を指し、王家にとっては天皇位となろう）を経ていること、即ち「家風」を継ぐ者であることが重要であり、官位という尺度（高下、および現任・前任）が絶対ではないことも指摘し、氏的継承原理とは原則として構成員中の最高官位者を長とするものである、と慎重に規定されていることに留意しておく必要がある」との指摘を受けた[21]。確かに高橋氏は経房処分状から「顕要の官を歴した者のうち最も上首の者が原則としてその一生涯にわたって勤める」という一門の継承方法を読み取っている[22]。氏は最上首になった者がその官職を辞任した後も死ぬまで長の地位にありつづけるというのも「氏的継承」のバリエーションのなかに含めて理解しているのである。

だが、それでも九条流一門の構造を理解する上では、右に述べたような継承方法を、従来の「氏的継承」と区別するのは依然として有効と考える。というのも、鎌倉後期の九条流では、必ずしも「家門管領寺院」の継承方法は固まっておらず、「一門上首」が現任であるべきか否かという問題は、寺院継承をめぐる争点の一つになっていたからである。

たとえば、先述のように経教陳状案では、元応二年、一条内経は九条忠教から寺院管領権を奪取したとされているが、実はこの年、現任関白であったのは内経であった。経教陳状では内経の行為はあくまで非法なものとされているが、東福寺で作成された月中仏事のリストである「東福寺維那寮月中行事須知簿」(23)には、内経の月忌が記載されており、寺院からも正式な檀越として認められた存在であったと考えられる。かれは関白となるとともに九条忠教を退け、寺院管領権を手に入れたのである。

また、同陳状案では、忠教は永仁元年、一条家経の死の直前に寺院管領権を譲られたというのだが、実は九条家文書には、これより以前の正応四年八月、忠教に対して寺院管領を認めた官宣旨が残っている(24)。忠教が関白になったのは正応四年五月二十七日であったから、忠教が寺院管領を認められたのは、その直後ということになり、これもやはりかれが関白を継承したからこそ認められたということになるだろう。つまり、この段階では、「家門管領寺院」継承を摂関継承と連動すべきという理解と、そうすべきでないという理解が混在していたことになる。これらを同じ枠に嵌めてしまっては、この時期の九条流一門に起きていた揺らぎや変化を正確に理解することは困難になると考えるのである。

本来、九条道家は「家門管領寺院」の継承者について「不レ経二大位一、令レ混二凡俗一者、非二沙汰之限一」という条件を付けていた。これは「大位」を経験した者というのみで、「大位」に就けばすぐに一門の寺院が継承できることを意味するものではないが、道家が摂関と寺院管領を密接なものとして認識していたことを物語っている。忠家も実経について「依レ有二摂政之号一、為二家長者一」と述べており(25)、この段階では摂関になれば、一門の長になれると認識されていたと考えられるのである。そもそも、道家は「家門管領寺院」の一つである東福寺について「凡一寺之事、長老（円爾）掌行之外、有レ奏二公家一、訴二関東一、子細者申二長者一、可レ請二彼処分一、以二此寺一、先奉二朝廷一為二鎮護国家之道場一也、次家長者以下子孫可レ守二護之一」とし、同寺領について「雖二家之長者一不レ可二自専一、雖二寺之検校一不レ可二相交一、唯可レ在二長老之管領一、於二此地一者不レ可レ充二催大嘗会・造内裏役夫工以下勅事一、家之長者奏二請公家一、早可レ令二免除一」と述べていた。檀越とは「家門管領寺院」を守護する存在であり、寺領に諸役が課された場合には、檀越は天皇に奏聞し、これを免除させねばならなかった。道家はかかる寺院を維持していくためにも、檀越は天皇に奏聞し、諸役を免除させられるだけの地位になければならないと考えたのである。

ところが、先述のように、その後の寺院継承では、摂関になっても寺院を管領できない事態が続出した。元応二年、一条内経は現任の関白としていったんは寺院管領権を認められたのだが、同年二月二十九日にはこれと真逆の裁定が下されている[26]。前関白九条忠教が管領権を取り戻し、現任関白である内経の主張は退けられたのである。では、なぜこのようなことになったのか。この理由として注目したいのが、道家段階と鎌倉末期では九条流のあり方自体が変化していたことである。

まず、道家は「大位」に就かず「凡俗」に混じることがあれば、一門の寺院の沙汰を行わせないとしたが、道家がこのような文言を記した背景には、先述のように寺院を維持するため、然るべき地位が必要であったこととともに、第二度惣処分状の記された建長四年（一二五二）二月時点での九条流をめぐる政治的状況があったものと考えられる。よく知られるように、道家は寛元四年（一二四六）の政変で失脚した上、建長三年には了行の謀反事件が発生し、一門の関与が疑われた。了行の事件では、忠家が後嵯峨院から勅勘を受け、九条家は一時摂関家の家格まで失うことになるのである[27]。このことから考えれば、当時の九条流では、たとえ道家が実経・忠家を跡継ぎとしていても、かれらが「大位」を継げず「凡俗」に転落するというのは現実感のあることだったといえるだろう。この段階では九条流は不安定であり、誰が摂関の地位を継承できるかさえも明確ではなかった。だからこそ、道家は摂関になった者のみに一門の寺院を委ねたのである。

一方、鎌倉末期の段階では、九条流はこうした不安定な状況から脱出していた。後嵯峨の没後、忠家は復権し、実経の子孫である一条家と忠家の子孫である九条家はともに摂関家の家格を確定していたのである。かかる状況にあっては、双方とも「凡俗」に転落することはないのであるから、摂関になった者だけが一門の寺院を継承できるという文言は実質的な意味を失うことになるだろう。また、一門の寺院を継承するのが一条・九条の二つの「家」に固定化したということは、寺院の継承に当たっても、かかる「家」との関係が問題になることが想定されるのである。

そこで、改めて鎌倉末期の相論を見直してみると、興味深いのが九条忠教の位置づけである。忠教は元亨四年（一三二四）二月、後醍醐の綸旨によって「一門上首」として寺院管領を認められたのであるが、このとき実は忠教は出家者であった上、九条家のなかでも大殿の位置にあった。九条家では、嘉元三年（一三〇五）には忠教の長男師教が関白となり、元亨三年には二男房実も師教養子として関白に任じられていたのである（師教は元応二年〈一三二〇〉死去）。にもかかわらず忠教が寺院をめぐる相論で主体となり、管領権を認められたとすれば、それはこの時期においても、忠教が九条家の家長として「家」の主導権をもつ存在であったからと考えるのが妥当だろう。確かに忠教は師教が関白となった二年後の正応六年、家領や日記・文書についても師教に一括処分する旨の譲状を記し(28)、徳治三年（一三〇八）には病身の師教にかえて房実を「家督」として譲与する旨の譲状を残している(29)。だが、九条家文書を見ると、これ以後も九条家の所領支配には忠教が関与している事例が多く(30)、元徳二年（一三三〇）閏六月、九条家領における地頭の乱妨を取り締まるよう命じた関東御教書では(31)、九条家領を「九条禅定《（忠教）》殿下御領諸庄園等」と記している。この時期も忠教は九条家の家長の地位にあったと考えられるのであり、かれが寺院の管領を認められていたということは、鎌倉末期の九条流では寺院の管領権が、実際に摂関という地位ではなく、かかる「家」内の地位に付属するものになっていたことを示すものと考えるのである。

さて、それでは鎌倉末期における「一門上首」とは何だったのだろう。前述の通り、元亨四年二月の後醍醐天皇綸旨案で、九条忠教は「一門上首」として寺院管領を認められている。このとき相論の相手だったのは一条内経だが、このとき二人はともに前関白で、忠教は出家していた。しかし、忠教が「上首」と認定されたとすれば、それは忠教が関白になったのが正応四年であったのに対し、内経が関白になったのが文保二年（一三一八）と二十年近くも遅く、明らかに忠教の方がキャリアが上であったからだろう。この時期の「家門管領寺院」は一条・九条という「家」に付属するのだが、一方で継承に当たっては二つの「家」の関係を調整せねばならないから、官位の原理をもって家長のうちの上﨟に寺院を継承させるという裁定がなされたのである（高橋氏はこれも「氏的継承」といわれるかもしれないが、あくまでこれは二つの「家」が並立するという事情によるのであり、一般化できるものではないと考えたい）。いずれにしろ、鎌倉期の九条流では必ずしも「家門管領寺院」の継承に関するルールは固まっておらず、これをめぐる相論が頻発したが、九条忠教が寺院管領を認められたことで、家長のうちの官位上﨟をもって寺院管領権を継承するルールが確定したことは明らかになったと思う。そして、このルールはこれ以後も寺院継承の基本的なルールとして続くことになるのである。

第四節　南北朝〜戦国時代の「家門管領寺院」継承

九条家文書には、戦国時代までの「家門管領寺院」継承に関する文書が残っているが、中世後期においても、かかる寺院の継承は基本的には元亨四年（一三二四）の相論で確定した、家長の上﨟を「一門上首」として、それに継承させるルールが採用されていたようである。ここでは継承次第を表13にまとめたので、これに沿って忠教以降の継承について確認していこう。

まず忠教は正慶元年（一三三二）十二月六日、八十四歳で死去した。林家本『虎関和尚紀年目録』には「一条藤丞（経通）相、九条報恩公薨、仍為二檀越一」とあるので(32)、忠教は没するまで檀越の地位にあり、かれの没後、一条経通が後任になったことがわかる。経通は内経の嫡子で、一方の九条家では、忠教の後、師教の子の道教が家長位を継いでいた。経通と道教は同じ権大納言で、道教の方が二歳年長であったが、道教ではなく経通が檀越となったのは、経通の方が若干叙爵が早く、上﨟だったからであろう。だとすれば、このことはやはり家長のうち上﨟が一門の寺院を継承するというルールが厳密に適用されていたことを物語っている。

経通は東福寺檀越として、元弘四年（一三三四）正月の火災で多くの伽藍が焼失した東福寺の再建に尽力し、造営料所として家領土佐国幡多庄内大方郷・伊豆国井田庄・武蔵国船木田新庄などを寄進したが(33)、貞治四年（一三六五）三月十日、四十九歳で急死した。同じ年の十二月、経通の嫡子房経と九条経教は一門の寺院をめぐって争い、経教が勝利したが、これが経通の没した直後であったことから考えると、やはり経通は没するまで「一門上首」として檀越の地位にありつづけたことがうかがえる。経教の父道教は暦応五年（一三四二）、関白になっているが、貞和二年（一三四六）に没しており、一門の寺院を継承することはできなかったのである(34)。

経通没後、寺院継承を果たした経教は、このあと子息の忠基にこれを譲与したようである。譲与の時期は不明だが、「東福寺維那寮月中行事須知簿」には忠基の月忌が見え、かれの日記である『後己心院殿御記』にも、永和三年（一三七七）、かれが光明峯寺結縁灌頂に家司を派遣したり、同寺と稲荷社との境相論について裁定を行っている記事が確認できるのである(35)。ただ、忠基の場合、興味深いのはこれが経教の生前であり、同時期に父経教も寺院経営に関与

表13　九条流「家門管領寺院」の檀越一覧

No.	檀越名	継承年月日	退任年月日	継承時の家長／官職 九条家	一条家	典拠
1	一条実経	建長四(一二五二)二	弘安七(一二八四)七・一八(死去)	忠家(24)／右大臣	実経(30)／前摂政	九条九-二・一一-二
2	一条家経	弘安七(一二八四)七・一八	永仁元(一二九三)一〇・一六(譲与)	忠教(37)／右大臣	家経(37)／前摂政	九条一一-二
3	九条忠教	永仁元(一二九三)一〇・一六	元応二(一三二〇)	忠教(46)／前関白	内実(18)／権大納言※1	九条一一-二
4	一条内経	元応二(一三二〇)	元応二(一三二〇)二・二九	忠教(73)／前関白	内経(30)／関白	九条一一-二
5	九条忠教	元応二(一三二〇)二・二九	正慶元(一三三二)三・六(死去)	忠教(73)／前関白	内経(30)／関白	九条一五〇五
6	一条経通	正慶元(一三三二)三・六	貞治四(一三六五)三・一〇(死去)	道教(18)／権大納言	経通(16)／権大納言	林家本『虎関和尚紀年目録』
7	九条経教	貞治四(一三六五)二・二九	(不明)	経教(34)／前関白	房経(18)／権大納言	九条九-五
8	九条忠基	(不明)	応永四(一三九七)三・二〇(死去)?	｜	｜	東福寺七三
9	九条経教	応永四(一三九七)三・二〇?	応永七(一四〇〇)五・二二(死去)	経教(66)／前関白	経嗣(40)／関白	｜
10	一条経嗣	応永七(一四〇〇)六・六	応永二五(一四一八)一一・一七(死去)	教嗣(39)／右大臣	経嗣(43)／関白	『桃華蘂葉』
11	一条兼良	応永二六(一四一九)	文明一三(一四八一)四・二(死去)?	満教(27)／関白	兼良(18)／権大納言	『桃華蘂葉』
12	一条冬良	文明一三(一四八一)四・二?	永正二(一五一三)三・二七(死去)	政基(38)／前関白	冬良(18)／権大納言	『蔭涼軒日録』文明一八・六・一五
13	九条尚経	永正二(一五一三)五・二〇	享禄三(一五三〇)七・八(死去)	尚経(47)／前関白※2	房通(5)／元服以前	九条二六-一〇、『公卿補任』
14	九条稙通	享禄三(一五三〇)三・一七	天正二(一五七四)?	稙通(24)／内大臣	房通(22)／権大納言	九条二六-一一、『公卿補任』

註　典拠のうち、九条は『九条家文書』、東福寺は『東福寺文書』を示す。家長位の継承は判然としない場合が多いので、家長は以下の※1・2を除き、原則として家中の年長者を記載した。

※1　内実の父家経(46)は前関白であるが、同年十二月十一日死去。

※2　尚経の父政基(70)は前関白で健在であるが、出仕停止中だった(本章註(48)参照)。

していたことがうかがえることである。康暦元年（一三七九）十一月、足利義満は「東福寺事、返付進之由、可レ令下啓二達太閤一給上候」という御内書を春屋妙葩宛てに出している[36]。この場合、「太閤」は関白の父を意味するから[37]、この「太閤」は永和元年に関白になっている忠基の父経教のことと考えられる。つまり、経教も忠基と同時期に東福寺支配に関与する主体と見なされているのである。このようなことが可能であったのは、恐らく貞治四年の相論の翌年、一条房経が十九歳の若さで死去していた、という事情があったからだろう。房経の後、一条家では関白二条良基の三男経嗣が経通養子として跡を継いだが、経嗣は忠基より十三歳も年少であった。経教の次も忠基が「一門上首」となるのが確実であるから、経教はこの間忠基に少しずつ権限を譲り、父子で一門の寺院の支配に当たったものと見られるのである。

ところで、義満が東福寺を経教に「返付」している事実からもうかがえるように、室町幕府が成立すると、室町将軍家は東福寺に対する影響力を強めた。室町幕府は五山派の禅宗寺院を官寺として統制したが、東福寺も五山の一つとして室町将軍家の管理下に置かれるようになったのである。斎藤夏来氏によれば、経教への「返付」は室町将軍家による「一連の東福寺統制の完成をうけたもの」で、「返付」以降も東福寺住持補任時に檀越御教書のほか、将軍発給の公帖が下されるなど、事実上将軍家は大檀越として檀越である九条流の上位に位置付けられたという[38]。

そして、室町将軍家は寺院管領権を安堵するなど、九条流の寺院継承自体にも関与するようになるのだが、継承方法に関していえば、これ以後も基本的に従来のルールが守られたようである。義満は応永元年（一三九四）十一月二十三日、「光明峯寺以下法性寺、事返付進之由、可下令レ啓二達太閤（経教）一給上候」という御内書を厳仲宗噩宛てに出している[39]。これについては、この直前の十一月六日、一条経嗣が関白となっており、いったん義満が経嗣の言い分を認めて経嗣に一門の寺院を管領させたことを示すものなのではないかと思われる。だが、ここではやはり最終的にこれも経教に

「返付」されている。経嗣の実父二条良基は義満に近い実力者であったが、恣意的な人事は抑制されていたのである。

この後、経嗣に対しては、応永七年六月六日、「一門長」として寺院管領を認める義満自筆書状が下されるが[40]、ここでも注意すべきは、この直前の同年五月二十一日、経教が没していることである。表13に明らかなように、この時点では経嗣が「一門上首」であることは明らかだから、これも基本的に既定のルールに沿った継承といえるだろう。水野智之氏は将軍家による公家への家門安堵について、家門の存続が不安定な時に公家側から求められ、それを保証する意味をもったと指摘している[41]。経嗣に対する寺院管領権の安堵も、九条家という対抗者からの侵害に対して保証を求めたものといえるが、ここでも「一門長」=「一門上首」が管領すべきと記されているように、将軍家はルール通りの継承を追認する以上のことはしていないのである。

さて、経嗣は応永二十五年（一四一八）十一月十七日、六十一歳で死去したが、『桃華蘂葉』によれば、翌応永二十六年、「東福寺以下管領不レ可レ有二相違一」という義持の御教書が一条家に下されたという。だが、表13を見ればわかるように、このときの継承はこれまでのルールとは異なっている。このとき「一門上首」だったのは現任関白の九条満教（のち満家）で、権大納言一条兼良は明らかに下﨟なのである。

しかし、これも必ずしもルールを無視したものというわけではなかったようである。のち文明十八年（一四八六）の相論で満教の子政基は東福寺について「成恩寺（経嗣）摂政のゝち、故関白（満教）管領候へき処に、其時分家門の被官人を、寺領うかの辻（家門より寄附の在所なり）にて、せつかゐ候間、かの地下発向すへきよし仰候により、寺家と不和に候ゆへ、成敗をいたさす候、そのあひたハ、誰人成敗すへきにあらす候間、後成恩寺（兼良）関白おのつから成敗候つ」と述べている[42]。政基によれば、経嗣没後、東福寺は本来満教が管領すべきであったが、家門被官人が寺領「うかの辻」（九条宇賀辻）[43]で殺害されたことで寺家と不和になり、管領ができなかった。そのため一条兼良は自動的にこれを管領することになったというのである。[44]

ただ、ここで一条家による一門の寺院継承を認めてしまったことは、九条家に禍根を残すことになる。というのも、当時、一門の寺院は「家」の家長位に付属して継承されており、家長が没するまでは継承の機会が得られなかった。兼良の没するのは文明十三年であるから、九条家は経教が没した応永七年（一四〇〇）より八十一年間にわたり、東福寺を管領することができなかったのである。

しかも、一条家の寺院管領は兼良一代だけでは済まなかった。一条家は長期にわたり寺院管領を独占してきたため、兼良が没した時点では「近年者一条殿為二檀那一、九条家事不二分明一云云」といわれるようになっており、[45]兼良没後も「家門管領寺院」は嫡子冬良に継承されてしまう。文明十八年になって「一門上首」であった九条政基と冬良の間で相論が生じたが、足利義政の裁定は「近代事者一条家管領也、改レ之如何」というもので、[46]政基は訴えを斥けられたのである。

だが、永正十一年（一五一四）三月二十七日、冬良が死去すると、同年五月二十日、政基の嫡子尚経に「建長置文」に任せ東福寺以下寺院の管領を命じる後柏原天皇綸旨が下されており、[47]以降、継承のルールはもとに戻される。尚経が享禄三年（一五三〇）七月八日に死去すると、同年十二月十七日、尚経の嫡子である稙通に寺院管領を命じる後奈良天皇綸旨が下されたが、[48]これも稙通が「家之長者」であり、[49]かれが継承するのが「理運」とされたためであった。[50]冬良の後、一条家を継いだ房通は稙通よりも年少で、今度は九条家が寺院を父から子へと継承できたのである。

稙通の後については史料がなく、詳しくは不明だが、稙通は天正二年（一五七四）、家督を兼孝に譲って隠遁している。[51]九条家文書には天正九年九月十三日、兼孝が織田信長側近の堀秀政に宛て、東福寺造営のために信長分国での勧進許可を申請した書状があるので、[52]天正二年以降は兼孝が東福寺檀越であったと推測される。[53]兼孝は寛永十三年

（一六三六）正月十七日、八十四歳で没しており、かれが死去まで一門の寺院を管領していたとすれば、九条家は尚経以降、百二十年以上にわたってこれを独占したことになるだろう。

おわりに

最後に本章で明らかになった点についてまとめておこう。

まず従来の研究では、九条流一門では「家長者」が東福寺以下の「家門管領寺院」を管領し、「家長者」という地位に付属してかかる寺院が継承されたと理解されてきた。だが、「家長者」とは「一門上首」の言い換えに過ぎず、氏長者のような制度的な地位ではなかった。制度的な地位でないからこそ、寺院の継承をめぐる相論では「家長者」自体ではなく、「家長者」が継承すべきか否かという点が問題になっていたのである。

次に九条流一門における「一門上首」とは、藤氏長者のような一門の最高官位者を示すものではなく、一条家・九条家という九条流一門を構成する二つの「家」の家長のうちの上臈を意味していた。九条流一門とは、最高官位者であれば誰でも一門の長として「氏寺」を継承できたのではなく、二つの「家」の家長のみが一門の長となり得るという、「家」の存在を前提とした親族集団だったのである。

鎌倉末期までの段階では「一門上首」の内容は確定しておらず、現任摂関であることを以て「家門管領寺院」管領が認められることもあった。だが、元応・元亨の相論において、現任関白であった一条内経の主張が斥けられ、すでに出家していた前関白九条忠教が「一門上首」と認められたことで、家長の上臈が「一門上首」であることが確定した。以後の寺院継承では、基本的にかかる継承方法が守られ、「家門管領寺院」は、檀越たる家長が没するごとに、一条家・九条家のうち上﨟が「一門上首」としてこれを継承することが戦国期まで続いた。

さて、高橋秀樹氏は祖先祭祀を精神的紐帯とする一門は中世以降も「氏的継承原理」であり、嫡継承される中世的「家」へは発展しないと説いた。だが、以上のような九条流一門のあり方は「家」の存在を前提とするものであり、高橋氏のいう「氏的継承原理」とは異なるものであったと考える。そもそも氏の継承自体、すでに竪月基氏は鎌倉・南北朝期における源氏長者の継承について、「最高官位者であれば誰でも長者になれるという、個々の氏人による氏長者の継承ではなく、特定の「家」による氏長者の持ち回りという意識」があったと指摘している。(54) 本章はあくまで九条流一門の検討にとどまったが、中世における一門や氏のあり方については改めて見直しが必要かと思われる。この点は今後の課題とし、本章はひとまず章を閉じたい。

註

(1) 筆者は、氏の下位親族集団である一門の中核となる寺院をさす用語として「氏寺」という語を使用しており(拙著『中世摂関家の家と権力』校倉書房、二〇一一年)、初出論文では、九条流一門によって管領される寺院を同様に「氏寺」と表記した。しかし、東福寺などの寺院については史料上、これを「氏寺」と表記することは確認されず、「氏寺」とすることは違和感がある。そこで、本書収録に当たり、「氏寺」の語を『桃華蘂葉』(『群書類従』巻四七一)に見える「家門管領寺院」に改めた。また、「家門管領寺院」では煩雑になるため、「一門の寺院」「寺院」といった表現も用いているが、これらもすべて同じものをさしている。

(2) 九条道家第二度惣処分状抄(『九条家文書』九―二号)。

(3) 平山敏治郎『日本中世家族の研究』(法政大学出版局、一九八〇年)。高橋秀樹「貴族層における中世的「家」の成立と展開」(『日本中世の家と親族』吉川弘文館、一九九六年。初出は一九九一年)。西谷正浩「平安末・鎌倉前期の家と相続制度」(『日本中世の所有構造』塙書房、二〇〇六年。初出は一九九一年)。以下、各氏の見解は同論文による。

(4) 拙稿「鎌倉期摂関家の「家」と権門」(註(1)前掲拙著。以下、前稿は同論文をさす)。なお、前稿での筆者の議論に対して、その後、高橋氏は「一条兼良の『桃華蘂葉』（群書類従）をみれば、室町時代においても、九条・一条・二条それぞれの「家」「家門」と、三家をあわせた「家門」の意識が併存していることがわかる。その三家による「家門」の存在を否定せずに、「三家の嫡流」という論理で正統性を主張している点も、南北朝期に変化した後の論法と変わっていない。筆者が言いたいのは、そうした「家」意識が併存し続けるということなのである」と反論している（「「家」研究の現在」〈高橋編『婚姻と教育』（生活と文化の歴史学4）竹林舎、二〇一四年〉）。しかし、筆者が批判したのは、九条・一条・二条の「家」とは別に、それをあわせた「家門」の意識が併存しているという点ではなく、両者の継承方法が異なるとされている点であり、氏の反論は論点がずれている。

（5）『桃華蘂葉』は註（1）参照。

（6）杉山信三「藤原兼實建立の御堂二三について」（『文化史論叢（奈良国立文化財研究所学報）』第三冊、一九五五年）。

（7）九条道家初度惣処分状（『九条家文書』五―一号）。

（8）至徳二年（一三八五）二月九日付前関白九条経教家御教書（『長岡京市史』資料編2「随心院文書」二―六―九号）。康応元年（一三八九）七月二日付九条経教書状（同二―六―一二号）。

（9）田中倫子「荘園における応仁・文明の乱の影響―山城国小塩庄の場合―」（大山喬平教授退官記念会編『日本社会の史的特質（古代・中世）』思文閣出版、一九九七年）。

（10）『東福寺文書』二二号。

（11）最勝金剛院については、杉山信三『院家建築の研究』（吉川弘文館、一九八一年）、小原仁「最勝金剛院と九条家の女性」（『中世貴族社会と仏教』吉川弘文館、二〇〇七年。初出は一九九七年）にくわしい。

（12）『台記』久安四年七月十七日条。

（13）久安六年十一月廿六日付太政官牒案（東福寺文書、『平安遺文』二七一三号）。

（14）原田正俊「九条道家の東福寺と円爾」（『季刊日本思想史』六八号、二〇〇六年）。

（15）斎藤夏来「鎌倉後期の禅院住寺住職と政治権力」（『禅宗官寺制度の研究』吉川弘文館、二〇〇三年。初出は二〇〇〇年）。

（16）九条忠家陳状案（『九条家文書』一―一―一号）。

（17）『九条家文書』九―五号。

（18）『九条家文書』九―四号。

(19)『九条家文書』一―一二号。

(20)九条忠家陳状案（『九条家文書』一―一号）。

(21)栗山圭子「中世王家の存在形態と院政」（『中世王家の成立と院政』吉川弘文館、二〇一二年）の付記（同書二四三・四四頁）。また、高橋氏も「樋口による拙論批判の問題点については、すでに栗山が指摘しており、多くの点で栗山に同意する」と述べている（高橋註(4)前掲論文）。

(22)高橋秀樹「祖先祭祀に見る一門と「家」―勧修寺流藤原氏を例として―」（高橋註(3)前掲書）。引用は同書七一頁。

(23)『東福寺文書』七三号。九条家文書にも「東福寺管領次第」という史料があるが（『九条家文書』三三号）、これが道家から尚経までの九条家歴代家長の名前を記すのみであるのに対し、「東福寺維那寮月中行事須知簿」は忠家など、家長であっても檀越でない人物の忌日は記しておらず、より信憑性が高い。

(24)正応四年八月十三日付官宣旨抄（『九条家文書』九―一三号）。

(25)九条忠家陳状案（『九条家文書』一―一号）。

(26)元応二年二月廿九日付後宇多上皇院宣（『九条家文書』一五〇五号）。

(27)三田武繁「摂関家九条流の成立」（『鎌倉幕府体制成立史の研究』吉川弘文館、二〇〇七年。初出は二〇〇〇年）。

(28)『九条家文書』一八―三号。

(29)『九条家文書』一六―一号。

(30)たとえば、摂津国輪田庄では、領有権をめぐる領家との相論の末、元亨四年十一月、「九条入道関白」忠教に本所一円進止を認める後醍醐天皇綸旨が下されている（『九条家文書』三四〇号）。

(31)元徳二年閏六月十三日付関東御教書案（『九条家文書』一五〇一―二号）。

(32)『大日本史料』第六編之一、三七八頁。

(33)貞和三年（一三四七）七月日付東福寺領諸庄園文書目録（『東福寺文書』三九八号）。貞和二年十二月九日付一条経通御教書（『東福寺誌』）。

(34)「東福寺維那寮月中行事須知簿」にも、道教の忌日は記載されていない。

(35)『後己心院殿御記』永和三年二月廿一日、十二月十四日条（『図書寮叢刊九条家歴世記録』一）。

(36)『九条家文書』二六―一号。
(37)『臥雲日軒録』文正元年（一四六六）七月十二日条に「今一条殿（兼良）称二大（太）閤一、此号如何、曰、父已為二関白一、其子又必関白、父尚存、則称二大（太）閤一云々」とある。
(38)斎藤註(15)前掲論文。
(39)『九条家文書』二六―六号。
(40)『桃華蘂葉』（『群書類従』巻四七一）。
(41)水野智之「室町将軍による公家衆への家門安堵―南北朝〜室町期を中心に―」（『室町時代公武関係の研究』吉川弘文館、二〇〇五年。初出は一九九七年）。
(42)九条政基書状案（『九条家文書』二―一〇）。
(43)「九条宇賀辻」は九条家領知由緒地目録并裏書（『九条家文書』三八号）に「東福寺江従二当家一被レ成二御寄進一候東九条之内」とみえる。
(44)なお、応永二十六年、一条兼良に下された義持御教書には「東福寺以下管領不レ可レ有二相違一」とあるので、光明峯寺など東福寺以外の「家門管領寺院」も含まれていたものと思われる。だが、のち文明十八年の相論では、東福寺について一条冬良に裁定が下されている一方、同年、光明峯寺領山城国小塩庄は、一条家の直務から光明峯寺に返還され、同時に九条家の管理下に置かれたことが指摘されており（田中註(9)前掲論文）、光明峯寺については東福寺とは別に九条家に管領された時期があった可能性が高い。
(45)『蔭凉軒日録』文明十八年六月十五日条。
(46)『蔭凉軒日録』文明十八年六月十九日条。
(47)『九条家文書』二六―一〇号。
(48)『九条家文書』二六―一一号。なお、このとき尚経の父政基も健在で、『九条家譜』には「氏寺」管領が尚経に命じられた件について「於二彼宣旨一者被レ与二奪太閤一申畢」とあるので（『大日本史料』第九編之五、二一九頁）、実質的には政基が寺院管領の実権を握っていたようである（「東福寺維那寮月中行事須知簿」にも政基の忌日は記載されている）。政基が表に出なかったのは、明応七年（一四九八）の唐橋在数殺害事件による出仕停止がまだ解けていなかったからであろう。
(49)『公卿補任』享禄三年項。

(50)『実隆公記』享禄三年十二月十三日条。
(51) 天正二年五月十一日付九条稙通書状(『九条家文書』三五―四号)。
(52)『九条家文書』一六二五号。
(53) 天正九年九月には兼孝は前関白で、一条家の内基は現任関白であったが、兼孝の方が上﨟であった。また、稙通は光明峯寺領でもある山城国小塩庄を天正二年に兼孝に譲っている(『九条家文書』三五号)。
(54) 竪月基「鎌倉・南北朝期の源氏長者」(『日本歴史』六一〇号、一九九九年)。

終章　本書の成果と展望

最後に、本書の成果を章ごとにまとめ、あわせて若干の展望を示しておきたい。

摂関政治期における王権は、天皇を中心に、母后や外戚である摂関が天皇と同居して、日常的にこれを後見する構造になっていた。かかる王権構造のモデルを踏まえ、その中世前期にかけての展開について分析したのが第Ⅰ部である。

第Ⅰ部第一章では、日常的な天皇の後見の実態について考察し、院政期には院が天皇の後見者として登場するものの、前代以来の不文律によって天皇と同居することができず、院は天皇への日常的な後見を摂関に代行させるようになったことを明らかにした。鳥羽天皇即位以降、摂関は天皇の外戚と分離したが、その一方で院の指示の下、摂関は院の監督下に内裏候宿回数を頻繁化させ、天皇と摂関の関係はむしろ緊密になっていったのである。

第二章では、摂関の居所や、摂関の職掌たる天皇への作法教示について分析した。従来の研究では、院政期以降、王家が摂関家から分化するといわれてきたが、ここでも、鳥羽天皇即位以降、院の指示の下、摂関が里内裏の近隣に居所を構えるようになることや、院も摂関忠実に対して天皇作法を教示するなど、バックアップを行っていたことを明らかにし、この時期、王家と摂関家はむしろ関係を強化していたと論じた。

第三章では、居所を中心に天皇と院との関係について分析した。第二章では、鳥羽天皇即位以降、摂関が里内裏の近隣に居所を構えるようになったことを明らかにしたが、同時に院も里内裏の近隣に居所を構えるようになっていた。白河院政期の王権構成員は、内裏のなかに同居しないものの、内裏周辺に集住したのである。一方で鳥羽院政期になると、鳥羽院は基本的に洛外の鳥羽にあってほとんど入京しなかったが、摂関は里内裏の近隣に邸宅を構える状況が続いた。このことから、鳥羽院政期には院が摂関に対して天皇の後見を丸投げしていたと論じた。

第四章では、後宮の変化について分析した。摂関政治においては、摂関の存在とともに、天皇と同居し、天皇に対して強い影響をもつ母后の存在が重要であった。院政期以降も、堀河天皇は藤原師実の養女である篤子内親王を中宮に迎え、鳥羽天皇は師実妻麗子によって養育された令子内親王を養母に迎えたように、後宮にあって天皇を後見する女性は、しばらくは摂関家に近い女性が選ばれた。そして、白河院は鳥羽天皇にも忠実の娘を后妃として迎える予定であった。ところが、結果的に院の養女である藤原璋子が天皇の中宮となったことで、後宮の構造は大きく変わっていく。院が事実上の外戚として後宮への影響力を強め、忠実の王権内における地位は揺らぎはじめたのである。こうした王権の不安定化の結末として、忠実が内裏からパージされることになったのが「保安元年の政変」であったと論じた。

以上のように、院政期の摂関家と王家は相互補完的な関係にあり、内裏のなかでは天皇を摂関と母后が日常的に後見する摂関政治期以来の体制が維持され続けた。第四章で述べたように、確かに白河院政期には、院が自ら外戚としての立場に立って後見を主導することも模索された。しかし、璋子は崇徳天皇即位後も母后として内裏に同居することはなかったし、白河院最晩年の大治四年（一一二九）には、摂政忠通の娘聖子が崇徳天皇の後宮に入内した。皇位継承の安定化とともに、天皇后妃には摂関家出身の娘が迎えられ、摂関家の父娘が天皇を後見する体制に戻された。鳥羽院政期には、院はほとんど入京しない一方、摂政忠通は内裏に隣接して邸宅を構え、後宮には聖子がいるという状況で、天皇との関係をより強化していくのである。

一方、これを踏まえた上で、従来、王家・摂関家の対立の帰結として論じられてきた保元の乱と、権門の解体として捉えられてきた乱後の摂関家の実態について見直したのが第Ⅱ部である。

第Ⅱ部第一章では、保元の乱の原因について、摂関家の内部対立とした上で、その背景について忠通・頼長双方の家政職員のあり方に注目した。忠通は男子に恵まれず、弟頼長を養子に迎えて摂関家の後継者としたが、頼長は実父忠実の影響下にあり、忠通・頼長の関係は通例の父子関係とは異なるものだった。通例では父子の家政職員は重複し、これによって円滑な権力継承が行われるが、頼長の場合、その家政職員には忠実が摂関辞任後、登用した側近たちが送り込まれたため、摂関家家政職員のなかでは、忠通に仕える嫡流と、忠実・頼長によって登用された傍流との間に摩擦が起きはじめていた。こうした家政運営における亀裂を背景に、摂関家は忠実・頼長と忠通に分裂するのであり、これが保元の乱へと発展していったのである。

第二章では、藤氏長者宣下の成立について検討した。本来、藤氏長者の地位は摂関家のなかで父から子へと継承されてきたが、保元の乱直後、忠通は天皇の宣旨によって藤氏長者に任じられた。このことは、従来、摂関家の自立性を損なう事態とされ、保元の乱後の摂関家の解体を象徴する事例として論じられてきたが、実は保元の乱以後も藤氏長者が父子間で譲られる際には、藤氏長者宣下は行われておらず、藤氏長者宣下とは、長者継承が前任者からの譲与でない場合の手続きに過ぎなかったことを明らかにした。忠通に対する藤氏長者宣下も、保元の乱という非常事態のなかでスピーディに長者交代を示す必要からなされたもので、摂関家を解体させる目的で行われたものではなかったのである。

第三章では、忠通・基実父子を中心にして、保元の乱前後の摂関家について見直した。従来の研究では、摂関家は保元の乱で頼長が敗北したため、天皇権力によって解体、抑圧を余儀なくされたとされてきたが、基実・基房・兼実の兄弟が異常なほどのスピード昇進を遂げていたこと、天皇・上皇が摂関家の東三条殿や宇治への行幸・御幸を繰り返していたことなどから、むしろ天皇側は摂関家を優遇していたと説いた。平安末期以降、摂関家がしだいに弱体化していくことは事実である。だが、それは保元の乱によるのではなく、忠通の没後、後継者の地位をめぐって基実・基房の兄弟が対立したことが大きかった。坂本賞三氏は、摂関政治の衰退の原因として、後三条天皇の登場よりも、頼通と弟教通の関白継承をめぐる対立にあったと指摘している(1)。忠通没後の摂関家では、これと同じ状況が再び生まれていたのである。

では、平安末期以降の摂関家分立はいかにして起こったのか。これについて、ただ摂関家内部の問題とするのではなく、ここまでの成果を踏まえ、王家も含めた王権全体の再編成の問題として見直してみたのが第Ⅲ部である。

第Ⅲ部第一章では、兼実にはじまる摂関家九条流の形成について、皇嘉門院聖子との関係から分析した。十二世紀前半、王家・摂関家では京都周辺に御願寺が造営されるとともに、その財源として全国各地で荘園の立荘と集積が進められ、女院が父祖の仏事とともに御願寺とその所領を継承するようになった。しかし、ほとんどの女院は未婚であったから、後継者をどうするかが問題で、皇嘉門院の場合、異母弟の兼実やその子良通を養子に迎え、荘園経営を維持・安定させるために、かれらを女院の嫡子としてスピード昇進させていった。ここに摂関家家嫡ではないながらも、それと同等に昇進が可能な新たな家系が登場する。これこそが九条流であり、治承三年政変以来の摂関継承をめぐる混乱のなかで、九条流からも摂関が輩出され、九条流はやがて摂関家の家格を定着していくことになる。皇嘉門院の後継者という地位が生み出されたことが、摂関家分立の前提となったのである。

第二章では、八条院と兼実の子息である良輔との関係について分析した。王家でも女院が養子に迎え、後継者にしたのは摂関家と同様であるが、実は王家でも摂関家から養子を迎えることがあった。鳥羽院と美福門院から厖大な御願寺領を相続した八条院は、兼実の六男良輔を養子に迎え、養育していたのである。八条院は、以仁王の娘や、兼実の娘任子と後鳥羽天皇の間に生まれた春華門院昇子内親王も養子に迎え、主たる所領は彼女たちに処分していたので、もともと良輔に求められていた役割は、家産経営の補佐であったと考えられる。しかし、以仁王姫宮や春華門院が没すると、八条院が経営してきた仏事は良輔によって行われるようになり、良輔は八条院の後継者の地位に収まることになる。良輔は女院の養子として摂関家家嫡並みの昇進をとげており、王家側からのさらなる摂関家の創出もあり得たことを指摘した。女院の家産を継承する受け皿として、従来の摂関家とは別に新たな摂関家が生み出される状況があったのである。

補論および第三章では、このように女院の後継者として形成された九条流のその後の展開を論じた。まず補論では、九条道家によって主催された藤原忠実忌日仏事について分析した。九条流では兼実の長男良通、二男良経がともに若くして急死し、先祖でありながら、それまでまともに追善仏事を執り行ってこなかった忠実の存在がクローズアップされるようになった。ここに道家は忠実を供養することで、九条流を襲う不幸の連鎖を断とうとしたのである。

第三章では、「家門管領寺院」管領権の継承方法の変化を通して、九条流の権力構造とその変化について分析した。本来女院後継者の「家」として形成された九条流では、摂関の継承は不安定で、寺院の管領権は当初、摂関になった者のみが継承できると規定されていた。ところが、鎌倉末期になると、九条流では摂関家の家格をもつ九条家・一条家という二つの「家」が形成され、「家門管領寺院」の管領をめぐって両者が対立する状況が現出する。かかる寺院をめぐって争われた相論のなかで、九条家・一条家の家長のうち、上﨟をもって寺院を管領させるというルールが確定し、戦国期までこのルールに沿った寺院継承が行われていくのである。

以上、本書の論点は多岐にわたるが、院政期以降も、王家と摂関家が分離するのではなく、不即不離の関係にあったことは確認できたと思う。院政期、王家では院が家長として強大な権限をもち、嫡子に継承される中世的「家」が成立する。しかし、一方で院は天皇の後見者でありながらも、天皇を直接後見することができず、天皇と会う回数も限られたものとなっていた。「家」継承の内実たる儀式作法の継承さえ、天皇は関白を通して作法を教示されるのであり、王家は「家」自体、摂関家から完全に自立し得ていなかったのである。一方の摂関家も天皇・王家あっての摂関家なのであるから、王家から摂関家が関係なく存在することなどあり得ない。両者は一体となることで初めて「家」として完成するのであり、中世王権はかかる「家」によって構成されていたのである。

従来の研究では、王家・摂関家の所領についても、院政期以降、融合状態が解消され、王家領と摂関家領が区別されるようになるとされてきた。しかし、第Ⅲ部第一章・二章で明らかにしたように、王家領を相続した八条院や上西門院、高松院、宣陽門院といった女院たちが摂関家子女を養子に迎え、跡継ぎにしようとしていたことは、院政期に至っても、王家領・摂関家領という区分自体、明確なものではなかったことを物語るものだろう。

栗山圭子氏は中世王家の存在形態について、嫡系継承される院の「家」である「王家」を中核とし、「周辺に自立的な女院等を配した総体」と論じている。(2) だが、「王家」の外側に自立的に存在する女院は、摂関家の子女を養子に迎え、跡継ぎにしていた。一方、摂関家出身の女院でも、高陽院は鳥羽院の皇女である叡子内親王を養子に迎えている。(3) 筆者は、こうしたことから、王家と摂関家は、その存在形態のモデルにおいても、周辺部分において重なり合っていたと理解するのである。(4)

ただ、かかる中世王権の構造はいつまで有効なのか。本書では第Ⅰ部第一章で、鎌倉時代以降、摂関家が五摂家に分裂し、摂関の在任期間が短期化しても、前摂関が内覧宣下を下されて天皇に近侍する仕組みが成立するなどして、摂関家による天皇後見が維持されていたことを論じた。しかし、これについては、すでに遠藤基郎氏から批判を頂戴しているように、「内覧宣下という事実のみから展開されており」「「日常的後見」の具体的内容に全く言及がない(5)」。

本書でも王権構造の展開について検討できたのは鳥羽院政期段階までで、それ以降については積み残すことになってしまった。

そこで、最後に見通しだけ示しておくと、やはり鎌倉後期には、王権構造の変化があったものと理解する。というのも、本書第Ⅰ部では、院政期以降における摂関家と王家との密着した関係を示す指標として、内裏陣中に邸宅(外直廬)を構えることに着目したが、鎌倉後期になると、摂関家では近衛・九条・一条・二条・鷹司といった家名が定着する。(6)このことからもうかがえるように、摂関邸は固定化し、内裏の移転に連動しなくなっていく。また、第Ⅰ部では、後宮に子女を入れ、子女とともに天皇を後見することにも着目した。これも四条天皇までは嫡流の天皇には摂関家から后妃を迎えようという意志が読み取れるのだが、(7)後嵯峨天皇以降は、天皇の后妃には、西園寺家の子女が迎えられるのが一般的で、摂関家子女の入内がほとんど途絶してしまう。しかも、よく知られるように、鎌倉後期には、自立的な女院領も王家家長によって「王家」領へと編入される。恐らく、このあたりで、摂関家や摂関は王家との〈家族〉としての一体性を失ってしまうと理解されるのである。

では、なぜこの時期に摂関家と王家との関係は変化するのか。これについては、九条道家の失脚にともなう摂関家全体の政治的後退という問題もあるが、王権構造自体の変化にも注意する必要があるだろう。白根靖大氏によれば、後嵯峨院政以降は、院政の諸制度が整い、「院政系列の秩序体系が確立して、天皇―太政官政的秩序と並立する段階に入った」という。(8)正月儀式においても、天皇が主体となる朝覲行幸が行われる回数が激減し、かわって治天が主体となる治天御幸始が定着しており、改めて治天が貴族社会の秩序の頂点に位置づけ直されるようになったのである。(9)天皇を中心とする秩序が縮小すれば、天皇を後見・補佐する摂関の役割も、王権全体のなかで低下するのは自然な流れであろう。こうした中で、王権のあり方も、院(治天)を中心に改めて再編成されたのではないかと思われるのである。だが、そうすると、新たに形成される新たな王権構造とはいかなるものであったのか。そして、そのなかで摂関家はいかにその地位を維持していったのか。疑問はつきないが、こうした問題は、改めて史料と向き合い、考察を積み上げることではじめて解が得られるものであろう。積み残した課題は多いが、今後の解明を誓って本書の結びとしたい。

註

（1）坂本賞三『藤原頼通の時代―摂関政治から院政へ―』〈平凡社選書〉（平凡社、一九九一年）。
（2）栗山圭子「中世王家の存在形態と院政」（『中世王家の成立と院政』吉川弘文館、二〇一二年。初出は二〇〇五年）。
（3）『中右記』保延二年（一一三六）正月廿六日条。『中右記』保延三年十二月十日条によれば、彼女はもともと忠実の養子であったらしい。
（4）近世には、儒教的名分論から天皇と臣下は厳密に区分され、摂関政治は名分に背くものとして批判された（新井白石『読史余論』など）。また、近代には天皇が「神聖ニシテ犯スベカラ」ざるもの（大日本帝国憲法）とされたため、いっそう天皇や皇室の存在はその他の臣下と比較して特別なものである必要があった。本書序章では、現代の天皇論・天皇制観が明治維新後の天皇像を過去に投影したものとなっているという河内祥輔氏の指摘を紹介したが、従来の王家論も、摂関家・王家の融合状態からの分離をあるべき展開とする点、右のような近世以来の名分論的な天皇観を引きずっていたと言わざるを得ない。
（5）遠藤基郎「二〇一三年度日本史研究会大会報告批判　樋口健太郎報告批判」（『日本史研究』六二〇号、二〇一四年）。
（6）五摂家の邸宅の変遷については、高群逸枝氏による詳細な分析がある（高群〈栗原弘校訂〉『平安鎌倉室町家族の研究』国書刊行会、一九八五年）。それによれば、近衛家は兼経以降、「近衛」を称して近衛殿に居住するようになり、九条家は忠家以降、「九条」を称して九条殿に居住するようになったとされている。
（7）第Ⅰ部第三章の「おわりに」で述べた二条天皇の後、高倉天皇には、平徳子が待賢門院璋子の先例にならい、後白河院の養女として入内した。しかし、後鳥羽天皇には摂関家から九条兼実の娘任子が入内して中宮となり、後鳥羽の嫡子である順徳天皇には、九条良経の娘立子が入内して中宮となった。承久の乱後、即位した後堀河天皇には閑院流から三条公房の娘有子が入内して中宮となったが、その後、摂関家からも近衛家実の娘長子が入内して中宮となった。後堀河と九条道家娘竴子との間に生まれた四条天皇には、九条教実の娘彦子が入内している。

（8）白根靖大「終章」（『中世の王朝社会と院政』吉川弘文館、二〇〇〇年）二七九頁。

（9）白根靖大「中世前期の治天について―朝覲行幸を手掛かりに―」（註（8）前掲書。初出は一九九四年）。

成稿一覧

序章　本書の視角と課題（新稿）
第Ⅰ部　院政期の王権と摂関家
第一章　中世前期の摂関家と天皇（『日本史研究』六一八号、二〇一四年）
第二章　白河院政期の王家と摂関家―王家の「自立」再考―（『歴史評論』七三六号、二〇一一年）
第三章　居所からみた白河・鳥羽院政期の王権（原題「居所からみた白河・鳥羽院政期の政権中枢」〈『龍谷日本史研究』四〇号、二〇一七年〉）
第四章「保安元年の政変」と鳥羽天皇の後宮（『龍谷大学古代史論集』創刊号、二〇一八年）
第Ⅱ部　転換期の摂関家―保元の乱から分立へ―
第一章　保元の乱前後の摂関家と家政職員（新稿）
第二章　藤氏長者宣下の再検討（『古代文化』六三巻三号、二〇一一年）
第三章　藤原忠通と基実―院政期摂関家のアンカー―（元木泰雄編『保元・平治の乱と平氏の栄華』〈中世の人物　京・鎌倉の時代編第一巻〉清文堂出版、二〇一四年）
第Ⅲ部　摂関家九条流の形成と発展
第一章　摂関家九条流の形成と女院（新稿）
第二章　八条院領の伝領と八条良輔（『年報中世史研究』四〇号、二〇一五年）
補　論　藤原忠実の追善仏事と怨霊（『日本歴史』七八七号、二〇一三年）
第三章　摂関家九条流における「家門管領寺院」の継承と相論（原題「摂関家九条流における「氏寺」の継承と相論」〈『神戸大学史学年報』二九号、二〇一四年〉）
終章　本書のまとめ（新稿）

あとがき

研究テーマは研究者自身が自由に選んだと思っても、実際はそうではないことがよくある。そんなことを恩師である髙橋昌明先生から聞いた記憶がある。Ｅ・Ｈ・カーがいうように、「歴史家は、歴史を書き始める前に歴史の産物」なのであり、テーマ選択自体にも、歴史家をとりまく時代状況が反映されているのである（『歴史とは何か』清水幾太郎訳、〈岩波新書〉岩波書店、一九六二年）。

振り返ってみると、筆者の場合、中学二年の正月に、昭和から平成への代替わりがあった。だからといって、筆者がこのことに影響を受けて天皇や貴族に興味を持つようになったわけではない。しかし、当時、代替わりを機会として、社会的に天皇制や王権への関心が高まり、学界でも天皇や王権の研究が急速に進化し、その成果は一般にも広がりつつあった。こうした成果のなかでも筆者にとって特筆すべきは、高校二年の夏に刊行された、今谷明氏の『室町の王権―足利義満の王権簒奪計画―』（中公新書）である。これまでも日本史関係の新書はよく買って読んでいたのだが、足利義満が皇位簒奪を図っていたとする今谷氏の議論は高校生の筆者には衝撃的で、中世政治史の世界に魅了された。今谷氏は続けて『天皇家はなぜ続いたか』（新人物往来社）で、網野善彦氏と対談されており、それを読んだ後は網野氏の非農業民論など、民俗学と融合した諸研究にも惹かれていった。

大学に進学すると、青木書店から『講座前近代の天皇』というシリーズが刊行されはじめており、入学直後、第一巻「天皇権力の構造と展開その１」を買い求めた。そこに収録されていたのが、井原今朝男氏の「摂関・院政と天皇」、棚橋光男氏の「転形期の王権・後白河論序説」、近藤成一氏の「鎌倉幕府の成立と天皇」といった論文であった。これらは現在でも研究にあたって参看することが多い、魅力的な論文ばかりなのだから、これを手にして中世前期の天皇や王権に目が向くようになったのは自然な成り行きであろう。

今改めて『講座前近代の天皇』の冒頭に記された「本講座の構想」を見てみると、「この講座の編集にあたる委員の顔ぶれがそろったのは、もう八年も前、天皇代替わりがはっきりと予測されるようになった頃である。歴史学界や論壇では天皇制・天皇代替わりをめぐる議論がさかんになり、広く国民のあいだにもその問題に対する関心が高まりだしていた」とある。この本の発刊も昭和から平成への代替わりを意識したものであったのであり、だとすれば、筆者が中世前期を中心とした天皇や貴族社会に興味を持ちはじめたのも、やはり少なからず時代の影響を受けていたことになるだろう。

昭和から平成の代替わりから三十年が経って、平成も残りわずかとなったが、今度の代替わりも、やはりまだ見ぬ若い研究者のテーマ選択に影響を与えるだろうか。「Xデー」などといわれた前回の代替わりと異なり、今回は天皇の退位をもって代替わりが行われることや、事前に予告されていることもあるためか、今のところ、前回ほど天皇制をめぐる議論がさかんになってきているようには見えない。だが、来年以降、改元や即位式、大嘗祭と天皇関連のイベントが続くから、社会的にも改めて天皇制や皇位継承が脚光を浴びることは間違いない。こうしたなかでまた、前回のように、新たな議論や枠組みが創出されることを望みたい。そのとき、直接ではなくとも、本書がそれを導くためのガイドの一つになれば、これに勝る喜びはない。

本書には、二〇一一年八月から二〇一八年三月までの六年半余りに発表した旧稿九本と新稿二本を収録した。この間、筆者は論文を書いても手応えがなく、このまま研究を続けていけるのか、悩むこともしばしばであった。だが、こうしたなかでも、二〇一二年十月、本書第Ⅱ部第二章として収録した「藤氏長者宣下の再検討」によって、財団法人古代学協会から第二回角田文衞古代学奨励賞を頂戴した。このことは研究を続けていく上で大きな励みとなった。昨今、人文系の学問が軽視され、若手研究者が社会的な評価を得にくくなっているなかで、このような賞の存在はきわめてありがたいと思う。

さらに二〇一三年十月には、本書第Ⅰ部第一章として収録した「中世前期の摂関家と天皇」を日本史研究会大会の中世史部会共同研究報告として発表する機会を得た。大会報告は自分にとって多く反省点ばかり残るものであったが、それでも評価して下さる方もおり、少しずつ自信が付いてきたように思う。

仕事の方も、二〇一六年四月より、龍谷大学文学部歴史学科に特任准教授として着任し、学生の指導と研究に本格的に取り組めるようになった。すでに十年近く、関西の様々な大学で教壇に立たせていただいているが、教職志望でもなく、決して真面目な学生ではなかった自分がなぜ大勢の学生を相手に講義をしているのか、と今でも不思議に思う時がある。いつまでも大学院生のような感覚で頼りなく、周りには迷惑かけてばかりかと思われるが、現在の職場に迎えていただいた先生方、とりわけ日本史専攻の平林章仁、藤原正信、山本浩樹、嘉戸一将、吉田賢司の諸先生と、平林先生の後任として着任された木本好信先生に感謝申し上げたい（なお、第Ⅱ部第一章は、大学院博士課程在学中の作業をもとにしているが、木本先生より、大島幸雄氏の手になる私家版の『台記人名索引』をお借りしたことで、大幅にチェックの手間が省けた。この場を借りて感謝の意を表したい）。

最後に、本書の校正にあたっては、大阪大学大学院文学研究科博士後期課程の永山愛さん、奈良女子大学大学院人間文化研究科博士後期課程の大島佳代さんに原稿の下読みをお願いした。前著はほとんど自分一人でチェックをしていたので、後からミスがたくさん見つかり、ぞっとした思い出がある。今回も、ともすれば自分の文章ではなくなってしまうのではないかというくらい、たくさんの誤植やわかりにくい表現があることを指摘していただいたが、そのお陰で非常に助かった。あわせてお礼申し上げる次第である。

二〇一八年八月一日

樋口健太郎

索　引

Ⅰ 事　項

あ 行

か 行

さ 行

た 行

な 行

は 行

ま 行

ら 行

Ⅱ 史 料 名

あ 行

か 行

さ 行

た 行

な・は行

ま 行

Ⅲ 人 名

あ 行

か 行

さ　行

た　行

な　行

は　行

ま 行

や・ら行

Ⅳ 研究者名

あ 行

か 行

さ 行

た 行

な　行

は　行

ま　行

や　行